特别感谢天津财经大学对本项目的出版资助!

检察官培训教材

法科研究生案例教材

天津检察案例精品

（2018—2021）

主　编　陈灿平　黄祖帅

天津财经大学立法与司法协同研究中心
天津市人民检察院案例研究中心　联合出品
天津市案例研究会

法律出版社
LAW PRESS·CHINA

北京

图书在版编目(CIP)数据

天津检察案例精品：2018－2021／陈灿平，黄祖帅主编. --北京：法律出版社，2022
ISBN 978－7－5197－6590－3

Ⅰ.①天… Ⅱ.①陈… ②黄… Ⅲ.①检察机关－工作－案例－汇编－天津－2018－2021 Ⅳ.①D926.32

中国版本图书馆 CIP 数据核字(2022)第 052239 号

天津检察案例精品(2018—2021)
TIANJIN JIANCHA ANLI JINGPIN(2018—2021)

陈灿平　黄祖帅　主编

责任编辑　谢清平
装帧设计　汪奇峰

出版发行 法律出版社
编辑统筹 法律应用出版分社
责任校对 王晓萍　王语童
责任印制 刘晓伟
经　　销 新华书店

开本 710 毫米×1000 毫米　1/16
印张 19.75　**字数** 293 千
版本 2022 年 6 月第 1 版
印次 2022 年 6 月第 1 次印刷
印刷 北京虎彩文化传播有限公司

地址:北京市丰台区莲花池西里 7 号(100073)
网址:www.lawpress.com.cn
投稿邮箱:info@lawpress.com.cn
举报盗版邮箱:jbwq@lawpress.com.cn

销售电话:010－83938349
客服电话:010－83938350
咨询电话:010－63939796

书号:ISBN 978－7－5197－6590－3　**定价**:78.00 元

凡购买本社图书,如有印装错误,我社负责退换。电话:010－83938349

办理“小案”:价值、理念与方法(代序)

黄祖帅 * 陈灿平 **

“小案”一词虽然在司法实践中由来已久,但是学界并没有对其进行权威明确统一的定义。它并不是一个专门的法律术语,而是司法机关在日常工作中根据工作实践与工作经验得出来的一个名词,从不同的研究角度或语境出发,“小案”含义也会有所不同。从刑罚的角度上来讲,小案是指被告人可能被判处3年以下有期徒刑、拘役或者管制等主刑,以及可能独立适用罚金附加刑的刑事案件;①从案件的类型上来讲,小案是指除杀人、抢劫、强奸等恶性案件以外,以盗窃、诈骗等为主的多发性数额较小的侵犯财产权利犯罪案件和轻伤害等轻微侵犯人身权利的刑事案件的统称;从比较的角度上来讲,小案是一个与大案相对应的概念,是相对于杀人、放火、爆炸等严重暴力而言的,多发、高发、以侵财为主要目标、犯罪性质相对轻缓的案件。②本书所指的“小案”相对于社会影响较大的“大案”,主要指那些多发、高发的影响人民群众人身安全和财产安全的轻微刑事案件。

一、办理“小案”的司法价值

对小案的深入研究从某种意义上讲是对我国长期以来以办理大要案为代表的基本刑事政策的反思,是在对当前社会治安形势和犯罪结构变化分

* 天津市人民检察院检委会委员、法律政策研究室主任,法学博士。

** 天津市案例研究会会长,天津仲裁委副主任,天津财经大学立法与司法协同研究中心主任(原法学院院长)。

① 参见陈文彬:《“破小案”形势政策若干问题研究》,中国政法大学2010年硕士学位论文。

② 参见沙永虎:《关于提升公安机关小案侦破能力的思考》,载《福建警察学院学报》2012年第1期。

析研判基础上,对社会治理对策的修正。[①] 一起小案,对司法机关来说也许司空见惯、微不足道,但对普通群众特别是困难群众来说,可能就是事关一家生计的头等大事。因此,司法人员办的不仅是案子,还是当事人的人生,小案不可小看,小案连着民心,件件涉及人民群众的切身利益,起起影响人民群众的法治感受。

(一)小案中隐藏着"大政治",办好小案有利于厚植党的执政根基

司法机关办理的案件绝大多数发生在群众身边,其中大多数是常见多发的小案,[②]越是这些贴近百姓生活的小案,越能让老百姓体会到司法的公平正义;越是发生在群众身边的小案,越是容易反映党为民司法的政治观点,折射出基层社会治理的大文章,关涉人心向背这个最大的政治。习近平总书记指出:"治国安邦重在基层,党的工作最坚实的力量支撑在基层,最突出的矛盾和问题也在基层。"基层处在司法办案的最前沿,联系、服务人民群众最直接、最广泛,是党通过司法途径保持同人民群众血肉联系的桥梁和纽带。[③] 不是只有涉及政治人物、政治事件的敏感案件才体现司法机关的政治属性,检察人员的一言一行、办理的每一起案件都是政治案件,都体现执政党的政治理念,影响执政党的政治基础。

(二)小案关系社会和谐稳定,办好小案有利于推进社会主义法治

随着经济社会的转型发展,司法水平的逐步提高,社会环境日趋和谐稳定,危及人民群众生命与重大财产安全的犯罪逐步减少,[④]然而,与群众利益息息相关的小微案件发案率居高不下,[⑤]小案关系民生,已成为影响公众安全感和幸福感的重要因素。办好小案能预防大案,办好小案能让群众受益,

---

① 参见赵漫英:《"小案"在刑事侦办中存在的问题与对策 》,载《北京政法职业学院学报》2018年第2期。

② 参见《打通服务大局司法为民"最后一公里"》,载《检察日报》2020年11月2日,第1版。

③ 参见林平:《最高检:基层检察办案量占总数90%以上,不允许入额不办案》,载澎湃新闻2020年10月14日,https://m.thepaper.cn/newsDetail_forward_9555122。

④ 《2020年最高人民检察院人大报告》指出:1999年至2019年,检察机关起诉严重暴力犯罪从16.2万人降至6万人,年均下降4.8%;被判处3年有期徒刑以上刑罚的占比从45.4%降至21.3%。

⑤ 参见刘雪静:《基于Video-GIS数据采集系统的小案管控模式研究》,载《上海公安学院学报》2020年第2期。

办好小案能让百姓点赞,只有扎扎实实办好每一件小案,才能赢得民心。一个案件影响的是几个家庭的幸福,牵涉的是社会和谐稳定的大局,小案办理不慎,就有可能演变成舆情事件,就会影响群众的司法感受。办好小案既是社会治理的根本要求,同时也是关乎民生、回应群众的具体方式,更是推进和谐社会、平安建设的主要体现。

(三)小案影响着执法公信力的塑造,办好小案有助于弘扬核心价值

办案效果总是与群众的认同感相联系,这种群众的认同感既包含对办案实现实体正义的期待,又包含司法程序运行过程中对程序正义的体验。生动的司法实践说明:法律的威严,不只在给“弱者”以补偿;真正的公平,是给善良足以坚持正义的力量。通过办好小案,可以彰显司法的态度与温度,让公平正义可感、可见、可触。如果小案能够及时有效地受到追诉,不仅能斩断大案的源头,制约大案、要案的发生,同时能够有效节约司法资源。相反,如果当事人不接受案件处理结果,势必将提起申诉或提请再审程序,甚至更多程序,一个案件就变成了“两个”案件甚至“更多”,不仅严重浪费了司法资源,还影响了人民群众的司法感受。所以,办好小案也是对社会风尚的一种引领,一些看似很“小”的案件却能产生巨大影响力,它们传递法治正能量,引领道德新风尚,对弘扬社会主义核心价值观发挥积极作用。

(四)小案是办案水平的“试金石”,办理小案有助于提升素质能力

一屋不扫何以扫天下,每一名优秀的司法人员都是从办小案开始的,没有小案积累历练不可能办好大案。小案检验理想信念,小案反映责任担当,小案考验能力智慧。“小事连全局,小事连民心,不会办老百姓关心的小事,就不会办大事,要正确处理好‘大案’与‘小案’的关系。”[①]检察人员通过办理小案,能够遇到各种情形、各种情况,可以积累经验,提升综合素质能力,通过不断历练才能从“工匠”逐步成长为“大师”,才能担当起犯罪的追诉者,无辜的保护者,公平正义的捍卫者,社会主义法治风尚引领者的历史重任。

二、小案办理中存在的问题分析

近年来,最高人民检察院高度重视办理“小案”工作,张军检察长强调要

---

① 孟建柱:《不会办百姓关心的小事就办不成大事》,载浙江在线新闻网,https://china.zjol.com.cn/05china/system/2008/11/19/014988761.shtml。

围绕“主动融入地方发展大局、切实办好群众身边的‘小案’、推进基层‘四大检察’全面协调充分发展、切实提高基层司法办案质效”①,但是小案的办理仍然还存在许多不尽如人意之处。

(一)忽视小案办理

受传统重视大案思维方式影响,办案人员对“小案”往往存在重视不够、审查消极、机械司法、工作推诿等问题。客观讲,当前对小案的办理效果,不能够满足人民群众的司法需求,作为小案的被害人,除了常规的报案程序以外,并无能力获得更有效的来自司法机关的利益保护,特别是财产利益的追回。有的办案人员群众观念漠视,对于小案被害人利益关心不够,这对小案被害人来说是一种个案正义的缺失,造成案件办理效果大打折扣。因为,如果人民群众通过司法程序不能保证自己的合法权利,那司法就没有公信力,人民群众也不会相信司法。② 由此导致了公众对司法实际绩效能力的质疑,影响了司法公信力。

(二)司法理念落后

“够罪即捕、够罪即诉、一诉了之”等现象在基层办案单位普遍存在,有的办案人员不敢用、不愿用、不会用或者不当适用不起诉决定权,③很多冤假错案暴露出的问题,主要就是理念落后甚至错误的问题。因为,办案人员“就案办案、机械司法”不负责任,很容易将小案变成影响社会安定的焦点和热点问题。如深圳鹦鹉案④、天津气枪案⑤,就是因为办案人员在办案中没

---

① 邱春艳:《顺应时代之变 突出“六个抓实” 推动基层检察工作高质量发展》,载《检察日报》2020年10月15日,第1版。

② 参见中共中央宣传部:《习近平新时代中国特色社会主义思想学习纲要》,学习出版社、人民出版社2019年版,第104页。

③ 参见童建明:《论不起诉权的合理适用》,载《中国刑事法杂志》2019年第4期。

④ 2016年5月王某因涉嫌“非法出售珍贵、濒危野生动物及其制品罪”被刑事拘留。警方调查显示,王某此前售出的6只鹦鹉中,有2只为小金太阳鹦鹉,属受保护物种。在一审中,王某被判有期徒刑5年,并处罚金3000元。因不服判决,王某家属提起上诉。后二审改判2年6个月。

⑤ 2016年8月至10月,赵某华在天津市河北区李公祠大街海河亲水平台附近摆设射击摊位进行营利活动。同年10月12日22时许,赵某华被公安机关巡查人员查获,当场收缴枪形物9支及配件等物。经天津市公安局物证鉴定中心鉴定,涉案9支枪形物中的6支为能正常发射、以压缩气体为动力的枪支。被告人赵某华于2016年12月27日被天津市河北区人民法院以非法持有枪支罪判处有期徒刑3年6个月。赵某华上诉后,二审改判有期徒刑3年,缓刑3年。

有综合考量“法理情”,注重“三个效果”,反将“小案”办成了有影响的“大案”,形成网络舆情。

(三)担当精神不足

因为基层案件多、工作压力大、减轻司法责任或其他案外因素,办案人员为把案件顺利交到下一个环节,“就案办案、机械司法”现象普遍存在。如刘某盗窃案件①就是在案件处理上,办案人员仅从履行职责角度出发,没有从群众立场去思考问题,没有充分考虑其家庭特殊情况,仅仅根据社会风险评估意见,直接予以起诉,交给法院去审判。这种做法看似中规中矩,没有违法,但实质是办案人员担当精神不足,办案的素质能力不高,不想、不敢、不会适用不起诉权,怕承担司法责任的私心作怪,对群众冷漠,办案缺乏司法温度。

(四)工作标准不高

新时代对检察工作的要求是“求极致”。张军检察长要求,把“四大检察”“十大业务”做精做细,“办实事、求极致、解难题、葆本色”,更好地为党分忧、为民解难,更好地为大局服务、为人民司法。② 但实践中,检察人员对此落实得不够,如前述刘某盗窃案件从法律规定和办案程序上来看,对刘某提起公诉并判处刑罚并没有违法的地方。但细究发现,办案人员未对刘某盗窃的背景、动机、起因、主观目的、社会危害性等进行深入调查,仅依据矫正机构评估意见及量刑指导意见,提出拘役4个月的实刑量刑建议。案件的社会警示、教育效果没有充分发挥,办案效果不佳,检察机关参与社会治理效能发挥不够。

三、办好“小案”的方法路径

(一)提高政治站位,更新理念,注重发挥办好小案的司法价值

检察工作是业务性极强的政治工作,也是政治性极强的业务工作。新

---

① 该案被告人刘某家中有患精神病的儿子,在疫情期间因为没有手机,3次盗窃食物及药品,构成盗窃犯罪,因社会评估发现前期有过盗窃处罚认为不适宜社矫帮教,而予以起诉,后法院判处拘役4个月,缓期执行的刑罚。此案在天津司法系统引起执法理念大讨论,如何转变执法司法理念,办案中如何兼顾天理、国法、人情,如何用内心法指导文本法,如何实现“三个效果”有机统一成为讨论焦点问题。

② 参见姜洪:《“四大检察”“十大业务”,检察工作迎来新格局》,载《检察日报》2019年7月15日,第1版。

时代国家治理方式和社会发展形势在变化,要求检察机关办案理念也要随之转变,应摒弃“重打击、轻保护”“机械办案”的落后理念,注重讲政治与讲法治相融合,秉持客观公正立场,时刻保持清醒头脑,运用政治智慧、法律智慧和检察智慧,宣示党的政治理念。新时期检察机关应不断提升政治判断力、政治领悟力、政治执行力,对人民群众身边的“小案”,要以更高标准去办,把习近平总书记让人民群众在每一个司法案件中感受到公平正义的要求落到实处,让人民群众看得见,感知得到,厚植党的执政根基。

(二)以人民为中心,追求极致,切实维护人民群众根本利益

检察官是法律监督者,更是人民公仆,无论形势任务如何变化,全心全意为人民服务的宗旨不会变,与群众同呼吸共命运的立场不能变。在司法办案和履职过程中,要牢记“人民”二字,既要维护法律尊严,更要看到群众疾苦、解决群众困难。要深刻认识到“手段”和“目的”的关系,打击违法犯罪的意义在于保卫人民主专政政权和社会主义制度,保护人民群众合法权益。检察官不能仅仅满足于对法律条文的机械适用和冰冷理解,而忽略法治的人权保障内涵,忽视执法对象的冷暖疾苦。要以更强的执法司法能力、更高的政策理论水平,更实的责任担当作为,从当事人和人民群众的感受出发想问题,具体案件具体分析,要把握好法理与情理的统一,情同此心、换位思考,[①]既体现法律的刚性和力度,也体现法律的柔性和温度。

(三)提升素质能力,担当作为,适应新时代人民群众司法需求

新时代检察机关应不断满足人民群众日益增长的司法需求,发挥在刑事诉讼中的主导责任,实现全面监督,提高检察官敢于监督、善于监督、依法监督、规范监督的能力。要强化责任担当,准确理解法律精神,以更高标准的“内心法”引领“成文法”,对轻微犯罪不需要刑罚处罚的,敢于、善于运用不起诉权,[②]坚持客观公正立场,担当司法责任。在办案中确实提升担当意识和担当本领,做到敢于担当,勇于担当。同时,注重培养能力素质,通过各种有效方式、途径,培育检察官细致、精致、极致的工作作风和办案标准,着

① 参见邱春艳:《让人民群众在每一个司法案件中感受到公平正义,我们还有哪些差距》,载《检察日报》2020年9月12日,第1版。

② 参见李德文等:《认罪认罚从宽制度背景下检察机关不起诉权相关问题研究》,载《中国检察官》2020年第23期。

力提升检察人员的法律逻辑推理能力、价值判断能力和办案效果评估能力,进而不断提升法律政策运用和服务群众的能力水平。

(四)提高工作标准,“四阶推演”,努力实现“三个效果”相统一

要综合考虑天理、国法、人情,努力践行“三个效果”统一的办案标准,办好人民群众身边的“小案”,让公平正义看得见、摸得着、感受得到。[①] 深刻理解“法律不强人所难”“法律不外乎人情”等法谚背后蕴含的哲理,使办理的案件既严格按照法律规定,也符合人民群众的常情常理。实际上每一条法律条文背后都蕴含司法价值,检察办案就是在认定事实的基础上,探究司法条文价值,准确适用法律的过程。笔者认为在办案件中要做到“四阶推演”:第一阶:案件事实清楚,所适用的法律很明确,依照法律规范办案是基本要求,就应径行适用法律规定。第二阶:案件事实简单,但存在多个法律规定、规则冲突的情况下,应探求法律条文背后的价值的指引进行选择,实现天理、国法、人情三位一体。如刘某盗窃案件虽然依法构成犯罪,但办案人综合情理法做相对不起诉处理效果应该会更好。第三阶:法律虽然有明确规定,但规则适用背离立法目的,导致个案明显不公或者存在法律漏洞,应适用法律原则,以价值为指引作出判断,并在文书说理中明确写明大前提(法律规范)的选择过程,提高法律适用的透明度和可接受性。第四阶:当法律条文存在空白、缺漏、模糊情形时,办案人员就应发挥专业能力,精准理解司法政策要求,综合考量“法理情”,参照指导性案例、规范性文件、习惯等依法运用自由裁量权,作出决定。通过四阶推演办案,有助于处理结果更加符合社会公众的普遍认知,实现“三个效果”相统一,实现良法善治。

① 参见邱春艳:《以“三个自觉”把习近平法治思想落实落细》,载《检察日报》2020年12月15日。

目　录

普通犯罪检察案例

1. 交通肇事逃逸刑事案件的抗诉及缓刑适用问题
——张某某交通肇事案 …………………………………………… 3
2. 过错在先行为人在矛盾升级时防卫性质的认定
——许某某故意伤害案 …………………………………………… 9
3. 吸毒致幻后伤人构成何罪
——马某某故意伤害案 …………………………………………… 15
4. 以行为和结果双重视角认定防卫限度条件
——魏某某故意伤害案 …………………………………………… 23
5. 正当防卫在刑事诉讼和民事诉讼中的区别认定问题
——张某故意伤害案 ……………………………………………… 29
6. 轻伤害案件中正当防卫认定问题
——陈某某故意伤害案 …………………………………………… 36
7. 轻伤害案件相对不起诉标准的认定
——张某某故意伤害案 …………………………………………… 42
8. 轻伤害案件如何审查言词证据与伤情鉴定
——韩某某故意伤害案 …………………………………………… 48
9. 欺骗性强奸案中事实认识错误的司法认定
——孙某某强奸案 ………………………………………………… 54
10. 关于有盗窃前科可以“减半入罪”规定中前科的认定
——王某某盗窃案 ………………………………………………… 59
11. “能力型”诈骗案件的认定规则
——刘某某诈骗案 ………………………………………………… 64

12. 合同诈骗罪与诈骗罪在认定上如何区分
——李某某诈骗案 …………………………………………………… 70
13. “借款型诈骗”的认定问题
——汪某诈骗案 ……………………………………………………… 75
14. 利用创建虚拟店铺骗取钱财的定性问题
——韦某某等人诈骗案 ……………………………………………… 81
15. 恶势力犯罪与普通集团犯罪、团伙犯罪的区别
——杜某某等4人敲诈勒索案 ……………………………………… 86
16. 拒不支付劳动报酬案“数额较大”的认定
——郑某某拒不支付劳动报酬案 …………………………………… 93
17. 金融信贷型黑社会性质组织的认定
——阎某某等人组织、领导、参加黑社会性质组织案 ……………… 99
18. 涉黑案件中如何核查线索、发挥审前主导作用
——唐某某等17人组织、领导、参加黑社会性质组织案 ………… 104
19. 醉驾案件中如何认定自首及包庇行为处罚的适当性问题
——付某某、王某某危险驾驶、包庇案 …………………………… 110

重大犯罪检察案例

20. 妨害公共交通工具安全驾驶行为之罪与罚的衡量与评价
——赵某某以危险方法危害公共安全案 …………………………… 117
21. 危险驾驶罪和以危险方法危害公共安全罪在司法实务中的区分
——陈某某以危险方法危害公共安全抗诉案 ……………………… 124
22. 多次进入待租房屋对房主实施抢劫的法律认定
——彭某某抢劫案 …………………………………………………… 130
23. 使用暴力手段威胁他人帮助逃跑的行为是否构成转化型抢劫罪
——杨某某、付某某抢劫案 ………………………………………… 136
24. 非法持有毒品罪和贩卖毒品罪的区分认定
——雷某某、计某某贩卖毒品抗诉案 ……………………………… 141
25. 零包毒品犯罪之代购与贩卖的解析
——孙某某、李某某贩卖毒品案 …………………………………… 147

职务犯罪检察案例

26. 监检衔接过程中发现漏罪的认定与处理问题
——吴某某受贿、帮助犯罪分子逃避处罚、聚众斗殴案 …………… 157
27. 受贿罪中“制约关系”情形的审查认定
——张某某受贿案 …………………………………………… 163
28. 玩忽职守罪中因果关系的认定
——王某涉嫌玩忽职守案 …………………………………… 169

经济犯罪检察案例

29. 销售不符合安全标准食品罪主观故意的认定
——李某某销售不符合安全标准食品案 ……………………… 179
30. P2P 债权转让模式非法吸收公众存款疑难问题
——王某甲、王某乙非法吸收公众存款案 …………………… 185
31. “如实代开”普通发票行为应构成虚开发票罪
——郭某某虚开发票案 ……………………………………… 191
32. “供述价格”和“市场中间价格”的采信问题
——崔某某、池某某、宋某某假冒注册案 …………………… 197
33. 多名被骗人案件中被害人及犯罪性质如何认定
——邵某合同诈骗案 ………………………………………… 203
34. 非典型合同诈骗案中主观意图认定的五个标准
——夏某某涉嫌合同诈骗案 ………………………………… 209
35. “游戏托”电信诈骗案入刑问题
——刘某某、杨某某等 37 人诈骗案 ………………………… 215
36. 非法控制计算机信息系统罪中“非法控制”的认定
——钟某某、颜某某、宋某某等 30 人非法控制计算机信息系统案 ………………………………………………………… 221
37. 大量贩卖手机卡行为的刑法认定
——刘某某、李某帮助信息网络犯罪活动案 ………………… 226

38. 提供银行卡后又帮助实施转账的行为如何定性
——蔡某某帮助信息网络犯罪活动,罗某某、吴某某掩饰、隐瞒犯罪所得案 …… 233

民事检察案例

39. 承包人雇员提供劳务受损中的发包人责任问题
——佟某、付某尧与甲公司等提供劳务者受害责任纠纷民事抗诉案 …… 243
40. 职务行为与代理行为的区分与认定
——吴某乙与万某公司房屋买卖合同纠纷民事抗诉案 …… 250
41. “一事不再理”原则的理解与适用
——博某公司与润某公司建设工程施工合同纠纷抗诉案 …… 257
42. 借照经营期间买卖合同主体的认定
——国某公司与真某医院、中某公司买卖合同纠纷民事抗诉案 …… 264
43. 夫妻婚后购买一方婚前承租的公有住房的所有权认定
——胡某某与高某甲等四人继承纠纷民事抗诉案 …… 272
44. 出资期限届满前转让股权的出资义务由谁承担
——小甲与小乙、津A公司、小丙、京B公司建设工程施工合同纠纷民事抗诉案 …… 278

相关规定

检察案例库建设和使用管理办法(试行) …… 287
最高人民检察院关于案例指导工作的规定 …… 290
天津市人民检察院案例研究中心案例研讨工作暂行规定 …… 294
天津市人民检察院案例研究中心工作规则(试行) …… 298
天津市人民检察院关于进一步推进案例运用加强类案检索的规定(试行) …… 302

普通犯罪检察案例

1. 交通肇事逃逸刑事案件的抗诉及缓刑适用问题

——张某某交通肇事案

【要旨】

检察机关办理刑事案件,应全面审查案件事实,积极适用认罪认罚从宽制度。对交通肇事后逃逸的,检察机关提出量刑建议时应充分考虑犯罪的事实、性质、情节以及人身危险性情况,对肇事后逃逸并具有酒后驾驶、刑事犯罪前科等情节的,应慎用缓刑。认罪认罚案件,审判机关依法作出判决时,一般应当采纳检察机关指控的罪名和量刑建议。被告人在检察机关自愿签署认罪认罚具结书后,在审判机关审理阶段对量刑建议仍没有异议,审判机关认为量刑建议明显不当且未经通知检察机关调整量刑建议而直接改判,检察机关应当依法抗诉。

【基本案情】

被告人张某乙,男,1985 年 9 月 11 日出生,天津市人。2019 年 1 月 5 日 15 时 40 分许,被告人张某乙酒后驾驶某牌号小型轿车沿潮白河左堤路由北向南行驶至 20 公里加 760 米处,车辆前部与公路东侧行道树及护栏相撞后车辆翻覆,造成乘车人张某甲死亡、车辆损坏、行道树及护栏损坏的道路交通事故,事故发生后,被告人张某乙弃车逃逸。经道路交通事故认定,被告人张某乙负事故全部责任。经鉴定,张某甲因交通事故致创伤性休克死亡。案发后,被告人张某乙于 2019 年 1 月 6 日到侦查机关自动投案。

该案是一起抗诉成功的交通肇事罪认罪认罚案件。2019 年 1 月 11 日侦查机关将该案向检察机关提请审查逮捕,2019 年 1 月 17 日检察机关依法对被告人张某乙以交通肇事罪批准逮捕。2019 年 1 月 24 日,侦查机关以张某乙涉嫌交通肇事罪向检察机关移送审查起诉,检察机关经审查认为,张某乙违反交通运输管理法规,发生重大事故,致一人死亡,且肇事后逃逸,犯罪事实清楚,证据确实、充分,应以交通肇事罪定罪处罚。鉴于被告人张某乙具有自首、积极赔偿损失取得谅解的从轻情节,同时具有参加黑社会性质组织、强迫交易、聚众斗殴、故意伤害罪的刑事前科,酒后驾驶机动车的从重情节,检察机关提出有期徒刑2年至4年的量刑建议,被告人张某乙在值班律师的见证下自愿签署《认罪认罚具结书》,2019年2月21日检察机关向审判机关提起公诉。法院审理阶段,被告人张某乙自愿如实供述犯罪事实,对签署的《认罪认罚具结书》、起诉书和量刑建议均未提出异议。法院审理后认为检察机关指控罪名成立,考虑到被告人张某乙具有认罪认罚,自首,其家属代为赔偿被害人家属、天津某古海岸自然保护区围栏工程项目部损失并取得对方谅解的情节,依法从轻处罚,适用缓刑。2019年3月7日判决被告人张某乙犯交通肇事罪,判处有期徒刑3年,缓刑4年,被告人张某乙未提出上诉。检察机关收到一审判决书后,于2019年3月15日向中级人民法院提出抗诉,上级检察机关支持抗诉并提出纠正意见。

【争议问题】

争议点一　对于本案张某乙是否可以适用缓刑,形成了以下两种不同的意见:

(1)张某乙可以适用缓刑。张某乙违反交通运输管理法规,发生重大事故,致一人死亡,且肇事后逃逸,依法应当在3年以上7年以下有期徒刑量刑幅度内处罚。但鉴于其具有自首情节,依法可以从轻或者减轻处罚,可以在3年以下有期徒刑幅度内判处刑罚,符合缓刑适用对象条件。且张某乙家属代为赔偿被害人家属、天津某古海岸自然保护区围栏工程项目部损失并取得对方谅解,表明其具有悔罪表现。张某乙虽具有刑事前科,但不属于累犯和犯罪集团的首要分子,因此不符合缓刑的限制条件。因此张某乙可以适用缓刑,一审法院判决张某乙犯交通肇事罪,判处有期徒刑3年,缓刑4年,适用缓刑并无不当。

(2)张某乙不应适用缓刑。被告人张某乙交通肇事后逃逸,依法应当在3年以上7年以下有期徒刑量刑幅度内处罚。虽然张某乙具有自首、赔偿损失并取得谅解的从轻、减轻处罚情节,可在法定量刑幅度内酌情从轻处罚。

但鉴于张某乙酒后驾车已经将他人生命置于危险境地，在发生交通事故后不仅不积极救助被害人，反而为了规避追究而逃离现场，将他人生命置于危险境地，具有明显的主观恶性，犯罪情节较重。同时张某乙曾因犯参加黑社会性质组织罪、强迫交易罪、聚众斗殴罪、故意伤害罪被判处刑罚，刑满释放后仍不思悔改，违反交通运输管理法规，酒后驾车，人身危险性和社会危害性较大，有再犯罪的危险，宣告缓刑对所居住社区有重大不良影响，故不应对其适用缓刑。

争议点二　对于该案审判机关未通知检察机关而直接改判缓刑的行为是否属于严重违反法律规定的诉讼程序，形成了以下两种不同的意见：

（1）审判机关没有通知检察机关调整量刑建议而直接作出判决的行为，不属于严重违反法律规定的诉讼程序，检察机关无抗诉必要。《刑事诉讼法》第201条未直接规定人民法院认为量刑建议明显不当应当通知检察机关调整量刑建议，且最高人民法院、最高人民检察院、公安部、国家安全部、司法部《关于适用认罪认罚从宽制度的指导意见》中规定的“人民法院应当告知人民检察院”属于工作层面上的要求，而非法定义务，属于在工作程序上存在瑕疵，该瑕疵不属于严重违反法律规定的诉讼程序。同时，审判机关在检察机关的量刑幅度内判处刑罚，只是判处适用缓刑，也属于采纳了检察机关的量刑建议，因此检察机关无抗诉的必要。

（2）审判机关未让检察机关调整量刑建议直接改判缓刑，属于严重违反法律规定的诉讼程序，检察机关应当抗诉。审判机关未采纳量刑建议，认为检察机关的量刑建议明显不当，应当通知检察机关调整量刑建议，人民检察院不调整量刑建议或者调整后仍然明显不当的，人民法院应当依法作出判决。然而该案并不存在《刑事诉讼法》第201条第1款规定的除外情形，且被告人、辩护人对量刑建议未提出异议，人民法院亦未告知其认为量刑建议明显不当，因此也不存在该条第2款规定的可以调整量刑建议情形。同时最高人民法院、最高人民检察院、公安部、国家安全部、司法部《关于适用认罪认罚从宽制度的指导意见》中明确规定“人民法院应当告知人民检察院”，这与《刑事诉讼法》第201条的规定相辅相成，符合立法原意。故人民法院不采纳量刑建议直接作出判决属于严重违反法律规定的诉讼程序，检察机关应当抗诉。

【评析意见】

该案是一起因是否应当适用缓刑及是否属于严重违反法律规定的诉讼程序而引发检察机关抗诉的认罪认罚案件。近几年来,认罪认罚从宽制度的运行情况和效果逐渐引发了司法界和社会各界的广泛关注,关于该案"刑罚是否明显不当"以及是否属于"严重违反法律规定的诉讼程序"而导致判决错误,是司法实践中关于认罪认罚案件抗诉的共性问题。

张某乙的行为不应适用缓刑,且审判机关未通知检察机关而直接改判缓刑的行为属于严重违反法律规定的诉讼程序,检察机关应当抗诉,理由如下。

一、对于该案张某乙不应适用缓刑

近年来,对缓刑的适用,检察机关和审判机关因为理念、地域的差异等产生了一些分歧,难以形成真正的交锋和有效对话平台。对于本案张某乙交通肇事后逃逸的行为,要审慎适用缓刑。检察机关在提出量刑建议时应综合考虑事故责任、危害后果、赔偿数额等犯罪事实、情节以及被告人的主观恶性、人身危险性、认罪悔罪表现等因素,决定是否适用缓刑。依照2017年8月《天津市高级人民法院关于十五种常见犯罪适用罚金刑和缓刑的量刑指导意见(试行)》的规定,"构成交通肇事罪的,同时具有下列两项以上情形的,一般不适用缓刑:1.酒后驾驶机动车辆的……10.为逃避法律追究逃离事故现场的"。该案张某乙酒后驾驶机动车辆发生交通事故后逃逸,存在上述两种不应判处缓刑情形,犯罪情节较重,一般不适用缓刑。同时,张某乙具有参加黑社会性质组织罪、强迫交易罪、聚众斗殴罪、故意伤害罪的刑事前科,刑满释放后仍不思悔改,违反交通运输管理法规,酒后驾驶机动车后逃逸,人身危险性和社会危害性较大,有再犯罪的危险,宣告缓刑对所居住社区有重大不良影响,直接对被告人适用缓刑,从宽幅度过大。虽然被告人具有赔偿谅解的情节,但该案张某乙故意酒后驾驶引发事故且负事故全部责任,虽然赔偿了被害人家属并取得谅解,但赔偿数额为27万元(死者张某甲,男,1986年出生,天津市某区农村户籍),根据天津市交通事故死亡赔偿标准,其数额明显不足以赔偿损失。该案一审法院判处的刑期虽然在检察院的建议范围内,但检察机关并未提出适用缓刑,而审判机关判处缓刑的执行方式同样违背了检察机关提出的量刑建议的初衷，因此，充分考虑该案张某乙犯罪的事实、性质、情节以及人身危险性情况，不应对张某乙适用缓刑。

二、审判机关未让检察机关调整量刑建议直接改判缓刑，属于严重违反法律规定的诉讼程序

《刑事诉讼法》规定的判决、裁定“确有错误”便应当抗诉，但该规定过于原则、抽象。《人民检察院刑事诉讼规则》关于抗诉的规定也只是有限的扩充。认罪认罚案件不同于普通刑事案件，要求相应的抗诉制度有更加明确的规范。司法实践中，确实存在人民法院在无法定理由、亦未告知人民检察院调整量刑建议的情况下无故不采纳人民检察院《认罪认罚具结书》的量刑建议的情况，一般也会引起检察机关提出抗诉。

虽然《刑事诉讼法》未直接规定人民法院认为量刑建议明显不当应当通知检察机关调整量刑建议，但最高人民法院、最高人民检察院、公安部、国家安全部、司法部《关于适用认罪认罚从宽制度的指导意见》中明确规定人民法院经审理，认为量刑建议明显不当，或者被告人、辩护人对量刑建议有异议且有理有据的，人民法院应当告知人民检察院，人民检察院可以调整量刑建议。该意见的规定是对《刑事诉讼法》关于认罪认罚相关规定的补充和细化，符合《刑事诉讼法》的立法原意。根据诉讼原理，认罪认罚案件系控辩双方达成合意的案件，必然会限缩刑事审判权的裁量空间。诉讼的构造是“两造对抗，法官居中裁判”，法院对控辩双方已经没有分歧且无明显不当的协商成果不予采纳，有违诉讼的基本原理。认罪认罚制度是刑事司法政策中“坦白从宽”制度的具体落实，人民法院无故不采纳人民检察院提出的量刑建议，不仅会减损认罪认罚从宽制度的权威性，使认罪认罚制度失去原有意义，更会使当事人乃至全社会丧失对司法的信任，这违背了司法的初衷。本案张某乙在审查起诉阶段自愿认罪认罚并签署具结书，对检察机关综合考虑全案情节后提出的量刑建议表示认可，且该案审理过程中，并不存在《刑事诉讼法》第201条第1款规定的除外情形，同时，被告人也并未对检察机关的量刑建议提出异议，一审法院也未通知人民检察院调整量刑建议，法院在无新事实和理由的情况下就直接作出缓刑判决，严重违反法律规定的诉讼程序，检察机关应当予以抗诉。

【处理结果】

中级人民法院经审理认为,检察机关的抗诉理由及支抗意见正确。一审法院认定事实清楚,证据确实、充分,定罪准确,但对张某乙适用缓刑不当。2019 年 8 月 29 日,中级人民法院作出终审判决,撤销原判,判决原审被告人张某乙犯交通肇事罪,判处有期徒刑 3 年。

(撰稿人:吕保良)

2. 过错在先行为人在矛盾升级时防卫性质的认定

——许某某故意伤害案

【要旨】

在民间纠纷中,具有过错的一方在矛盾升级,对方不法侵害对其造成现实危害的情况下可以进行防卫。即使明知对方要伤害自己而准备刀具,亦不影响防卫的性质。是否过当应当综合考虑不法侵害人的数量、侵害的手段、强度以及造成对方伤亡的后果等因素综合判断。对于一审判决未认定防卫性质的,二审检察机关应当履行监督职责,依法准确提出法律适用意见,并通过个案办理,倡导"法不能向不法让步"的价值导向。

【基本案情】

原审被告人(上诉人)许某某,男,1981年12月出生,汉族,小学肄业,天津市人。曾因犯盗窃罪被判处有期徒刑1年。

2018年7月8日13时许,被害人潘某某将其汽车停在本市津南区小站镇某地泵附近,上诉人许某某认为潘某某的车挡住了其去路,二人发生争执。其间,许某某从其驾驶的汽车后备箱内拿出铁管,击打被害人潘某某及潘某某车的左前门。许某某离开后,潘某某将此事分别告诉其父和朋友张某,其父又打电话告诉被害人信某(系潘某某表姐)及其丈夫刘某。通过调取监控录像、询问许某某同村村民田某某,潘某某之父等人获知该车系许某某所有,并得到了许某某工作的工厂地址。潘某某之父等人到工厂找许某某未果。后经田某某联系,约定在小站镇东大站村包子铺解决纠纷。当日14时左右,信某、刘某、潘某某之父、张某等人来到包子铺见到许某某,潘某某之父、信某、刘某骂街并上前殴打许某某,被他人拉开。经劝说,双方约定等潘某某到包子铺由许某某给他道歉并让他打几下出气。在等潘某某时,许某某恐遭多人殴打,遂到包子铺对面的超市购买一把水果刀藏于腰部。许某某返回包子铺时,在门前遇到潘某某,潘某某上前踹了许某某腹部一脚,被他人拉开。信某与刘某又上前殴打许某某。许某某用手护住头部半蹲在地上,后信某、刘某不断对其殴打,许某某问对方"有完没完",刘某回答"没完",许某某遂从后腰处掏出水果刀朝被害人信某腹部捅刺一刀,致信某受伤倒地。潘某某再次上前用右膝盖撞许某某胸部,许某某遂持刀捅刺潘某某腹部两刀,后被他人劝开。信某、潘某某被送往医院,信某于当日抢救无效死亡。当日15时许,许某某拨打电话投案。

经鉴定,信某系被匕首类锐器刺破腹主动脉、肠系膜下动脉、肠系膜下静脉致失血性休克死亡。潘某某右肺破裂,评定为重伤二级;右侧胸腔积血,评定为轻伤二级;右侧胸腔积气,评定为轻伤二级;右胸壁穿透创,评定为轻伤二级;右侧第4肋软骨骨折,评定为轻微伤;胸部皮肤瘢痕共长11.9厘米,评定为轻微伤;刺创深达肌层,评定为轻微伤。许某某右侧第2、3前肋骨骨折,损伤程度为轻伤二级;右手、左腕部挫伤,损伤程度为轻微伤。2018年12月28日,潘某某因该案被一审法院以故意伤害罪判处有期徒刑1年,缓刑1年。

2019年1月21日,检察机关以被告人许某某犯故意伤害罪,向二审法院提起公诉。在起诉书中,检察机关未认定被告人许某某为防卫过当,但在庭审发表公诉意见时,认为许某某构成防卫过当。2019年7月30日,二审法院作出判决,认为"许某某与潘某某、信某等人之间的行为属于互殴,许某某的行为不属于防卫过当",以被告人许某某犯故意伤害罪,判处无期徒刑,剥夺政治权利终身。一审判决作出后,许某某以量刑过重为由提出上诉,检察机关未提出抗诉。

【争议问题】

对于许某某的行为如何定性产生三种不同的意见:

(1)许某某有过错在先,有容忍被害人出气的义务,且也明确表示同意被害人对其打几下。在明知被害人可能采取危及其人身安全行为时,仍然到现场,并购买刀具,主观上超出了保护合法权利的目的,属于互殴,不具有防卫的性质。该观点也是一审法院采纳的观点。

(2)许某某即使明知对方可能采取危及其人身安全的行为,但仍然拥有保护自身免遭不法侵害的权利。在对方行为升级并严重危及人身安全时,可以进行防卫。但许某某的行为造成一死一重伤,应当构成防卫过当。

(3)许某某的行为具有防卫性质,没有超过必要的限度,构成正当防卫。

【评析意见】

近年来,检察机关通过几个社会影响程度较大的案件唤醒了被称为“沉睡条款”的正当防卫制度。2018 年 12 月,最高人民检察院围绕准确适用正当防卫制度印发了第 12 批指导性案件。2020 年 9 月,最高人民检察院、最高人民法院、公安部联合发布了《关于依法适用正当防卫制度的指导意见》。2020 年 11 月,最高人民检察院又发布了 6 起正当防卫不捕不诉典型案例,为正当防卫制度的适用进一步提供了精准指引。上一级检察机关受理该案后,依法审阅了该案全部案卷材料,讯问了上诉人,并当面听取了辩护人的意见。经综合分析事实证据,评析意见如下:

(1)该案不属于互殴。正当防卫鼓励和保护正当合法行为。在以往故意伤害案中,只要行为人不是就地取材,而是提前购买或者准备刀具的案件,一般很难认定为具有防卫性质,很容易理解成为具有报复目的,从而被划入互殴的范畴。该案在一审过程中,法院即采取了这种思路。应当明确,即使明知对方可能伤害自己而提前购买或者准备刀具,只要出于防身的目的,不具备互殴的故意,且不是在打斗过程中主动使用刀具,而是在对方不法侵害已经造成现实损害时采取的行为即可以认为具有防卫的性质。同时,也要避免对方仅是某种挑逗或者不法侵害不具有紧迫性、并未造成现实伤害时,所采取的行为一律认定为防卫,以防止正当防卫制度被滥用。是否受到侵害或者不法侵害,是否具有紧迫性的问题,应当从防卫人在受到侵害的时空出发,进行“代入式”判断,不能凭空想象。检察机关在审查时,应当综合考虑行为人的主观意图和不法侵害的紧迫性、现实性,准确判断是否具有防卫性质,做到不枉不纵。

从现有事实证据看,许某某在潘某某未到来之前,在包子铺内与田某某等人达成的调停意见是潘某某来到后打他几下出出气,对此许某某是认可的,这表明许某某具有化解矛盾纠纷的意图,主观上并不是为了约架,没有斗殴的故意,双方也没有互殴的意思联络。在双方见面后,潘某某、信某等人对许某某进行殴打,且呈现持续升级态势的时候,许某某才持刀捅刺,故不属于互殴。

(2)该案具有防卫性质。我国《刑法》第20条中规定,为了使国家、公共利益、本人或者他人的人身、财产和其他权利免受正在进行的不法侵害,而采取的制止不法侵害的行为,对不法侵害人造成损害的,属于正当防卫,不负刑事责任。正当防卫明显超过必要限度造成重大损害的,应当负刑事责任,但是应当减轻或者免除处罚。综合该案事实证据来看,许某某的行为具有防卫性质。

第一,从防卫的目的看,许某某的捅刺行为是为了保护本人的合法权益而实施的。许某某与潘某某因错车问题发生纠纷,其主观上具有过错,但其是按照调停意见,到约定的地点解决纠纷。被害人信某、潘某某等人到了现场后随即先后对许某某进行殴打,并且不断升级,超出了预期的范围,其行为属于正在进行的不法侵害。虽然许某某同意对方打几下出气,但是并没有将生命健康权完全交予对方。

第二,从防卫起因上看,该案存在持续性、紧迫性、严重性的现实不法侵害。被害人潘某某到了现场后,先是踹其腹部一脚,接着信某与刘某二人上前对其殴打。虽然许某某购买了刀具,但在购买水果刀后,并没有主动性攻击,即使在遭到对方多人围殴后,也并不是立刻持刀还击。在其质问对方有完没完,对方说没完,并继续殴打时,许某某才掏出刀捅刺信某。之后,潘某某上前继续殴打许某某,许某某用刀捅刺潘某某。潘某某、信某等人的不法侵害已经使许某某的人身安全受到了现实的伤害,不法侵害客观存在并正在进行。

第三,从防卫时间上看,许某某的行为是针对正在进行的不法侵害实施的。潘某某、信某等人的不法侵害具有一体性,属于加害的共同一方,许某某连续捅刺对方的行为具有防卫适时性。在摆脱对方的殴打后,没有再进行持续捅刺,表明许某某的行为具有一定的节制性。

第四,从防卫的对象上看,许某某捅刺的对象均为对其针对不法实施侵害的人,并未伤及其他人。

(3)该案属于防卫过当。法律允许防卫人对不法侵害人造成一定损害,甚至可以致伤、致死,但是应当有一定的限度。评判防卫是否过当,应当从不法侵害的性质、手段、紧迫程度和严重程度,防卫的条件、时机、方式、强度和后果等情节综合判定。一般来讲,防卫强度应当与侵害强度基本相当,以维护自身权益和制止不法侵害行为需要为限,不能明显超过侵害强度并造成重大伤亡,这是区分正当防卫和防卫过当的根本界限。特别是对于赤手空拳尚未危及生命的侵害行为,直接持刀捅刺致其死亡、重伤的力度和后果与之有明显差距,力量对比显著失衡,防卫结果与所保护的权利对比上也相差悬殊,故对这种情形的防卫方式、手段应当有所限制。检察机关应当全面综合考虑各种因素,具体情况具体分析,准确判断是否过当,避免明显失衡或认定不当。

具体到该案,从防卫的限度上看,明显超过必要限度,造成重大损害,属于防卫过当。从不法侵害行为和防卫行为的强度看,被害人潘某某、信某等人虽实施了殴打的行为,但是未使用任何器械,只是采取赤手空拳的方式进行殴打,没有危及许某某生命的明显危险。而且,案发现场还有多人在拦架、劝阻,其侵害强度仍在可控的范围内。许某某有周旋、逃跑、报警或者求助他人的余地,但却选择使用刀具,在厮打过程中直接捅刺信某、潘某某,在防卫措施的强度上不具有必要性。从行为后果看,许某某超限反击的行为造成了信某死亡、潘某某重伤的严重后果,属于重大损害。从捅刺部位上看,均是致命部位,且信某作为一名女性,在外形和体力上与男性差距悬殊,许某某将其捅刺致死已经超出了制止不法侵害的需要。综合以上情况来看,许某某的防卫行应当认定为明显超过必要限度造成重大损害,属于防卫过当。

【处理结果】

检察机关在二审出庭意见中提出:许某某构成故意伤害罪,系防卫过当,依法应当负刑事责任,但是应当减轻或者免除处罚。鉴于许某某在案件起因上具有过错,且其过当的行为造成一人死亡,一人受一处重伤二级、三处轻伤二级的严重后果,截至目前未有赔偿被害人信某家属的经济损失,未取得被害人家属的谅解,故建议对其减轻处罚时从严掌握。

二审审判机关召开了审判委员会,全部采纳了检察机关意见,认为许某某的行为属于防卫过当,撤销了原判决对其的量刑部分,以故意伤害罪改判许某某有期徒刑9年6个月。

(撰稿人:白春安)

3. 吸毒致幻后伤人构成何罪

——马某某故意伤害案

【要旨】

行为人吸毒致幻后实施伤人行为，属于原因自由行为。首先，应肯定这种情况不影响犯罪的认定。其次，应根据行为人在实施犯罪时是否完全丧失刑事责任能力分析其主观心理状态：如果是自陷限制行为能力，则根据其实施犯罪时的心理状态认定是否为故意犯罪；如果是自陷无行为能力，则需要故意使自己陷入无行为能力状态，且同时对于其陷入无行为能力状态后可能实施某种犯罪持希望或放任态度，才可能构成故意犯罪。最后，在故意犯罪的前提下，还应具体分析其伤人动机来确定具体罪名：如果是由于吸毒后产生被害幻觉，应按故意伤害罪追究刑事责任；如果是吸毒后精神亢奋而为发泄情绪，则构成寻衅滋事罪。

【基本案情】

被告人马某某，男，25 岁，天津市人。2017 年 4 月 23 日 21 时许，被告人马某某在吸食毒品甲基苯丙胺后前往刘某某经营的某超市购物，其间因马某某吸食毒品过量而产生幻觉，误认为有人对其及其母亲进行追杀，遂在超市内吵闹并摔砸货架上摆放的鸡蛋、饮料等商品；刘某某见状后上前对被告人马某某进行制止，马某某误认为刘某某要加害于其及其母亲，遂将刘某某扑倒在地并用碎玻璃瓶扎刺刘某某左臂，致使刘某某左臂多处损伤，随后，被告人马某某被民警当场抓获。经对被告人马某某的尿液进行现场检测，结果甲基苯丙胺毒品成分呈阳性。经对被害人刘某某所受伤情进行损伤程度鉴定，刘某某外伤致左上肢多发皮裂伤，鉴定为轻伤二级。

【争议问题】

对于马某某的行为如何定性形成了三种不同的意见:

(1)马某某的行为不构成犯罪。理由是马某某因吸毒产生幻觉而实施伤人行为,案发时产生被害妄想,丧失辨认及控制自己行为的能力,属于精神障碍范畴。根据我国《刑法》第18条的规定,精神病人在不能辨认或者不能控制自己行为的时候造成危害结果,经法定程序鉴定确认的,不负刑事责任。

(2)马某某的行为构成寻衅滋事罪。理由是马某某在与被害人刘某某无任何矛盾的情况下,无故将刘某某打伤,系主观上基于无事生非的动机而实施的随意殴打他人行为,符合寻衅滋事罪的构成要件。

(3)马某某的行为构成故意伤害罪。理由是马某某因吸毒后产生幻觉而误以为被害人刘某某要加害其及其母亲,遂将被害人打伤,应承担刑事责任,符合故意伤害罪的构成要件。

【评析意见】

笔者同意第三种意见。该案是一起典型的吸毒致幻而导致的犯罪案件,首先,应明确行为人吸毒致幻不影响刑事责任能力的判定;其次,应根据行为人主观上的心理状态而具体区分构成何罪。

一、马某某吸毒致幻后实施的犯罪行为属"原因自由行为",应承担刑事责任

1.马某某的行为系原因自由行为

在大陆法系刑法理论中,犯罪成立的条件为:构成要件该当性、违法性及有责性,且三个要件在逻辑上是递进关系。因此,即使行为人符合前两个要件,但是具有"无责任能力"等责任阻却事由的,也不构成犯罪。但是,在一种特殊情况下,行为人的实行行为与责任能力是分离的,这就是"原因自由行为"。

原因自由行为(actio libem in causa),也称原因中的自由行为,是指故意或过失使自己处于无责任能力或限制责任能力的状态,并在这种状态下,实

施了符合构成要件的事实。[①] 按照此种理论，行为人本身具有刑事责任能力，但在实施犯罪前，故意或过失使自己处于辨认、控制能力丧失或减弱的状态（最典型的如醉酒），并实施犯罪的，虽然其在实施犯罪行为时不具有完全的刑事责任能力，但是也应当承担刑事责任。目前大陆法系很多国家都支持该观点，如《瑞士刑法》总则第 10 条规定无责任能力人之行为不罚，第 11 条规定限制责任能力之行为减轻其刑，第 12 条规定，行为人意图犯罪，而自陷于意识重大阻碍或障碍之状态中者，不适用本法第 10 条无责任能力人之行为不罚及第 11 条规定限制责任能力之行为减轻其刑之规定。此外，奥地利及意大利刑法均在刑法总则中规定了原因自由行为应受处罚，而德国刑法则在分则中将原因自由行为作为一种独立的犯罪予以规定，即故意或过失处于麻醉状态而实施违法行为的，构成独有的犯罪。[②]

我国《刑法》虽然没有明文规定原因自由行为，但是第 18 条第 4 款"醉酒的人犯罪，应当负刑事责任"的规定，对原因自由行为给予了明确肯定。而且在司法实践中，对原因自由行为也按照犯罪处理。如《最高人民法院公报》2007 年第 7 期（总第 129 期）刊载的彭某故意杀人案，被告人彭某因服食摇头丸药性发作，持刀将同屋居住的被害人刺死，该案最终以故意杀人罪判处被告人彭某无期徒刑，剥夺政治权利终身。该案的裁判理由明确提出了彭某的行为系原因自由行为，并指出：虽然该案被告人彭某在杀人时辨认、控制能力已经减弱，但这种状态的出现是他吸毒所致，因此，其杀人行为可以归责为其吸食毒品的行为。而且在该案中，彭某在以前已因吸毒产生过幻觉的情况下，明知自己吸食毒品后会出现幻觉仍故意吸食，进而出现精神障碍将被害人杀死，主观上应当认定为故意使自己陷入该状态，其应承担故

① 实际上，对于"原因自由行为"的定义，有两种不同观点：狭义说认为，原因自由行为只包括自陷无责任能力的情况（如张明楷教授观点）；广义说则认为还应包括自陷限制责任能力的情况（如陈兴良教授、刘士心教授观点）（参见刘士心：《论中国刑法中的原因自由行为——兼论新〈刑法〉第 18 条的完善》，载《河北法学》2000 年第 2 期）。目前持广义说的学者较多，包括大陆法系多数国家对原因自由行为的规定，都是以广义说为基础的，因此本文也持广义说观点，不再具体阐述理由。

② 参见张明楷：《外国刑法中的原因自由行为》，载《河北法学》1991 年第 5 期。

意杀人罪的刑事责任。[①]

该案中,马某某作为长期吸毒人员,其理应对吸毒后的反应,包括精神亢奋,出现幻觉、幻听、被害妄想等精神症状有所认识,在这种情况下,仍然在大量吸食冰毒后前往超市购物,并因吸毒过量而产生被害妄想后将被害人打伤,属于原因自由行为,应承担相应的刑事责任。

2. 吸毒致幻后实施犯罪不属免责事由

严格来讲,行为人吸毒导致的幻觉、幻听、被害妄想等精神障碍属于"中毒性精神病"范畴。所谓中毒性精神病,即物质滥用所致精神障碍,诸如滥用酒精、毒品等麻醉剂及兴奋剂中毒而引起的精神障碍。[②] 但是,笔者认为,此种精神障碍并不适用我国《刑法》第 18 条"精神病人在不能辨认或者不能控制自己行为的时候造成危害结果,经法定程序鉴定确认的,不负刑事责任"的规定。

首先,吸毒导致精神障碍后实施犯罪,属于前文所述的原因自由行为,从刑法理论上即排除了刑事免责事由。

其次,根据《刑法》第 18 条的规定,对于精神病人须"经法定程序鉴定确认",而司法部《精神障碍者刑事责任能力评定指南》(2016 年)第 5.2.5 条规定:"对毒品所致精神障碍者,如为非自愿摄入者按 4.1 条款评定其刑事责任能力;对自愿摄入者,暂不宜评定其刑事责任能力,可进行医学诊断并说明其案发时精神状态。"从这一规定来看,司法实践中也认为吸毒所致精神障碍不宜进行司法精神病鉴定。有的案件虽然在诉讼过程中也进行了司法精神病鉴定,但是鉴定结果也不会排除被告人的刑事责任能力。如肖某某故意杀人案,鉴定机构的鉴定意见为:被鉴定人为精神活性物质所致的精神障碍,实施违法行为虽与精神病症状有关,但吸毒系自陷型行为,应评定为完全刑事责任能力。[③] 因此,从司法鉴定角度也肯定了吸毒者的刑事责任能力。

最后,我国《刑法》虽然并未像第 18 条第 4 款规定醉酒的人犯罪应负刑

---

① 参见最高人民法院刑事审判第一、二、三、四、五庭主办:《刑事审判参考》(总第 55 辑),法律出版社 2007 年版,第 1 ~ 5 页。

② 参见张丽卿:《司法精神医学》,元照出版有限公司 2001 年版,第 40 ~ 42 页。

③ 参见杜智娜、王鑫刚:《吸毒后杀人,幻觉犯罪之争》,载《法律与生活》2015 年第 14 期。

事责任一样，明文规定吸毒的人犯罪应当负刑事责任，但是2000年最高人民法院《关于审理交通肇事刑事案件具体应用法律若干问题的解释》第2条第2款第1项明确将“吸食毒品后驾驶机动车辆”作为交通肇事罪的行为表现之一，也是对吸毒不属于免责事由的明确肯定。

二、马某某的行为不符合寻衅滋事罪的构成要件

关于吸毒致幻后伤人的行为，有一种观点认为属于寻衅滋事罪中的随意殴打他人，应以寻衅滋事罪定罪处罚，包括该案中公安机关即以寻衅滋事罪对马某某提请逮捕。但是，笔者认为，马某某不符合寻衅滋事罪的主观构成要件。

根据《刑法》第293条的规定，寻衅滋事罪的客观表现分为四种行为：随意殴打他人；追逐、拦截、辱骂、恐吓他人，情节恶劣的；强拿硬要或者任意毁损、占用公私财物，情节严重的；在公众场所起哄闹事，造成公共场所秩序严重混乱的。根据2013年最高人民法院、最高人民检察院《关于办理寻衅滋事刑事案件适用法律若干问题的解释》第1条的规定，寻衅滋事罪在起因上主要有两种情况：一是行为人为寻求刺激、发泄情绪、逞强耍横等，无事生非；二是行为人因日常生活中的偶发矛盾纠纷，借故生非。随意殴打他人的寻衅滋事罪与故意伤害罪相比，主要区别在于：一是起因方面，寻衅滋事罪表现为无事生非或者借故生非，故意伤害罪系事出有因；二是动机方面，无论是“无事生非”型寻衅滋事，还是“借故生非”型寻衅滋事，主观上均以显示威风、发泄不满、寻求精神刺激为目的，而故意伤害罪的动机主要基于双方的矛盾而故意报复；三是对象方面，寻衅滋事罪的对象选择上有一定随意性，而故意伤害罪的犯罪对象由于事出有因，相对明确。

结合该案，虽然被告人马某某的行为有一定“寻衅滋事”的表现，如案发地点在公共场所、与被害人素无矛盾、殴打被害人无任何理由、同时伴有打砸物品的行为等，但是其与吸毒后因精神亢奋为发泄情绪而随意殴打他人，或者吸毒后无任何理由随意殴打他人的行为还是有明显区别的。从现场监控录像、目击证人证言及被告人自己的供述来看，马某某将车停到案发超市门前欲进入其内购物，在购物前先在车内吸食冰毒，购物后还未离开超市时即出现吸毒过量反应，其遂给其朋友和母亲打电话求助。在其母赶至现场后，其已经出现幻觉，认为有人在追赶并欲加害其与其母亲，遂进入超市躲避,将鸡蛋扔在地上以使地面湿滑从而阻止“追杀者”,并将饮料瓶砸碎后手持碎玻璃瓶用于“防身”。后马某某意图进入超市里侧的仓库进行躲藏,被害人对其进行拦阻时,马某某误认为被害人就是“追杀者”,遂将被害人扑倒并持碎玻璃瓶将被害人扎伤。从马某某整个行为表现来看,并未表现出任何显示威风、发泄不满、寻求刺激的动机,且其对被害人进行伤害也是基于被害妄想下的“事出有因”,与寻衅滋事罪的“随意殴打”有明显区别。根据张明楷教授的观点,寻衅滋事罪的“随意”殴打,一般意味着即使按照犯罪人的理性,殴打行为也不具有可以被一般人“理解”“接受”的原因与动机。[①]也就是说,如果站在行为人的立场,也会认为殴打的原因不可思议,就应评价为随意殴打。而被告人马某某基于“阻止他人追杀”的目的而伤害他人,不属于寻衅滋事罪的“随意殴打他人”,不应以寻衅滋事罪定罪处罚。

三、马某某的行为应以故意伤害罪定罪处罚

1. 马某某主观上符合故意伤害罪的构成要件

如前文所述,马某某的行为与“随意殴打他人”的寻衅滋事行为不同,其基于被害妄想,误认为被害人欲加害其及其母亲,而故意伤害被害人身体,造成被害人轻伤二级后果,其主观故意及客观行为均符合故意伤害罪的构成要件。该案特殊之处在于,马某某的行为系原因自由行为,其罪过形式的认定与一般犯罪有所区别。

原因自由行为由原因行为和结果行为两部分构成,又可分为自陷无责任能力状态和自陷限制责任能力状态两种情形,大多数学者认为,认定原因自由行为的罪过形式,应根据实施结果行为时是否完全丧失责任能力而区别对待。[②] 如果是自陷限制责任能力状态的情形,行为人尚未完全丧失刑事责任能力,对危害结果存在故意或过失,应直接以结果行为阶段的罪过形式区分是故意犯罪还是过失犯罪(如酒后驾车造成的交通肇事罪,行为人喝酒时为故意,酒后驾车发生交通事故时为过失,整体应按照酒后驾车而非喝酒时的主观心理状态认定为过失)。如果是自陷无责任能力状态的情形,成立

---

① 参见张明楷:《寻衅滋事罪探究(上篇)》,载《政治与法律》2008 年第 1 期。

② 参见刘士心:《论中国刑法中的原因自由行为——兼论新〈刑法〉第 18 条的完善》,载《河北法学》2000 年第 2 期;黄旭巍:《故意犯罪形态的原因自由行为探究——以所谓“双重故意”为中心》,载《法学评论》2011 年第 4 期。

故意犯罪则必须同时具备两个故意：一是行为人对原因行为的故意，即行为人故意使自己处于无责任能力的状态；二是行为人在实施原因行为时对结果行为的故意，即行为人明知自己陷于无责任能力状态后会实施某种犯罪行为，并希望或放任犯罪结果发生。

该案中，虽然司法机关对马某某实施犯罪时的刑事责任能力未进行鉴定，但是从马某某在事后供述中对于其实施犯罪的经过及主观心理状态能够清楚描述这一点来看，其在实施犯罪时尚未完全丧失控制及辨认能力，属于前文所述的第一种情形（前文引用的彭某故意杀人案与该案类似，也是吸毒过量产生幻觉后实施犯罪，法院判决也认定其尚未完全丧失控制及辨认能力），因此不需考虑其在实施原因行为（吸毒）时是否明知自己吸毒过量后会实施故意伤害犯罪并希望或放任犯罪结果发生，只需考虑其在实施结果行为（故意伤害）时有伤害他人的故意即可。故马某某的行为系故意犯罪。

2. 马某某主观上不属于“假想防卫”

需要特别说明的是，有观点认为，马某某误认为被害人欲加害其及其母亲而伤害被害人的行为属于“假想防卫”，这种观点也是不成立的。所谓假想防卫，是指本来不存在正当防卫的前提条件，行为人误以为存在该条件，进而实施了所谓的防卫行为。[①] 假想防卫排除故意的成立，而应根据行为人是否应当认识到并不存在的正当防卫的前提条件，认定为过失或意外事件。也就是说，如果马某某的行为被认定为“假想防卫”，那么其肯定是不构成故意伤害罪的。而该案中，马某某显然不属于“假想防卫”。如王某友过失致人死亡案的裁判理由所说：假想防卫是建立在行为人对其行为性质即其行为不具有社会危害性的错误认识的基础上的。[②] 而这种错误认识，必须是行为人基于案发时的情况，在一定事实基础及理由上所形成的，如上述案例中被告人王某友错误地将前来串门的邻居误认为不法侵害人，就是在其住宅位置偏僻，且其刚刚因为有人欲非法侵入其住宅而报案归来的前提下，基于惊恐和对屋内孩子安危的担心，再加上案发时夜黑风高影响了辨认能力，才

---

① 参见陈兴良主编：《刑法总论精释》，人民法院出版社 2011 年版，第 255 页。

② 最高人民法院刑事审判第一庭编：《刑事审判参考》（总第 20 辑），法律出版社 2001 年版，第 20～22 页。

产生了错误认识。而该案中,被害人仅仅是在对正在其超市内打砸物品且意图闯入仓库的马某某进行劝阻,且无任何攻击性或者容易令人产生误会的言行,马某某是在吸毒产生被害妄想的情况下,无任何理由和事实依据就将被害人误认为“追杀者”,因此不宜认定为“假想防卫”。

【处理结果】

2017 年 4 月,公安机关以马某某涉嫌寻衅滋事罪提请审查逮捕,检察机关以故意伤害罪批准逮捕;2017 年 7 月,检察机关以故意伤害罪对马某某提起公诉;法院经审理认为,被告人马某某故意伤害他人身体,致人轻伤后果,其行为已构成故意伤害罪,于 2017 年 9 月以故意伤害罪判处被告人马某某有期徒刑 1 年。

(撰稿人:何磊)

4. 以行为和结果双重视角认定防卫限度条件

——魏某某故意伤害案

【要旨】

正当防卫要求防卫行为没有明显超出必要限度，或防卫结果没有造成重大损害。犯罪嫌疑人赤手空拳相对于被害人持砖头殴打，手段并未超过必要限度，面对暴力侵害而防卫造成被害人轻伤的结果并非重大损害，不属于防卫过当，不负刑事责任。坚持以客观性证据为核心的证据审查模式，当客观性证据与言词证据之间不能相互印证时，应优先采用客观性证据。

【基本案情】

犯罪嫌疑人魏某某，1973 年 9 月 19 日出生，男，汉族，初中文化，无业，在津无固定住所。

公安机关提请批准逮捕认定的事实和情节：2016 年 9 月 30 日 22 时许，犯罪嫌疑人魏某某在步行由天津市某区成林道向广东山庄路回家途中，遇醉酒男子被害人孟某某，双方发生口角。行至广东山庄路与红星路交口附近时，孟某某拿砖头欲砸魏某某，后魏某某将孟某某摔倒在地并用砖头砸孟某某，造成孟某某受伤。天津市公安局某分局于 2016 年 11 月 29 日立案侦查，2017 年 8 月 3 日将犯罪嫌疑人魏某某抓获归案，并采取刑事拘留强制措施，同年 8 月 9 日以故意伤害罪对犯罪嫌疑人魏某某提请批准逮捕。

检察机关经审查认定的事实和情节：2016 年 9 月 30 日 22 时许，犯罪嫌疑人魏某某在步行由天津市某区成林道向广东山庄路回家途中，遇醉酒男子被害人孟某某，双方因琐事发生口角。后二人在行至广东山庄路与红星路交口附近时,孟某某从地上捡起一块砖头砸向魏某某,魏某某躲避砖头,并顺势将孟某某摔倒在地,造成孟某某受伤。经天津市法医鉴定中心鉴定:孟某某外伤致头皮血肿,鉴定其损伤程度为轻微伤;创伤性蛛网膜下腔出血,鉴定其损伤程度为轻伤二级;右外踝骨折,鉴定其损伤程度为轻伤二级。

【争议问题】

在该案审查过程中,争议焦点主要为:如何综合审查、判断、运用客观性、主观性证据,准确认定案件事实,犯罪嫌疑人魏某某的防卫行为是否超出必要限度,造成孟某某轻伤二级的后果是否属于不应有的危害后果。犯罪嫌疑人魏某某的行为应认定为正当防卫不负刑事责任还是以故意伤害罪追究刑事责任。

围绕上述争议焦点,主要形成以下两种不同意见。

一、应当以客观性证据为核心,认定魏某某的行为属于正当防卫,不负刑事责任

审查逮捕阶段应以客观性证据为核心,该案的客观性证据有现场监控录像、被害人孟某某的伤情鉴定意见。通过仔细研究现场监控录像中犯罪嫌疑人魏某某与孟某某的具体行为、分析被害人孟某某的伤情,认定该案客观事实为,孟某某从地上捡起砖头袭击魏某某,魏某某躲避砖头,并顺势将孟某某扭摔倒在地,造成孟某某头部着地,头部受伤、右脚踝受伤。监控录像反映的现场情况与犯罪嫌疑人魏某某供述情况相一致,被害人受伤部位与人体损伤程度鉴定的结果相吻合。虽有证人证实犯罪嫌疑人魏某某用砖头砸向孟某某,但与现场监控录像不一致,现场录像反映魏某某捡起砖头后就扔在地上,并未砸向被害人,应以监控录像为准,不能采信证人证言。而且被害人孟某某当时为醉酒状态,无法讲清事实经过。根据在案证据情况,可以认定魏某某认识到自身正在面临不法侵害,出于防卫目的对不法侵害人实施了防卫行为,空手赤拳予以回击没有明显超过必要限度,没有造成不必要的危害后果,应认定为正当防卫。正当防卫的实质在于“以正对不正”,是正义行为对不法侵害的反击,因此应明确防卫者在刑法中的优先保护地位。实践中,许多不法侵害是突然、急促的,防卫者在仓促、紧张状态下往往难以准确地判断侵害行为的性质和强度，难以周全、慎重地选择相应的防卫手段。

二、不宜认定该案构成正当防卫，犯罪嫌疑人所采取的防卫措施超出了必要限度，造成了不应有的危害后果

经分析认为，从犯罪嫌疑人魏某某的行为上看，其采用了“侧背跨”的方式将被害人孟某某摔倒在地，“摔”对被害人的伤害性较大；而且从双方力量对比上看，案发时魏某某意识清醒，其身高180厘米、年龄43岁，而孟某某处于醉酒状态，身高170厘米、年龄48岁，魏某某明显处于优势；再从危害后果上看，魏某某将孟某某摔倒在地造成了孟某某蛛网膜出血、右脚踝骨折的后果，经鉴定，孟某某人体损伤程度构成轻伤二级。另外，该案的证据中有证人证实犯罪嫌疑人魏某某摔倒孟某某后拿砖头砸向孟某某，公安机关亦据此认定魏某某摔倒被害人后又用砖头砸被害人的行为属于故意伤害行为致孟某某轻伤二级后果。根据该案事实及现有证据，不能认定犯罪嫌疑人魏某某的行为属于正当防卫，应以故意伤害罪追究犯罪嫌疑人魏某某的刑事责任。

【评析意见】

检察机关采纳了第一种意见，运用以客观性证据为核心的证据审查模式，对案件事实进行审查判断。一是据以认定案件事实的核心证据是客观性证据，而非口供、被害人陈述、证人证言。二是认定案件的主要事实，案件的发生、犯罪的主要过程、犯罪结果等事实有相应的客观性证据予以证实。三是以客观性证据为核心并不排除其他言词证据的证明价值，只是体现在证明力的强弱、大小的区别上，更加注重和强调客观性证据的证明价值。在审查逮捕阶段，审查期限仅为7天，必须重视客观性证据，细致审查、综合运用，作出正确判断，以确定犯罪嫌疑人是否构成犯罪。

在该案的办理中，对于依据检察机关确定的客观性证据审查模式对案件进行审查判断，并不等于迷信客观性证据，而是注重对客观性证据进行科学解释，准确把握客观性证据所蕴含的案件信息，特别是对于现场监控录像的仔细甄别和对伤情鉴定意见等掺杂了一定主观判断和想法在内的客观性证据的分析。该案现场监控录像证实，双方发生口角的过程仅为1分钟，后被害人用砖头砸向犯罪嫌疑人,犯罪嫌疑人将被害人摔倒在地的过程仅为几秒钟。经过对现场监控录像视频按顺节反复慢放、回看现场案发时的具体过程,最终分析出犯罪嫌疑人魏某某是在躲闪被害人砸过来的砖头后顺势以“侧背跨”方式将被害人孟某某摔倒在地,被害人右腿、脚均有弯曲受力,被害人后脑着地,符合头皮血肿、创伤性蛛网膜下腔出血、右外踝骨折的伤情后果。有证人张某证实犯罪嫌疑人魏某某用砖头砸向孟某某,但其证言证实内容与现场监控录像不一致,监控录像反映魏某某确有弯腰从地上捡砖头的动作,但随即将砖头扔在地上,并未砸向被害人,张某的证人证言不予采信。运用全案有证明力的客观性证据对案件事实进行判断,认定犯罪嫌疑人魏某某系正当防卫,不负刑事责任,具体分析如下:

第一,犯罪嫌疑人魏某某面临的侵害具有不法性和现实性。不法侵害,是认定正当防卫的前提条件。不法侵害既可以是犯罪行为,也可以是违法行为,不管是犯罪行为还是违法行为,从法律的层面讲,都是侵犯法益的行为,都属于不法侵害。现实性,主要是指不法侵害现实存在,实践中有人误以为不法侵害存在而进行防卫的,属于假想防卫,因现实中实际并不存在不法侵害,因此如果行为人有过失的,可能构成过失犯罪,没有过失可能属于意外事件。从该案的起因看,被害人孟某某醉酒后主动滋事,挑起事端、过错在先,继而持砖头伤人,不法侵害有所升级,犯罪嫌疑人魏某某正面临危及人身安全的不法侵害的现实危险。

第二,犯罪嫌疑人魏某某面临的不法侵害正在进行。不法侵害正在进行,是指不法侵害已经开始尚未结束,使法益面临紧迫的现实危险,从而使防卫行为成为保护法益的必要手段。从该案的事态发展看,被害人孟某某用砖头砸向魏某某未砸中,砖头虽然落地,但孟某某情绪激动,且属于醉酒状态,其可能造成的危险并未消除,因此不能认定为孟某某的不法侵害已经结束。根据案发当时的情况,应当认定犯罪嫌疑人魏某某的人身安全仍然面临紧迫而现实的危险,不法侵害状态依然存在。

第三,犯罪嫌疑人魏某某具有“正对不正”的防卫意识。刑法理论一般认为,具有防卫意识时,才可能成立正当防卫。司法实践中,判断有无防卫意识,能够很好地解决防卫挑拨、相互斗殴等问题,因不具有防卫意识,防卫挑拨、相互斗殴行为无法被评价为正当防卫。一般来说,防卫意识包括防卫认识和防卫意志，防卫认识是指防卫人认识到不法侵害正在进行；防卫意志是指防卫人出于保护合法权利免受正在进行的不法侵害。该案犯罪嫌疑人魏某某意识到自己正在遭受不法侵害，主观上具有制止不法侵害、保护自身合法权利的正当目的，明显具有防卫意识，摔倒被害人予以反击的行为属于情急之下的正常反应。

第四，犯罪嫌疑人魏某某的防卫手段具有相当性，未明显超出必要的限度。防卫的必要限度，是指以制止不法侵害、保护法益所必需的限度。如果超过必要限度造成不应有的危害的，应当负刑事责任。“必要限度”的把握往往需要结合具体案件情况具体分析。该案中被害人孟某某持砖头殴打犯罪嫌疑人魏某某，犯罪嫌疑人魏某某赤手空拳予以回击，从不法侵害者使用砖头、防卫人赤手空拳的角度分析，显然属于必要限度之内。而且在面临不法侵害的紧急情况时，一般人很难精准判断出自己可能受到多大伤害，然后冷静换算出等值的防卫强度，法律不会强人所难，不能苛求行为人精准控制摔倒的力量和部位。犯罪嫌疑人魏某某虽然造成了不法侵害人孟某某轻伤二级的后果，但仍符合防卫必要性的要求，在必要限度之内，没有造成重大损害。

第五，从正当防卫的制度价值看，应当优先保护防卫者。根据《刑法》第20条第1款之规定，为了使国家、公共利益、本人或者他人的人身、财产和其他权利免受正在进行的不法侵害，而采取的制止不法侵害的行为，对不法侵害人造成损害的，属于正当防卫，不负刑事责任。人身安全是每个公民最基本的要求，在面对来自违法犯罪行为的紧迫现实的不法侵害时，法律应当引导鼓励公民勇于自我救济，敢于同违法犯罪行为作斗争，制止不法侵害，保护自身合法权益。司法应当负起倡导风尚、弘扬正气的责任，检察机关亦应当依法保障人民群众的正当防卫的权利，树立良好的社会价值导向，切实维护人民群众合法权益。

【处理结果】

检察机关经审查认为，魏某某的行为属于制止正在进行的不法侵害所采取的必要措施且未明显超过必要限度，对不法侵害人造成的损害不属于重大损害，应当认定为正当防卫，不负刑事责任，符合《刑法》第20条第1款之规定,检察机关于2017年8月16日对犯罪嫌疑人魏某某作出不批准逮捕决定,并说明不批准逮捕理由。公安机关认可检察机关不批准逮捕决定和理由,公安机关于2018年9月10日作出撤销案件决定。

(撰稿人:王娜　杜冰倩)

5. 正当防卫在刑事诉讼和民事诉讼中的区别认定问题

——张某故意伤害案

【要旨】

在刑事诉讼中，正当防卫作为重要的违法阻却事由，在举证责任分配时应当由控方负责，而不能将举证责任强加给犯罪嫌疑人、被告人一方。关于正当防卫的认定，在证据裁判时应依法适用存疑有利于犯罪嫌疑人、被告人的证据裁判原则，对于伤害事实清楚，但是不能排除犯罪嫌疑人系正当防卫的合理怀疑案件，不宜认定构成犯罪。相反，在民事诉讼中，应坚持"谁主张，谁举证"的原则，当事人主张正当防卫但无法提供证据支持的，就应当承担举证不能的后果，即需承担民事侵权损害赔偿责任。

【基本案情】

2016 年 11 月 10 日 21 时许，犯罪嫌疑人张某在工地因琐事与工友被害人李某发生争执，后张某持刀型物将李某右手致伤。经法医鉴定，李某右手背部长 12.4cm 伤口为轻伤二级，右手第三掌骨骨折为轻伤二级，右手第 2、3 掌指关节肌腱断裂为轻微伤。

犯罪嫌疑人张某辩解称李某先持刀追赶自己，后自己在逃跑过程中捡起工地路边瓦刀抵挡致使李某受伤。被害人李某陈述称自己与张某发生口角，后张某持刀将其手部砍伤，否认自己曾持刀追赶张某。二人供述与陈述前后均一致，现场无监控录像、目击证人证言等其他证据。

被害人李某要求追究张某故意伤害罪的刑事责任的同时，要求张某赔偿其医药费、误工费、交通费、营养费等费用共计 5 万元。

【争议问题】

针对该案中犯罪嫌疑人张某的行为责任，存在不同的认定意见。

一、张某需承担故意伤害罪的刑事责任及相应的民事侵权损害赔偿责任

张某应当承担举证不能的责任,现有证据无法证实张某系正当防卫,其关于自己行为系正当防卫的辩解不能成立,认定其构成故意伤害罪的事实清楚、证据确实充分,应当追求其故意伤害罪的刑事责任,同时其理应承担相应的民事侵权赔偿责任。

二、张某既无需承担故意伤害罪的刑事责任,也无须承担民事侵权损害赔偿责任

现有证据暂无法排除张某系正当防卫的合理怀疑,故应做出有利于犯罪嫌疑人的解释,即认定犯罪嫌疑人系正当防卫,故张某无须承担刑事责任和民事责任。

三、张某无须承担故意伤害罪的刑事责任,但需要承担民事侵权损害赔偿责任

现有证据暂无法排除张某系正当防卫的合理怀疑,在刑事诉讼层面应当由控方承担关于正当防卫的举证责任,故应当作出有利于当事人的解释,故张某无须承担刑事责任。在民事诉讼层面,与刑事诉讼不同,应当坚持"谁主张,谁举证"的原则,张某主张自己系正当防卫,但无法提供优势证据,则需承担举证不能的责任,即需承担相应的民事侵权赔偿责任。

【评析意见】

该案是一起涉及正当防卫问题及证据规则问题的案件,正当防卫问题是当今司法理论和实践中最为关注的问题之一,最高人民法院、最高人民检察院联合公安部于2020年8月发布《关于依法适用正当防卫制度的指导意见》(以下简称《正当防卫指导意见》),最高人民法院、最高人民检察院还发布了昆山龙哥反杀案等多个关于适用正当防卫的指导性案例或典型案例,引起社会广泛关注,对司法实践具有重大的变革性影响。刑事诉讼和民事诉讼程序中,证据审查工作是基础性工作,举证责任又是证据审查工作的核心问题,直接影响事实认定,进而影响实体法律适用,由于二者的二元结构,势必不能简单地同样处理。该案中的张某是否需要承担刑事责任以及是否需要承担民事责任,均是个值得思考的问题,因此同意第三种观点。

一、关于刑事诉讼程序中的正当防卫举证责任问题

举证责任,是指在人民法院在审理案件过程中,由控辩双方承担的提出证据证明自己主张的责任,如果不能提出证据或提出了证据但达不到法律规定的证明标准的要求,则将承担其主张不能成立的后果。[①] 在我国刑事诉讼实践当中,除巨额财产来源不明罪案件外,基本上其他所有罪名案件,均需由控方承担举证责任。在正当防卫的认定方面,有观点认为犯罪嫌疑人、被告人提出无过当防卫的辩护理由的,应当承担相应的证明责任,否则,无过当之防卫就不成立。[②] 该种观点认为,控方对犯罪嫌疑人、被告人伤害或杀人行为负举证责任,这是主要的举证责任;犯罪嫌疑人、被告人如果提出正当防卫辩解的,则需要对该辩解承担举证责任,这是补充的、例外的举证责任,这种举证责任的分担,既符合"谁主张,谁举证"的基本举证原则,也符合普通人认识事物的基本规律。该观点认为,由犯罪嫌疑人、被告人对其辩解举证证明是辩解权的重要组成部分和重要体现,而且犯罪嫌疑人、被告人作为案件亲身经历者,是最了解案件事实及细节的当事人,也是最想还原正当防卫事实的当事人,具有举证的便利性和主动性,由他们负责举证不仅能够发现事实真相,也能够提高诉讼效率和节约诉讼成本。依据该观点,如果犯罪嫌疑人、被告人提出了正当防卫的辩解,但无法提供证明其系正当防卫的证据,则其需承担司法机关不予认定正当防卫的结果。该观点值得商榷。

1. 由控方承担正当防卫举证责任的法律依据

《刑事诉讼法》第 51 条明确规定,公诉案件中被告人有罪的举证责任由人民检察院承担,自诉案件被告人有罪的举证责任由自诉人承担。《刑事诉讼法》第 52 条和第 115 条均规定了司法机关在侦查取证过程中应当收集犯罪嫌疑人、被告人有罪或无罪、罪轻或罪重的证据。从上述规定来看,正当防卫作为犯罪嫌疑人、被告人的违法阻却事由,属于重要的无罪或罪轻情节,应当属于司法机关重点收集的证据范围。此外,虽然《正当防卫指导意见》没有明确正当防卫的举证责任,但是近年来最高人民法院、最高人民检察院公布的认定正当防卫的指导性案例中,控方实际上均承担了正当防卫

---

① 参见陈光中主编:《刑事诉讼法》(第 6 版),北京大学出版社、高等教育出版社 2012 年版,第 179 页。

② 陈兴良:《论无过当之防卫》,载《法学》1998 年第 6 期。

的证明责任。[①] 例如,昆山龙哥反杀案中,公安机关通过收集证据查明了案件的全部事实,直接认定于某明的行为属于正当防卫,不负刑事责任,决定依法撤销于某明故意伤害案。河北涞源反杀案中,检察机关经两次退回补充侦查,最终认定犯罪嫌疑人的行为属于正当防卫,做出不起诉处理。

2. 由控方承担正当防卫举证责任的理论依据

在传统的四要件犯罪构成理论中,犯罪构成包括主体、客体、主观方面和客观方面。犯罪的主观目的和动机是认定犯罪主观方面要件的重要内容,而正当防卫是主观目的和动机的重要体现。如果想准确认定犯罪目的和动机,就必须查明是否存在正当防卫。如果控方对是否存在正当防卫情节不能准确查明,那么犯罪主观方面就存在疑问,指控的案件事实将是一个不完整、不准确的案件事实。也就是说,从传统的犯罪构成要件理论来看,正当防卫并不是完全独立于构成要件之外的情节。在三阶层或二阶层构成理论中,犯罪构成包括构成要件符合性、违法性和有责性三个层面或者不法和有责两个层面。正当防卫作为该理论中违法性或者不法的重要内容,明确作为犯罪构成要件之一。[②]

刑法理论的无罪推定原则要求任何人在未经人民法院依法判决其有罪之前,都应当被认为是无罪的。被告方由于在法律上已经被推定为无罪,也就免除了其证明自己无罪的责任,司法机关不能因为被告方不能证明自己无罪或者保持沉默而认定其有罪。既然如此,就应当由控方来承担举证责任。

3. 由控方承担正当防卫举证责任的实践依据

由犯罪嫌疑人、被告人一方承担举证责任存在现实困境。一是犯罪嫌疑人、被告人自行取证的困境。犯罪嫌疑人、被告人辩解正当防卫的伤害、杀人案件中,往往无法达成刑事和解,且由于被认定为未能如实供述,而常常处于羁押状态。在其人身自由被剥夺的情况下,为自己调查取证的难度可想而知。二是被告人家属或律师自行取证的困境。犯罪嫌疑人家属、被告人家属往往法律意识薄弱,取证经验不足,而且还不具有调查取证权。在

---

① 参见谢澍:《正当防卫的证明难题及其破解——激活正当防卫制度适用的程序向度》,载《政治与法律》2020 年第 2 期。

② 参见张明楷:《刑法学》(第 5 版),法律出版社 2016 年版,第 197 页。

委托辩护比例较低的情况下，委托辩护律师一方面在侦查阶段律师还没有调查取证权，另一方面现实中律师的调查取证权实现也存在诸多不予配合的情况。三是申请人民法院取证的困境。在侦查和审查起诉阶段，犯罪嫌疑人、被告人及其辩护人无法申请人民法院取证，到审判阶段时，往往丧失了最佳的取证时机。反之，公安机关和检察机关作为具备侦查职能和实权的司法机关，拥有收集证据的权力、经验、技术，相比而言，具备实现收集证据的实践可能。

总之，刑事诉讼程序中，应当由控方承担举证证明正当防卫的责任，如果控方举证不能，则依现有证据无法排除犯罪嫌疑人系正当防卫的合理怀疑，继而应当做出有利于犯罪嫌疑人的处理意见，即犯罪嫌疑人构成正当防卫。该案中，因只有犯罪嫌疑人供述与辩解、被害人陈述两种证据，无其他直接证据，运用经验法则和逻辑法则亦无法得出明确结论的时候，按照上述方法进行证据综合分析不失为最稳妥的处理方式。

二、关于民事诉讼程序中的正当防卫举证责任问题

该案存在刑事和民事二元诉讼结构，司法实践中普遍采用“先刑后民”的习惯，即先处理刑事诉讼问题，再处理民事诉讼问题。其实“先刑后民”并无明确依据，也不是一项法律原则，二者其实是两个独立的体系，各自根据案件事实证据审理、判决即可。只不过基于同一事实、同一证据，二者认定的事实应当是一致的，二者存在冲突时可以将生效刑事判决作为新的证据，以避免同案不同判，损害司法公信力。但是，司法机关在刑事诉讼程序中的生效决定是否完全适用于民事诉讼程序存在争议。有观点认为，司法机关在刑事诉讼环节作出的生效决定均具有终局性特征，后续民事诉讼环节均需以该终局性决定作为认定民事事实和适用民事法律意见的基础。另有观点认为，刑事诉讼程序与民事诉讼程序从法律条文到原则习惯，从法学理论到司法实践均截然不同，生效刑事裁判文书认定的事实可以作为民事诉讼中无须再用证据证明的事实，但是生效刑事裁判文书作出的决定，不一定就直接决定民事诉讼程序的结果，即虽然是刑事优先，但是仍然存在二者并立的适用空间。[①] 笔者同意第二种观点,该案中如果刑事诉讼程序中认定犯罪嫌疑人一方确系刑法意义上的正当防卫,犯罪嫌疑人不仅无须承担刑事责任,亦无须承担民事赔偿责任;如果刑事诉讼程序中无法排除犯罪嫌疑人系正当防卫的合理怀疑,那么民事诉讼程序中则另需运用民事诉讼的证据规则来分析论证行为人是否还需要承担民事赔偿责任。

1. 刑事诉讼举证责任和民事诉讼举证责任的区别

刑事诉讼程序举证责任由控方承担(巨额财产来源不明罪中的财产来源问题除外),民事诉讼程序则普遍奉行"谁主张,谁举证"的原则,二者截然不同。《民事诉讼法》第 67 条规定:"当事人对自己提出的主张,有责任提供证据",即民事诉讼程序中的举证责任承担不以当事人的诉讼身份或者地位为标准来分配,承担举证责任的主体并不限定于原告或者被告,而是依据一定的原则分配。由于民事活动中的双方当事人地位相对平等,双方有着相等或者类似的条件和能力去了解案件事实和真相,在诉讼中双方当事人面临同样的机遇和实践去收集、调查、固定、提供证据。因此,根据案件不同性质,由不同的当事人承担举证责任,更能体现司法的公平与正义的属性要求。[②]

2. 行为人涉嫌犯罪存疑并不代表无须承担民事责任

因为刑事诉讼程序中控方承担全部举证责任的原因,控方无法举出证据排除犯罪嫌疑人系正当防卫的合理怀疑,故涉嫌犯罪存疑,但是犯罪嫌疑人不承担刑事责任并不代表其无须承担民事责任。在民事诉讼程序中,行为人主张自己系正当防卫则需依据"谁主张,谁举证"的一般原则承担举证责任。《民事诉讼法》第 67 条规定,当事人对自己提出的主张,有责任提供证据。最高人民法院《关于民事诉讼证据的若干规定》第 2 条规定,当事人对自己提议的诉讼请求所依据的事实或者反驳另一方诉讼请求所依据的事实有责任提供证据加以证明。没有证据或者证据不足以证明当事人的事实主张的,由负有举证责任的当事人承受不利后果。[③] 该案情形不属于"谁主

---

① 参见陈兴良:《刑民交叉案件的刑法适用》,载《法律科学(西北政法大学学报)》2019 年第 2 期。

② 张卫平:《民事诉讼法》(第 5 版),法律出版社 2019 年版,第 216 页。

③ 该规定于 2019 年修订,新规定自 2020 年 5 月 1 日起施行。

张，谁举证”的例外情形，行为人无法举证或者提供的证据无法达到盖然性的优势证据标准，[1]则应当依法不支持行为人一方的主张，即不认可其构成正当防卫，犯罪嫌疑人的行为造成被害人人身损害，依法应当承担赔偿医疗费、误工费、交通费、营养费等损失，即人民法院应当依法支持受伤一方的诉讼请求。反过来看，一方面这样的处理意见并不会与刑事犯罪存疑的处理意见存在相悖之处，不会存在同案不同判进而损害司法公信力的情况，符合正当防卫、刑事证据规则、民事证据规则的立法精神，保证了案件处理的法律效果，刑事诉讼和民事诉讼的二元结构决定了这样的不同处理结果。另一方面这样的区别认定方式既保障了犯罪嫌疑人的合法权益，保证了无辜的人不受错误追究，又维护了受害人的合法请求权利，通过法治方式化解社会矛盾，维护社会稳定，符合天理、国法和人情的期待，进而实现案件办理政治效果、社会效果和法律效果的有机统一。

【处理结果】

检察机关经审理认为，犯罪嫌疑人张某涉嫌犯罪事实不清、证据不足，对其作出不起诉决定；同时在检察机关的主持下，犯罪嫌疑人张某赔偿被害人李某医药费、营养费、误工费、交通费等损失共计 5 万元。

（撰稿人：汪杰）

---

① 参见张卫平：《民事诉讼法》（第 5 版），法律出版社 2019 年版，第 231 页。

6. 轻伤害案件中正当防卫认定问题

——陈某某故意伤害案

【要旨】

1. 能否成立正当防卫,应当站在行为人案发当时的视角,以事后已经查明的所有客观事实为根据进行具体判断,而非事后以旁观者视角,在理性人假设的前提下,对防卫人提出过于严格的要求。

2. 不法侵害不仅包括侵害行为,还包括现实的侵害危险,这种侵害危险在发展过程中已经具备了紧迫性,就属于不法侵害已经着手实行。

3. 行为人对已经预见的侵害危险所采取的防范措施,并不排斥其具有防卫意识。

4. 认定正当防卫要先判断是否是防卫行为,然后再判断结果是否“明显超过”必要限度,而非倒果为因,以结果反推行为的性质,忽视其中的防卫因素。

【基本案情】

犯罪嫌疑人陈某某,男,30岁,天津市人。2018年2月某日19时许,王某、安某某、孙某某、辛某某、高某某等人在天津市西青区某饭店用餐时与服务员吕某发生纠纷,后双方在派出所内解决纠纷过程中,王某因吕某亲属陈某某没有“买他的账”而心生不满,当日陈某某带吕某去医院看病期间,王某和安某某多次打电话给陈某某要和他“碰碰”(打架),陈某某未予理会。2018年2月4日1时许,王某纠集安某某、孙某某、辛某某、高某某等人驾驶车辆携带镐把,在天津市西青区某公园附近,将陈某某驾驶的车辆截停,陈某某停车后,一看对方人多势众,手拿镐把、气势汹汹,就将车内放着的一把用菜刀改装的刀拿在手里。王某等人将陈某某和吕某带到路边小树林中,随即双方发生了打斗，最终，孙某某等五人持镐把将陈某某打伤，经鉴定，陈某某头部外伤致头皮挫伤，头皮裂伤遗留疤痕，损伤程度分别构成轻微伤。陈某某持刀将孙某某砍伤，经鉴定，孙某某左中指近节指粉碎性骨折，损伤程度构成轻伤二级；其左上臂、左手损伤遗留疤痕，损伤程度分别构成轻微伤。事后，陈某某、王某一伙人分别去医院就医，陈某某在医院就医期间拨打了报警电话。

【争议问题】

对于陈某某的行为如何定性形成了两种不同的意见：

(1)陈某某的行为系因民间矛盾激化引发的斗殴行为，不属于正当防卫，其构成故意伤害罪。其主要理由为：

第一，陈某某缺乏成立正当防卫所需的防卫意识这一必要条件。王某等人在发生斗殴行为之前多次和陈某某电话联系要约地点打架，陈某某虽未予理会，但在车被对方截停、其从车中拿菜刀的举动中可以看出，陈某某对即将发生的斗殴已经有了预判，并提前做好了准备。而且，陈某某在完全有机会选择将自己反锁在车上报警等待警察救援的情形下，不仅没有立即报警，反而拿上车里的菜刀，这些举动显示其内心对斗殴行为的“默认”，此时双方参与人各自处于向对方实施不法侵害的意思和相互侵害对方的情形，双方均缺乏防卫意识，后续行为属于相互殴斗，因此，陈某某构成故意伤害罪，不成立正当防卫。

第二，陈某某和对方同时动手、互相殴斗，不符合成立正当防卫的时间条件。只有在不法侵害已经开始、尚未结束期间，即暴力行为着手的一刹那才能实施防卫行为，双方同时动手的不能认为不法侵害“正在进行”。在审查起诉阶段，陈某某供述称，其被拽到小树林后就被王某一伙人追着打，其一开始用刀挡着镐把，后来被打急了才用刀随便划拉了几下，具体怎么划的记不清了，直到后来到了医院才知道自己砍伤了人。而被害人孙某某、案中其他证人均称双方在小树林中同时动手。综合案件证据，可以证实陈某某和对方同时实施了打斗行为，相互斗殴，故不符合成立正当防卫的时间条件。

第三，从伤情结果看，陈某某将被害人砍致轻伤，而对方五人只将陈某某打成轻微伤,结合陈某某事先准备菜刀的事实,应当认定陈某某具有伤害对方的主观故意,因此该案为相互斗殴,陈某某不成立正当防卫。

(2)陈某某的行为符合正当防卫的成立条件,依法成立正当防卫。其理由为:

第一,陈某某事先准备菜刀的行为是对面临随时可能暴发侵害危险的防范措施,并不排斥其具有防卫意识。

第二,不法侵害不仅包括侵害行为,还包括现实的侵害危险,这种侵害危险在发展过程中已经具备了紧迫性,就属于不法侵害已经着手实行,而非不法侵害已经开始或造成了什么后果。在凌晨时间,陈某某被携带镐把等武器的人多势众的王某、安某某等人截停车辆,并被带到路边小树林中,此时,陈某某面临现实侵害危险具有紧迫性,符合正当防卫的时间条件。

第三,认定正当防卫要先判断是否是防卫行为,然后再判断结果是否"明显超过"必要限度,而不能错误地根据双方受伤害轻重来推断一方的行为性质。虽然,陈某某将被害人砍致轻伤,而对方五人只将陈某某打成轻微伤,但陈某某造成对方轻伤的行为是对面临的具有紧迫性的不法侵害的反击,未明显超过必要限度,属于正当防卫。

【评析意见】

该案涉及故意伤害行为与正当防卫行为的区分。检察机关经审查认为,犯罪嫌疑人陈某某造成被害人孙某某轻伤的行为系在遭受不法侵害时的防卫行为,且防卫未超过必要限度,应认定为正当防卫,认定主要意见和理由如下:

第一,能否成立正当防卫,应当站在行为人案发当时的视角,以事后已经查明的所有客观事实为根据具体判断,而非事后以旁观者视角,在理性人假设的前提下,对防卫人提出过于严格的要求。《刑法》第 20 条第 1 款规定:"为了使国家、公共利益、本人或者他人的人身、财产和其他权利免受正在进行的不法侵害,而采取的制止不法侵害的行为,对不法侵害人造成损害的,属于正当防卫,不负刑事责任。"对不法侵害或不法侵害的紧迫危险瞬间反击是人类保护自己的本能,在文明社会以自己防卫权的形式表现出来,刑法通过承认对不正当的攻击进行反击,使正当权利的不可侵犯性得到确认和昭示。防卫人在面对不法侵害时，由于事发突然，往往来不及妥善思考，仓促之下难以准确地进行利益衡量，无法做出在事后看来最合理、最安全的选择。在社会生活中，国民虽然不可能精确掌握刑法规定的正当防卫的起因条件、时间范围和限度，但是人们依然可以凭借朴素的自然正义了解到，当自己遭遇不法侵害时可以采取反击措施，正当防卫制度即是立法对这种自然正义和人的天性权利的确认。而且，在“法不能向不法让步”的价值观念下，个人遭受不法侵害时没有忍受痛苦和躲避的义务，该案中陈某某并未选择反锁车门报警，而是持刀下车对不法侵害予以反击，这是公民的基本权利和天性使然，并非只要双方出现打斗就是互殴，就不能成立正当防卫。

第二，成立正当防卫需要防卫意识，但不一定要有防卫的动机。一方面，我国《刑法》有关正当防卫的规定“为了使……而”的表述，能够推导出法律上肯定了防卫意识的结论。另一方面，理论上通常认为，犯罪行为依据的是《刑法》的禁止规范，无罪行为只是不违反禁止规范，但正当防卫、紧急避险等阻却违法的正当化行为一定是正面、合法的，不能仅仅符合最低限度的无罪条件，正当防卫背后的规范不仅仅是容许规范，而且应当是一种正当化的权利规范。因此，正当防卫在满足客观构成条件的基础上，还需要防卫人具有防卫意识这一主观正当化要素，才能获得刑法的正面评价，使国民在紧急状况下可以实施原本具有法益侵害的行为。但是，防卫意识并非防卫的动机和原因，二者不能混为一谈。防卫意识仅仅指防卫人认识到不法侵害正在进行（防卫认识），并且决意制止正在进行的不法侵害的心理状态（防卫意志），该案中，陈某某明确认识到王某等人欲对其进行不法侵害，对不法侵害的制止行为当然是正当防卫，至于陈某某是否具有“让对方知道我不好惹”“不下去就是怕了他们”等防卫动机，不属于正当防卫的成立条件和考察范围。另外，在司法实践中，常常倾向于以防卫人事先有准备为理由否定防卫意识，进而排除正当防卫的认定，但是只要符合正当防卫成立条件，防卫人是否事先有准备，只是判断正当防卫的“过剩要素”。换言之，防卫人正是预见到了不法侵害的发生危险性极大，才事先做出准备以防万一，例如，在该案中，陈某某停车后，已经预见可能会发生不法侵害，于是事先准备了菜刀，这和其具有防卫意识并不冲突，也符合事情的正常发展逻辑，未超出国民的预测可能性。只不过在事先有准备的情况下，对防卫人的防卫手段就要有相对严格的限制,因为在防卫人惊慌恐惧的情况下,有可能采取比较极端、不具有相当性的防卫手段,如果防卫人有所准备,防卫手段相对而言应当较为缓和,防卫行为的强度应当具有必要性,但这依然不影响合理的防卫措施成立正当防卫。

第三,“不法侵害”不仅包括侵害行为,还包括现实的侵害危险,行为的危险性向前发展也可能构成一种侵害,如果在当时的情形下,这种侵害危险在发展过程中已经具备了紧迫性,就属于不法侵害已经着手实行,而非不法侵害已经开始或造成了什么后果,如果这样理解“不法侵害正在进行”,那么猥亵、强奸类犯罪就完全没有正当防卫的存在空间。而且,正当防卫的立法宗旨不同于刑罚的事后介入、恢复国民对于法秩序的信赖,其是在发生侵害结果之前制止不法侵害人对法秩序的侵犯,属于事前对危险的预防手段。从实践角度出发,要求防卫人等到不法侵害人“先动手”造成一定的危害后果之后,或者认为只有暴力侵害发生的一刹那,才能实施防卫行为的观点,对防卫人而言是过于强人所难的要求。因此,该案即使认为双方同时动手,也应当认为不法侵害正在进行,陈某某具备正当防卫的时间条件。

第四,认定一行为是故意伤害行为还是正当防卫,应当首先考察该行为是否符合防卫成立的条件,而不是以伤害结果倒推行为的性质。故意伤害罪在司法实践中通常遵循简单的“唯结果论”逻辑,只要犯罪嫌疑人、被告人实施了伤害行为,在定罪阶段即不问案件起因、被害人对伤害的发生是否有过错,直接将伤情鉴定意见作为判断依据。诚然,作为结果犯,构成故意伤害罪需要轻伤以上的构成要件结果,但是这一惯性思维在认定能否成立正当防卫的过程中,就会出现以“谁先动手、谁打得重,谁就构成犯罪”的判断倾向。这不仅是对被害人过于苛刻的要求,而且没有综合考虑双方对危险结果的分担,即危险分配法理,当不法侵害人着手实施侵害行为时,其自身也分担了相当大的危险,对别人下手越重,就应当承受别人更大的反击。如果重视造成的侵害结果,那么每个案件都有损害,故意伤害轻伤案件几乎没有正当防卫的存在空间。刑法理论和实务都认为,只有当行为人实施应当受到刑法否定性评价的行为时,后续的法益侵害才能归责于行为人,才有必要再讨论侵害结果,认定正当防卫亦是如此,例如,《刑法》第 20 条第 2 款防卫过当的规定,防卫行为明显超过必要限度,即要先判断是否是防卫行为,然后再判断结果是否“明显超过”必要限度，而非倒果为因，以结果反推行为的性质，忽视其中的防卫因素。该案中，陈某某持刀“划拉几下”的过程中，被害人孙某某被划伤，陈某某当时是防卫的举动，如果孙某某等人并未持镐把扑上前去，就不会被菜刀划伤，换言之，孙某某等人侵害他人的过程中，遭遇反击进而受伤的风险应当自己承担。

【处理结果】

2018 年 12 月，检察机关将此案退回侦查机关并建议撤回移送审查起诉。侦查机关于第一次补充侦查中决定撤回，2018 年 12 月检察机关作出了同意移送机关撤回案件的决定。

（撰稿人：刘琳　李博）

7. 轻伤害案件相对不起诉标准的认定

——张某某故意伤害案

【要旨】

犯罪情节,是指存在于犯罪过程中或者犯罪前、后,表明行为的社会危害性和行为人的人身危险性及其程度,并进而决定罪与非罪,是否适用或者适用何种刑罚的一系列主客观事实。故意伤害罪案件不能仅仅以伤情结果认定犯罪情节,应综合案发经过,是否使用凶器、打击方式,打击次数等情况综合判断。

【基本案情】

2019年1月14日17时30分左右,犯罪嫌疑人张某某在天津市西青区某KTV吧台前,因琐事与被害人刘某某发生矛盾,张某某将被害人刘某某打倒在地,造成被害人刘某某左踝关节骨折。经鉴定,被害人刘某某损伤程度构成轻伤一级。犯罪嫌疑人张某某到案后自愿认罪认罚、真诚悔罪,并积极赔偿被害人损失,对方达成谅解;犯罪嫌疑人张某某为初犯、偶犯,无刑事犯罪前科,被害人刘某某对于案发起因存在一定的过错。

【争议问题】

对于犯罪嫌疑人张某某将被害人刘某某打成轻伤一级的伤害结果能否认定为犯罪情节轻微,以及能否根据《刑事诉讼法》第177条第2款的规定对犯罪嫌疑人张某某作相对不起诉处理有两种意见:

(1)犯罪嫌疑人张某某将被害人刘某某打成轻伤一级不能认定为犯罪情节轻微,因此,张某某的行为不符合《刑事诉讼法》第177条第2款的规定,不能对其作相对不起诉处理。犯罪情节轻微凸显行为人的社会危险性较小，其要求行为人实施了轻罪行为，即判处以 3 年以下有期徒刑、拘役或者管制的犯罪行为，而对于行为人实施的故意杀人、绑架、强奸、抢劫等严重危害公民人身权利、财产权利的暴力犯罪，或者是放火、爆炸、破坏交通工具、交通设施等严重危害公共安全的犯罪等重罪行为不能认定为犯罪情节轻微。因此，也就不符合第 177 条第 2 款的规定，不能对其作相对不起诉处理。

（2）犯罪嫌疑人张某某将被害人刘某某打成轻伤一级可以认定为犯罪情节轻微，可以依据《刑事诉讼法》第 177 条第 2 款的规定对犯罪嫌疑人张某某作相对不起诉处理。在该案中，虽然有犯罪嫌疑人张某某将被害人刘某某打成轻伤一级的伤害结果，但犯罪嫌疑人主观恶性小，犯罪后自首，确有悔罪表现；犯罪嫌疑人与被害人双方已就民事赔偿问题达成协议并已履行完毕；犯罪嫌疑人张某某无刑事犯罪前科，属于初犯，社会危险性小等情况，符合相对不起诉的规定。

【评析意见】

该案是一起因琐事引发的故意伤害案件，对于犯罪嫌疑人张某某将被害人刘某某打成轻伤一级的伤害结果是否属于犯罪情节轻微以及能否对犯罪嫌疑人张某某作相对不起诉之所以产生两种相反意见，是因为我国法律没有关于犯罪情节轻微这一条件的具体规定，导致在司法实践中对于犯罪情节轻微理解及相对不起诉制度适用出现分歧。该案中，犯罪嫌疑人张某某将被害人刘某某打成轻伤一级属于情节轻微，且对其作相对不起诉处理符合《刑事诉讼法》第 177 条第 2 款的规定，具体理由如下。

一、合理适用自由裁量权，维护社会稳定

在我国的刑事政策中，历来重视“轻轻重重”原则，以便于分化、瓦解犯罪，达到特殊预防与一般预防的刑法目的，我国刑法对故意轻伤害犯罪的处罚也体现了这一原则。司法实践中，故意轻伤害犯罪因社会危害性不大，犯罪嫌疑人给予被害人一定的经济补偿，且认罪悔罪态度好，一般都采取适用缓刑或不起诉等方式处理。刑法的功能之一就是通过惩罚犯罪嫌疑人，以达到保护被害人，恢复被破坏的社会关系，维护社会稳定的目的。对部分故意轻伤害案件适用不起诉的方法，体现了刑法对社会关系的调和作用。由

于故意轻伤害案件地缘性、血缘性特征,犯罪发生以后,犯罪嫌疑人能主动认识到自己行为的危害性,并能赔偿损失,被害人也能谅解犯罪嫌疑人不理智的举动,被破坏的社会关系可能不需要刑法的调和而自动愈合。因此对轻伤害案件可以采取更加灵活的处理方式,而不能一味地将这类故意轻伤害犯罪提请逮捕或提起公诉,如果这样,无疑夸大了刑法的功能,是双方当事人都不愿意看到的,其结果是不利于惩罚犯罪,也不利于保护被害人的,更不利于社会关系的和解。所以在审查案件的过程中应该充分考虑轻伤害案件的犯罪特征,调和被害人与被告人之间的关系,调和被破坏的社会关系。但同时由于刑法已经明确规定故意轻伤害犯罪的规格、要件等,检察机关只能是严格执法,遵循罪刑法定原则,不能无原则地将当事人不愿调和、社会影响大的故意轻伤害犯罪行为非犯罪化,不作任何处理,这样有违法律的尊严。我国现行法律从诉讼的本源、公共利益的保护以及个人权利的尊重等角度考虑,给予了司法机关一定的自由裁量权。

二、积极推动相对不起诉工作,有效节约司法资源

刑事诉讼法其本质是公平正义与效率的有机统一,在保障程序正义的前提下追求诉讼效率的提高,也是符合现代司法理念的。特别是根据我国目前国情,司法财力紧张,各级检察机关普遍面临案多人少的现状,而相对不起诉制度在充分尊重当事人合法权益的基础上,有条件或无条件地中止诉讼程序,使一部分刑事案件无须诉诸审判,能够有效地节省诉讼资源,而把有限的司法资源投入更多复杂、疑难的刑事案件中,提高诉讼质量和诉讼效率。这也是我国起诉便宜主义的具体表现,即凡认为有足够的证据证明有犯罪时,且具备起诉条件,公诉机关仍斟酌各种情形,认为不需要处罚时,可以裁量决定不起诉。

现代刑事诉讼法强调保护当事人的合法权益,主要表现为注重保护犯罪嫌疑人和被害人的合法权益。对于罪行轻微的犯罪嫌疑人来说,尽早结束诉讼程序,使其避免被追究刑事责任,是对其合法权益最大的保护。同时,不管是对于犯罪嫌疑人还是被害人,在审查起诉环节结案,可以解除诉讼期限过长给其精神上和经济上带来的负担。

而且对于受到人身伤害或者财产损失的被害人,如果能在审查起诉环节获得有效的赔偿,不仅能够在时间上提前获得经济补偿,减轻负担,而且也能有效地避免犯罪嫌疑人因对受到刑罚不满而故意拖欠甚至不予赔偿的危险性。

三、准确界定犯罪情节轻微，明确刑事责任

刑事责任是一种惩罚性责任，是所有法律责任中最严厉的一种，如果一个人被追究刑事责任、判处过刑罚，那么这将成为其一生的污点，对今后的生活、工作带来不可估量的影响，特别是对于未成年人犯罪，即使判处的是缓刑，也等于剥夺了其部分从业、参军的资格，这与我国刑事诉讼的目的即惩罚和预防、教育相结合的内涵相违背。相对不起诉制度，在检察机关的审查起诉环节即中止诉讼程序，使犯罪嫌疑人不必受到法庭的审判，从而更大限度地教育和挽救面临社会边缘化危险的轻微刑事犯罪嫌疑人，给予其改过自新的机会，有利于其重新融入社会，也有利于社会矛盾的化解，避免嫌疑人被判处刑罚后“破罐子破摔”、仇恨社会甚至做出极端报复社会行为，就这一意义而言，对于犯罪情节轻微的犯罪嫌疑人适用相对不起诉比让其受到刑罚更具有教育意义，也能体现出刑事诉讼的目的和检察机关在化解社会矛盾中的地位和作用。犯罪情节轻微是相对不起诉适用的前提条件，首先应当建立在犯罪事实清楚，证据确实充分，应当构成犯罪的基础上。由于法律上对犯罪情节轻微是概括性表述，司法解释也没有做出统一的标准，各地检察机关如何具体界定犯罪情节轻微，在司法实践中存在较大分歧，有的学者认为，犯罪情节轻微就是轻罪，即被不起诉人所实施的犯罪为轻罪时才能适用相对不起诉。“轻罪是指根据犯罪嫌疑人的犯罪事实和刑法分则的规定，可以对其判处以三年以下有期徒刑、拘役或者管制的犯罪。如果犯罪嫌疑人所实施的犯罪是重罪，如故意杀人、绑架、强奸、抢劫等严重危害公民人身权利、财产权利的暴力犯罪，或者是放火、爆炸、破坏交通工具、交通设施等严重危害公共安全的犯罪，不能适用相对不起诉。”有的学者认为，犯罪情节轻微只是不需要判处刑罚的前提条件，而不是免除刑罚的前提条件，不论犯罪情节是否轻微，都可以适用酌定不起诉。理由是如果将酌定不起诉仅限于轻微犯罪，则排除了基于刑事政策的考虑，参照行为人主观恶性及社会危害性大小而适用不起诉的可能性。其次赋予检察机关较大的自由裁量权，可以便于检察机关根据国家宽大处理的刑事政策和犯罪嫌疑人的个人特点对案件作出不起诉决定。

第一种观点将犯罪情节轻微等同于轻罪显然是以偏概全。首先,我国《刑法》并没有关于轻罪和重罪的表述,也没有二者的区分界定,如果把犯罪情节轻微简单理解为轻罪的话,关于何罪为轻罪、何罪为重罪很难掌握,这给本来就笼统规定的犯罪情节轻微增添了适用难度。其次,并非只有轻罪有犯罪情节轻微,所有的犯罪都可能存在犯罪情节轻微的情形,相反,即使是轻罪,如果犯罪情节不轻微、社会危害性大,仍然不能适用相对不起诉。因此不能简单地以轻罪作为相对不起诉的适用条件,如果那样的话,相对不起诉就成为"轻罪"不起诉了。

第二种观点是抛开犯罪情节轻微这一前提条件,仅仅考虑是否是不需要判处刑罚或者免除轻罚作为相对不起诉的适用条件,把犯罪情节轻微置于可有可无的情形,与刑事诉讼法的规定相违背。法律既然在规定相对不起诉时阐述犯罪情节轻微,说明其有存在的必要性和科学性,应当将其作为考虑的范畴。

而在司法实践中,由于法律没有关于犯罪情节轻微这一条件的具体规定,导致在具体案件中适用相对不起诉制度时,对于何种情形才能使用没有操作的具体依据。表面上是赋予了检察机关较大的自由裁量权,实际上容易引起执行上的混乱和分歧。各地检察机关一般本着谨慎的原则,大都比量法院判处缓刑的标准甚至免予刑事处罚的标准来适用。不能单纯地以伤情结果认定犯罪情节。应当认识到犯罪情节是指存在于犯罪过程中或者犯罪前、后,表明行为的社会危害性和行为人的人身危险性及其程度的,并进而决定罪与非罪,是否适用或者适用何种刑罚的一系列主客观事实。犯罪情节包括定罪情节和量刑情节,而衡量犯罪情节是否轻微,也应当综合定罪和量刑两种情节而定。不能简单地认为几级伤情就能认定为情节轻微,几级伤情不能认定,要综合案发经过,殴打方式,打击次数等情况综合评判。该案中,犯罪嫌疑人张某某是在被害人与其朋友撕扯的过程中,踹了被害人一脚,造成被害人左踝关节骨折,其社会危害性、人身危险性均属于轻微,综合全案证据可以认定为犯罪情节轻微。

【处理结果】

经检察机关审查认定,现有证据足以认定张某某实施了故意伤害他人的行为，但是犯罪情节轻微，张某某系初犯、偶犯，主观恶性较小，犯罪后自首，到案后如实供述自己的罪行，认罪悔罪态度较好；已赔偿被害人刘某某损失并取得被害人谅解；社会危害性较小，再次犯罪可能性较小，且张某自愿认罪认罚。根据《刑法》第37条对于犯罪情节轻微不需要判处刑罚的，可以免予刑事处罚的规定，检察机关于2019年9月2日依法对其作出不起诉决定。

（撰稿人：孙涛　张迪）

8. 轻伤害案件如何审查言词证据与伤情鉴定

——韩某某故意伤害案

【要旨】

民间纠纷引发的轻伤害案件中,检察机关对于司法实践中存在的“重民事调解而轻证据固定”的问题,要规范引导侦查机关取证工作,积极完善相关证据锁链。对于言词证据的审查,要从常识、常情、常理出发,分析击打部位、力量对比、致伤可能等方面,综合审查判断现场言词证据的真实性、合理性,依法排除合理怀疑。对于伤情鉴定的审查,要客观分析首次就医病历、医学影像诊断报告、诊断证明等材料是否相互印证,通过推断损伤时间、确定损伤成因、复核损伤程度,依法排除被害人自伤可能,并确定是否具有刑法上的因果关系。

【基本案情】

被告人韩某某,男,40岁,天津市人。2019年4月8日9时许,被告人韩某某在某区别山镇窦家楼村北苗圃内,在树苗买卖过程中,因被害人赵某少交买树押金及清理树枝问题,双方发生口角。在赵某欲驾驶电动三轮车强行离开时,韩某某进行阻拦并将赵某推倒在地,致使赵某腰部将斜靠在电动三轮车旁的木质铁锨柄压断,赵某持折断的铁锨柄将韩某某头部致伤。后被告人韩某某持铁锨柄两端并将赵某勒在怀中向后拖行,致赵某受伤。

经天津市公安局某分局物证鉴定所鉴定,被害人赵某肋骨、腰椎损伤程度均为轻伤二级。被告人韩某某后经公安机关电话传唤到案。

【争议问题】

该案属于民间矛盾引发,且发生在比较隐秘的村庄苗圃内,被告人韩某某与被害人赵某之间的矛盾激化严重。在言词证据采信、伤情鉴定等方面存在争议。

(1)关于仅有双方在场、双方各执一词的问题。被告人韩某某拒不认罪,不同意与被害人调解,辩称自己未打过被害人赵某,其肋骨、腰椎损伤均不是由自己造成。对于双方打架过程、伤害行为的事实,被告人韩某某多次供述与被害人赵某多次陈述不一致,且多为言词证据。被告人韩某某辩称"那老头拿起铁锹朝我头上拍了一下,将铁锹根部木柄打断了。我就用手攥住铁锹把了,我们俩就抢铁锹把"。被害人赵某陈述"在电三轮西边车帮靠着一把铁锹,在打的过程中,我就后背靠车帮上了,将靠在车帮上的铁锹压断了,我就躺地上了。我就坐起来了,看见地上有一节铁锹把我就拿起来了,朝那个男的身上乱打,好像打他脑袋上了,那个男的就拽着铁锹把另一端往他那边拽,还用脚踢我腰部好几脚,然后他就拽着铁锹把拖着我向北走出挺远去了,他走不动了,我俩就撒手了"。检察机关从常识、常情、常理出发,审查铁锹柄断裂是否为赵某击打韩某某头部导致,从而判断双方言词证据的真实性、合理性发现:一是通过卷中铁锹柄断裂照片发现,断裂点靠近铁锹头处,非中间点断裂。二是被告人韩某某头部不存在裂伤及出血,仅有头部肿包,用铁锹直接击打头部导致断裂,需要强力造成,与击打常识不符合。三是被告人第二次询问时自愿不做伤情鉴定,与常情、常理不符。检察机关认定被告人韩某某辩解不成立。

(2)关于是否存在被害人自伤或者伪造伤情的问题。被告人韩某某始终辩称肋骨、腰椎损伤非自己造成,对于鉴定意见的审查判断,即被害人伤情是否由被告人行为造成,如何判断伤害行为与伤害结果之间是否存在刑法上的因果关系?检察机关综合全案证据,通过以下方面进行审查判断:一是接触部位分析,韩某某称"我和那老头置磨着拉铁锹柄,箍住那老头的腰部和肋骨的位置,拖着他往北走,大概拖拽了有二三十米我就撒手了",赵某称"用脚踢我腰部好几脚,他拽着铁锹把拖着我向北走出挺远去了",证实接触部位为腰部和肋骨。二是致伤部位分析,"左侧第 4 肋骨骨折,右侧第 4 ~ 7 肋骨骨折,腰 1 椎体骨折",致伤部位与接触部位相符。三是双方力量对比分析,被告人韩某某年龄 38 岁属青壮年,称赵某"我记得那个老头年龄大约 60 岁,个子没我高,体形偏瘦"。被害人赵某 65 岁。韩某某强行拖拽赵某,符合双方体态力量。四是报警就医时间分析,赵某称“(案发当日)回家后我感觉浑身挺疼的,我就去别山医院检查了但没出结果”,赵某当日到某区别山镇医院就医,次日到某区人民医院就医,就医及时符合常理,能够排除被害人自伤的合理怀疑。检察机关审查后对被害人赵某的陈述予以采信,认定被告人韩某某构成故意伤害罪。

【评析意见】

该案件中主要反映的是民间矛盾引发的轻伤害案件,此类案件具有伤害行为突发、言词证据偏向、证据种类单一、鉴定审查专业等特点。检察机关在办理轻伤害案件重点是要通过认真审查各类证据,还原案发伤害过程,确定伤情状况,查明案件事实,从而准确认定犯罪嫌疑人的刑事责任。司法办案中存在证据收集固定、言词证据和伤情鉴定审查等方面难点,笔者结合公诉办案实践,浅谈民间纠纷引发的轻伤害案件中引导侦查取证及审查要点。

一、此类民间纠纷引发的轻伤害案件特点

1. 多由邻里纠纷、生活琐事引发,伤害行为具有突发性。犯罪起因方面较为简单,多数发生在广大农村地区,多由邻里道路通行、宅基地权属、生活琐事等纠纷引发,也有的案件是由于双方存在多年积怨矛盾。犯罪原因方面主要是犯罪嫌疑人法治观念淡薄,遇事不能冷静处理,致使矛盾迅速激化,双方发生口角后互殴致伤。此类犯罪多是即兴犯罪、无预谋犯罪,故意伤害的行为具有突发性,有的案件在十多分钟内就完成犯罪结果。犯罪嫌疑人多数是偶犯、初犯,犯罪主观恶性不大。

2. 案件嫌疑人、被害人矛盾激化,言词证据具有偏向性。一方面,有的案件案发时只有犯罪嫌疑人与被害人在场,没有现场目击证人,双方矛盾激化严重,往往陈述伤害行为过程避重就轻、各执一词,导致犯罪嫌疑人与被害人对故意伤害行为的手段、打击部位和行为的具体细节和过程描述不一致,一定程度上形成了“一对一”的证据,就需要通过大量间接证据进行补强。另一方面,在有证人在场的情况下,证人也多为邻里、亲朋等,碍于情面或者担心被打击报复,有的不愿意作证或者证言带有偏向性,证据证明力减弱。

3. 伤害手段简单、伤害过程复杂，证据种类具有单一性。民间纠纷引发的故意伤害案件具有突发性，作案手段也相对简单，工具方面采取手持农具、木棍、砖块、菜刀等器械，身体方面多进行推搡、厮打、拳打、脚踢、推倒等轻暴力行为，但伤害过程往往较为复杂，存在多处身体接触，有的案件厮打时间较长，有的现场比较混乱。由于伤害过程的复杂性，在没有录像的情况下，要还原案发过程，确定故意伤害行为，犯罪嫌疑人供述、被害人陈述、证人证言等言词证据是主要证据，证据种类相比其他类型案件单一。

4. 伤情鉴定作为主要定案依据，鉴定审查具有专业性。故意伤害案件中的人体损伤程度鉴定意见书是确定被害人损伤轻重的重要依据。人体损伤程度鉴定意见书主要通过对送检材料审查作出鉴定，送检材料一般包括急诊病历、入院记录、出院记录、医学影像诊断报告、X 线片或者 CT 片、诊断证明等，鉴定标准主要依据《人体损伤程度鉴定标准》。上述伤情鉴定多需要专业知识，多数公安、检察干警承办人不具备法医学专业知识，专业性文书鉴定审查能力不足。

二、此类民间纠纷引发的轻伤害案件办理难点

1. 证据收集固定不及时、部分原始证据缺失。民间矛盾引发轻伤害案件发生后，多数是双方都及时报警，也有的案件在被害人感觉伤情明显后再报警。公安机关现场处警时，往往双方矛盾还比较激化，证据收集固定不及时、不规范，导致审查起诉阶段证据链缺失，有以下原因：(1)公安侦查重调解，证据固定不及时。公安机关到达现场后，主要以现场调解为主，有的还是按照普通治安案件进行处理，有的被害人伤势未确定，对双方当事人、证人往往提取笔录比较粗糙，一定程度上无法还原伤害行为过程。有的案件未对目击现场证人提取笔录，事后证人难以寻找。(2)现场勘查不及时，证据收集不规范。根据《公安机关办理伤害案件规定》，“现场具备勘验、检查条件的，应当及时进行勘验、检查”。有的案件未进行勘验，导致后期相关物证、痕迹难以还原。

2. 当事双方各执一词、存在“一对一”的证据。此类案件主要是指，由于伤害行为的突发性、伤害过程的复杂性，当事双方描述相互对立，除当事人双方以外，很难有第三方目击证人在场，从而缺乏除犯罪嫌疑人供述、被害人陈述之外的直接证据。所以审查这类“一对一”证据的突破口就在于各类间接证据,给审查起诉阶段证据采信带来困难。主要原因在于,一方面,是公安机关在处警时对双方提取笔录重点不突出,对伤害行为手段、打击部位、行为时间、行为地点、打击强度等具体细节和过程笔录记载不详细,导致后期被害人部分细节遗忘。另一方面,有的嫌疑人拒不认罪且供述自相矛盾,其否认犯罪事实主要是基于案发时其他证人不在场,或者犯罪嫌疑人认为自己熟悉的其他证人不会作证,所以犯罪嫌疑人避重就轻、混淆事实。

3. 伤情鉴定与病历材料、案件事实之间无法印证。伤情鉴定审查具有专业性,要着重审查伤情鉴定与病历资料、案件事实之间的关联性。审查起诉阶段存在伤情鉴定与病历材料、案件事实无法相互印证或者存在矛盾,有必要的可以申请重新鉴定或者直接不予采信。主要表现为以下两点:(1)原始病历间有矛盾,存在被害人自伤可能。被害人损伤后首先到医院治疗,伤情稳定或者恢复后进行伤情鉴定,此时原始病历主要记载被害人伤情变化,如果病历之间存在矛盾或者异常,无法得到合理解释,有被害人自伤的可能。(2)存在伪造或者变造病历可能,伤情造成与案件事实证据不符。一般被害人的伤情变化会符合一定的医学规律,有时被害方为自身利益,可能采取伪造病历的方式,此时可以进一步对被害方检查或者观察。

三、此类民间纠纷引发的轻伤害案件中侦查取证及审查要点

1. 规范引导公安取证,及时收集固定相关证据。针对司法实践中存在的倾向民事调解现场而证据固定不及时、不规范的问题,检察机关要依法引导侦查机关取证,积极完善相关证据。注意以下两点:(1)细化笔录制作。引导公安机关对当事双方提取笔录重点突出,主要围绕伤害行为手段、打击部位、行为时间、行为地点、打击强度等具体细节制作笔录。为排除自伤可能,要及时对报警、就医情况的相关证据提取固定。(2)规范勘验检查。及时对案发现场勘验检查,还原案发现场环境,及时固定、提取与故意伤害行为有关的痕迹、物证、致伤器械等,调取周边录像。对无法移动物品,可以通过录像、拍照等形式记录。此外,还要调取出警民警配备的执法记录仪录像,民警到达现场后会对现场初步询问,此时记录的现场人员反应是较为真实的。

2. 从常识常情常理出发,判断言词证据真实性。审查认定当事双方"一对一"证据,一方面,要从各类间接证据中寻找印证点和突破口。另一方面,对于言词证据的直接鉴别采信，笔者认为要针对双方争议焦点问题，从常识常情常理出发，审查是否符合逻辑和经验法则，综合判断言词证据证明效力。如果犯罪嫌疑人对案发细节表述多次存在矛盾，其供述的真实性自然就较低，此时便增强了被害人陈述的采信度。可以从以下焦点问题判断言词证据真实性：(1)确定打击部位是否一致。故意伤害行为的发生，首先是双方进行身体接触或者受到物理打击，通过梳理各方对打架过程的描述，还原打架全过程，确定双方接触部位。(2)分析双方力量对比。伤害行为的造成要符合基本生活常识，此时要注重审查涉案人员体态、年龄、外力等因素，考虑客观环境等因素，与言词证据进行相互印证。(3)综合考虑致伤可能，即考虑伤害行为与损伤结果的发生之间是否具有刑法上的因果关系，审查是否存在其他外因致伤，依法排除合理怀疑。

3. 严格审查伤情鉴定，排除自伤或伪造伤情可能。对于人体损伤程度鉴定书的审查，要客观分析首次就医病历、医学影像诊断报告、诊断证明等材料是否相互印证，审查有无矛盾之处，依法排除被害人自伤可能。对于伤情鉴定的审查，通过推断损伤时间、确定损伤成因、复核损伤程度，依法排除被害人自伤可能。(1)推断损伤时间。由于造作伤与原发性伤，在损伤时间上具有明显差异。通过医院诊断证明、医学影像诊断报告、门诊病历手册等材料，审查损伤部位、形态、走形等因素，科学推断致伤时间。(2)确定损伤成因。一方面对凶器、血迹等大小形态进行审查，确定伤口与凶器是否相互吻合。另一方面对穿着的衣物的破损部位、沾染血液部位进行审查，确定伤口是否与血液分布、流向相符。(3)复核损伤程度。根据人体损伤程度鉴定书，复核损伤部位、数目、形态、大小、走向等特征。审查伤者是否为医护人员，或者其亲属为从事医护人员，排除伪造病历可能。对损伤程度存在疑问，必要时可以询问聘请有专门知识的人，或者申请病情检查或者观察。

【处理结果】

法院经审理认为，被告人韩某某因琐事故意伤害他人身体，致被害人轻伤，其行为侵犯了公民人身权利，已经构成故意伤害罪。韩某某当庭自愿认罪，赔偿被害人经济损失并取得被害人谅解，判处有期徒刑 8 个月，缓刑 1 年。

（撰稿人：臧洋　李现卿）

9. 欺骗性强奸案中事实认识错误的司法认定

——孙某某强奸案

【要旨】

"骗奸"行为,是指行为人虚构事实、隐瞒真相,通过欺骗手段,使被害人陷于错误认识,进而与其发生性关系的行为。在司法认定中,对于运用"欺骗性手段"与被害人发生性关系,如果满足如下条件,属于《刑法》第 236 条规定的"其他手段",宜认定为强奸罪。第一,行为人采取了虚构事实、隐瞒真相的欺骗手段;第二,被害人对性行为性质或行为人身份发生了事实认识错误;第三,行为人欺骗手段直接导致了被害人事实认识错误,即存在直接因果关系;第四,行为人与被害人确系发生了实质的性行为。

【基本案情】

被告人孙某某,男,52 岁,天津市人。2014 年秋,被告人孙某某经人介绍与天津市津南区某镇村民刘某甲相识。为发泄性欲,被告人孙某某得知刘某甲经济拮据后,编造其本人系医生,能够通过发生性关系的方式从女性体内提取卵子并销卖可给付报酬的谎言,使刘某甲信以为真,先后三次在天津市滨海新区一日租房内将其奸淫。后被告人孙某某捏造因刘某甲身体原因未能成功提取卵子的谎言,未给付对应报酬,又怂恿刘某甲为其介绍其他女性提取卵子,赚取酬金。刘某甲便将此事告知其男友张某甲,张某甲又将此事告知其朋友张某乙、刘某乙。2015 年 3 月 8 日下午,张某乙伙同刘某甲、张某甲、刘某乙等人将通过网络聊天结识的天津市滨海新区居民张某丙(未满 14 周岁)带至天津市滨海新区大港某小区一房间内,被告人孙某某采取上述同样手段,使被害人张某丙信以为真,先后由被告人孙某某及张某乙将张某丙奸淫。事后,被告人孙某某继续捏造因对方身体原因,未能成功提取卵子的谎言,并让张某丙代为寻找其他欲提取卵子之人。随后,被害人张某丙将此事告知其同学彦某某(未满14周岁),彦某某亦对被告人孙某某的谎言深信不疑。2015年3月12日17时许,张某乙、张某甲分别驾驶车辆将被告人孙某某、被害人彦某某及张某丙、刘某甲、刘某乙等人接至天津市津南区某镇某快捷旅店房间内,被告人孙某某在该房间内将被害人彦某某奸淫。后因被害人彦某某母亲电话催促其回家,由张某乙将被害人彦某某送回,被告人孙某某等人自行离开,后被公安机关查获归案。

【争议问题】

该案中被告人孙某某虚构医生身份,编造可通过发生性行为提取卵子销卖后共同牟利的谎言,使多名被害人陷于错误认识,与其发生性行为,虽然案件事实清楚,但对于被告人孙某某的行为如何进行法律评价却发生严重争议,形成了以下四种意见:

(1)被告人孙某某的行为构成招摇撞骗罪。被告人孙某某公然冒充医生身份,以发生性行为提取卵子谋财为名,招摇过市,与多名妇女及幼女发生性关系,应构成招摇撞骗罪。

(2)被告人孙某某的行为构成诈骗罪。被告人孙某某虚构医生身份,编造发生性行为提取卵子销卖后共同牟利的谎言,欺骗多名妇女及幼女与其发生性关系,事后并未给付报酬,致使他人获取钱财的目的落空,应构成诈骗罪。

(3)被告人孙某某的行为构成强奸罪。被告人孙某某为发泄性欲,虚构医生身份,编造发生性行为提取卵子销卖后共同牟利的谎言,使多名妇女及幼女误以为孙某某确系医生并且可以通过性交行为提取卵子牟利,导致被害人对性交行为的性质与对被害人孙某某的身份认识产生双重错误,未认识到其实是侵犯被害人性自主决定权的行为,实际上被害人并不愿意与被告人发生性关系。被告人采取的上述手段属于《刑法》第236条规定的“其他手段”,故被告人孙某某的行为应构成强奸罪。

(4)被告人孙某某的行为不构成犯罪。被告人孙某某虽然虚构医生身份,许诺被害人提取卵子销卖后给付报酬,存在欺骗行为,但并未使用“暴力”“胁迫”等手段,也未对被害人进行足够强制程度上的精神压制,被害人彦某某、张某丙因贪图金钱利益,主动放弃性利益,均系自愿与被告人孙某某发生性关系。虽然被害人事后未得到被告人许诺的钱财,但并不能阻却被害人放弃性利益的承诺有效,故孙某某不构成犯罪。

【评析意见】

《刑法》第 236 条规定,以暴力、胁迫或者其他手段强奸妇女的,构成强奸罪。据此,强奸应是行为人使用暴力、胁迫或者其他违背妇女意志的手段,与被害人发生性关系的行为,本质上是被害人不同意、不愿意发生的一种性行为。司法实践中,强奸行为的外在形式随着社会发展也在多元演化,行为人实施强奸行为的手段、方式已不局限于刑法规定的基本犯罪构成要件中的"暴力""胁迫"。鉴于目前立法解释、司法解释都还未对"其他手段"作出进一步的规定,故对"诱奸""骗奸"情形的行为如何进行司法认定存在一定困难。对于该案的定性,笔者同意第 3 种意见,即被告人孙某某的行为构成强奸罪。理由如下:

(1)被告人孙某某的行为不构成招摇撞骗罪。招摇撞骗罪,是指为谋取非法利益,假冒国家机关工作人员的身份或职称,进行诈骗,损害国家机关的威信及其正常活动的行为。该罪侵犯的客体是国家机关的威信及其正常活动,在客观方面表现为行为人具有冒充国家机关工作人员的身份或职称,进行诈骗的行为。该罪要求行为人必须具有冒充国家机关工作人员的身份或者职称的行为。该案中,被告人所冒充的医生并非"国家机关工作人员"范围,故孙某某不构成招摇撞骗罪。

(2)被告人孙某某的行为不构成诈骗罪。诈骗罪是指,行为人以非法占有为目的,虚构事实或者隐瞒真相,骗取数额较大公私财物的行为。诈骗罪侵犯的客体是公私财物的所有权,诈骗罪属于侵犯财产权的犯罪。该案中,被告人孙某某为满足淫欲,虚构医生身份,采取欺骗手段,骗取他人信任从而发生性关系,侵害的是被害人的性权利。性权利属于人身权利而非财产性权利,故被告人不构成诈骗罪。

被告人孙某某采取的"骗奸"手段,属于《刑法》第 236 条规定的"其他手段"。《刑法》第 236 条规定,以暴力、胁迫或者其他手段强奸妇女的,构成强奸罪。该罪犯罪手段表现形式为以暴力、胁迫或者其他手段,强行与妇女发生性关系。该案中，被告人孙某某为发泄性欲，虚构医生身份，编造发生性行为可以提取卵子且销卖后共同牟利的谎言，骗取多名妇女信任，从而与其发生性关系，为“骗奸”行为，它的“强行”程度不够明显，并非传统、典型的强奸犯罪所具有的“暴力”“胁迫”手段。理论界对“诱奸”“骗奸”行为如何进行法律评价且存在较大争议，主要有四种观点。第一种为“被告人咎责说”。该观点认为，行为人只要采用虚构事实、隐瞒真相的欺骗手段与被害人发生性关系就构成强奸罪。第二种为“事实认知错误说”。事实认知错误主要包括行为性质认识错误与对象身份认识错误，行为性质认识错误主要是指被害人不知性行为发生或非正常意义上的性行为正在发生；对象身份认知错误主要是指对行为人本人身份认识存在错误而非一般特征认识错误，在这两种情形下，应构成强奸罪。第三种为“主观动机认识错误说”。该观点分为两种情形：一种是被害人误以为放弃性权利可以获取某种钱财、名誉等利益，但事后未能获得，此时应从道德上予以评判，不宜认定为强奸罪；另一种是被害人误以为不得不放弃性权利而获取某种利益，此时已达到对被害人的“精神强制”，宜认定构成强奸罪。第四种为“法益认识错误说”。该观点认为“骗奸”“诱奸”能够构成强奸罪主要在于被害人陷于错误认识是否直接决定了法益处分，进一步说就是在于被害人被欺骗后所作出的承诺意思是否有效，如果认为承诺无效，不能阻却违法，则被告人构成强奸罪，反之，则被告人不构成强奸罪。该案中，被告人孙某某利用被害人文化水平低或年幼无知的弱势地位，虚构医生身份，编造发生性行为提取卵子销卖后共同牟利的谎言，使被害人陷于性行为性质认识错误与对象认识错误的双重误区，导致被害人不知反抗，从而对被害人的性自主权造成侵害。目前我国对《刑法》第 236 条规定的“其他手段”还没有有效、明确的司法解释。1984 年，最高人民法院、最高人民检察院、公安部联合签发的《关于当前办理强奸案件中具体应用法律的若干问题的解答》文件曾将利用迷信手段骗奸、利用或假冒治病骗奸、冒充丈夫骗奸明确列举为以欺骗手段构成强奸罪的范围，但该文件现已废止。虽然“其他手段”内涵不明确，但其与暴力、胁迫手段具有同质性，被害妇女不敢反抗、不能反抗、不知反抗。该案中，被告人虚构事实，隐瞒真相，使被害人陷于性行为性质认识错误与对象认识错误的双重误区，导致被害人不知反抗，属于《刑法》第 236 条规定的“其他手段”，其理由为：

第一,强奸罪最本质的特征系行为人违背妇女意志发生性关系,被害人不同意、不愿意发生的一种性行为,包括不敢反抗、不能反抗、不知反抗的情形。第二,被告人孙某某利用被害人法律意识淡薄或年幼无知,虚构医生身份,编造发生性行为提取卵子销卖后共同牟利的谎言,向农村文化素质较低的妇女及未成年女性施骗,使被害人陷于性行为性质认识错误与对象认识错误的双重误区,导致被害人不知反抗,从而对被害人的性自主权造成侵害。第三,被害人与被告人孙某某之所以发生性关系,是由被告人孙某某虚构身份、编造谎言直接造成的,存在直接的因果关系。第四,被告人与多名被害人确系发生了实质的性关系,且在发生性关系后谎称因被害人身体原因无法提取卵子,继而接连实施性侵犯罪,致使多名被害人受到伤害,严重危害了社会治安秩序,侵犯了妇女的人身权利和幼女的身心健康,性质恶劣,道德败坏。

故此,检察机关经审查认定:被告人孙某某以发泄性欲为目的,采取欺骗手段,违背妇女真实意愿,奸淫幼女在内的多人的行为构成强奸罪,并追加相关犯罪事实,以强奸罪追究被告人孙某某的刑事责任,依法提起公诉,并建议审判机关判处被告人孙某某有期徒刑 10 年至 12 年。

【处理结果】

法院经审理认为,被告人孙某某道德败坏,为满足淫欲,采取欺骗手段,违背妇女意志,强奸妇女、奸淫幼女多人,情节恶劣,构成强奸罪,应当从重处罚。最终采纳检察机关提出的量刑建议,以强奸罪判处被告人孙某某有期徒刑 12 年。

(撰稿人:魏志明　张海亮)

10. 关于有盗窃前科可以“减半入罪”规定中前科的认定

——王某某盗窃案

【要旨】

1. “曾因盗窃受过刑事处罚”应当包括曾因盗窃依据1979年《刑法》受过刑事处罚的情形。犯罪嫌疑人在1997年《刑法》施行之前实施的盗窃行为依据1979年《刑法》受过刑事处罚的依然属于犯罪前科，适用1997年《刑法》施行之后犯罪嫌疑人实施数额较大的盗窃行为“减半入罪”规定。

2. 检察机关通过依法准确适用相对不起诉权，适用认罪认罚从宽制度，充分发挥刑事诉讼主导作用，对符合犯罪情节轻微犯，不需要判处刑罚的情形，依法作出相对不起诉决定。犯罪嫌疑人盗窃公私财物数额因盗窃罪前科而“减半入罪”被认定为“数额较大”，盗窃罪前科与再次实施盗窃行为时间间隔33年的，其主观恶性不同于在较短时间内连续实施犯罪，在处理上可以视案件具体情节予以适当从宽，体现宽严相济的刑事政策。

【基本案情】

王某某，男，65岁，无业，1985年12月7日因犯盗窃罪被判处有期刑4年，1989年1月19日刑满释放。2018年2月7日6时许，犯罪嫌疑人王某某用砖头将牌照号为津E×××的出租车驾驶室一侧的玻璃砸破，盗窃车内手包一个，内有现金1160元，华为牌手机一部、驾驶证等证件。经鉴定，被盗手机鉴定价格为250元。公安机关于2018年2月11日立案侦查，2018年3月4日，王某某到公安机关自动投案，如实供述自己罪行。2018年3月4日公安机关以王某某涉嫌盗窃罪向检察机关移送审查起诉。其间，因事实不清，证据不足，退回公安机关补充侦查两次；因案情复杂延长审查起诉期限两次。案件办理期间，犯罪嫌疑人王某某赔偿了被害人损失，取得了被害人谅解,与被害人达成和解协议,认罪认罚。

【争议问题】

根据天津市高级人民法院、天津市人民检察院、天津市公安局、天津市司法局《关于刑法部分罪名数额执行标准和情节认定标准的意见》规定,“盗窃公私财物,价值2000元以上不满6万元”应当认定为《刑法》第264条规定的“数额较大”。最高人民法院、最高人民检察院《关于办理盗窃刑事案件适用法律若干问题的解释》(法释〔2013〕8号)(以下简称《盗窃案件若干问题的解释》)第2条第2项规定,曾因盗窃受过刑事处罚的,“数额较大”的标准可以按照规定的50%确定。对王某某盗窃1410元是否应当适用《盗窃案件若干问题的解释》关于“减半入罪”的规定认定其构成盗窃罪及如何处理,还是不适用“减半入罪”的规定从而认定其不成盗窃罪形成了两种意见。

一、该案不适用“减半入罪”的规定,王某某不构成盗窃罪

第一,刑法司法解释需依据刑法条文。司法解释的效力,主要是指司法解释生效、失效的时间及其有无溯及既往效力的问题。司法解释溯及既往的效力问题不仅有助于对某些司法解释作有效性的判断,而且还直接关系到具体司法解释内容的实际应用。对于法律的时间效力,我国法理学研究比较全面、系统,各部门法中也均有较明确的规定,司法机关一般都能准确理解并依法适用。但对于司法解释的效力问题,我国法学界则缺乏研究,并长期置其于被忽略的境地,使其成为法学研究领域中的一个空白点,并造成我国司法解释实践因缺少应有的法理指导,而在这一问题上出现了某些混乱状况。因为我国法律发展的特殊性,司法解释往往具有实际指导司法运行的实际意义,根据1981年6月10日全国人大常委会《关于加强法律解释工作的决议》的有关规定,我国刑法的司法解释工作是由最高人民法院和最高人民检察院进行的,这种非个案效力的解释,对各级人民法院和人民检察院的审判、检察工作都具有直接的、普遍的司法效力。因此,司法解释的溯及既往问题与法律相似。刑法司法解释是依据刑法条文,对刑法规范的内容所作的理解和阐释,其目的是统一刑事法律的执行,而不是创制新的行为规范去约束人们的行为。刑法司法解释自应不具有独立于刑法之外的单独的时间效力。因此司法解释是对现行立法的解释,司法解释是可以适用于司法解释发布之前但尚未判决的行为。但是如果涉及定罪量刑标准发生实质变化时，特别是定罪标准发生实质变化时，应当坚持重法不溯及既往的原则。该案王某某过去的盗窃行为发生在1997年前即新《刑法》实施之前，而现行司法解释发布于2013年，由于该解释大大降低了盗窃罪的成立标准，属于重法，不宜将1997年前的盗窃和当下的盗窃联系起来考虑，当下应该仅考虑当下的盗窃行为是否够罪。2013年《盗窃案件若干问题的解释》的效力从属于1997年《刑法》，且实质上减低了入罪门槛，对犯罪嫌疑人不利，不符合“从旧兼从轻”原则，不得溯及既往，否则有违罪刑法定原则。

第二，司法解释“减半入罪”本意是对连续盗窃受过刑事处罚的犯罪嫌疑人从重处理，属于特殊预防，该司法解释本身类似累犯。但犯罪嫌疑人王某某前后的盗窃行为间隔长达三十余年，表明其主观恶性并不大，且该案中嫌疑人系自首认罪态度较好，再以“减半入罪”这样严苛的规定将其归入刑事犯罪不符合立法本意。

二、该案适用“减半入罪”的规定，王某某构成盗窃罪

第一，2013年《盗窃案件若干问题的解释》虽然是基于1997年《刑法》制定的，但是刑法本身是连续的，应该根据现有刑法及司法解释来处理案件。犯罪评价通常采取行为时主义，该案情形侧重于后行为，后行为时法的评价。例如，1979年《刑法》规定累犯是3年以内，1997年《刑法》改为5年，事实上对嫌疑人是从重的规定，1997年《刑法》修订前的前科1997年《刑法》后又犯罪的，根据时间效力的司法解释应按新法5年。同理既然现行司法解释规定减半入罪，对前科没有时间限制，应该以《盗窃案件若干问题的解释》办理本案。此外解释规定前科而非累犯，可见对前科的时间不在意，因此可以适用减半入罪的规定。

第二，《盗窃案件若干问题的解释》第2条第1款规定，“曾因盗窃受过刑事处罚”的，“数额较大”的标准可以按照规定标准的50%确定。对于该条款的理解，应当按照刑法目的解释的原理进行。该条款设置的根本目的是对于盗窃犯罪本身或其行为人具备若干严重情节时，予以入罪标准上的“从重”，即“减半定罪”，这符合刑法惩罚犯罪的目的，也体现了对主观恶性较大的盗窃犯罪“该严则严”的刑事政策。

第三，王某某曾因盗窃受过刑事处罚，是一种客观法律事实，不涉及刑法的溯及力问题。刑法的溯及力是指刑法生效后,对其生效之前发生的,未经审判或者判决未确定的行为是否适用的问题。关于刑法溯及力问题,从我国现行《刑法》第 12 条的规定来看,我国刑法采用从旧兼从轻原则,即新法原则上不具有溯及既往的效力,但新法处罚较轻的除外。但该案的犯罪行为发生在 2018 年 2 月 7 日,并非 1997 年 9 月 30 日以前的犯罪,不涉及刑法时间效力的问题,即不涉及从旧兼从轻等刑法溯及力问题。

【评析意见】

该案焦点在于涉及刑事司法解释时间效力问题,也即是否应当适用 2013 年最高人民法院、最高人民检察院《盗窃案件若干问题的解释》关于盗窃罪数额“减半入罪”的规定,从而认定认罪嫌疑人是否构成犯罪。该案不涉及刑事司法解释时间效力问题,犯罪嫌疑人因 33 年前犯盗窃罪受过刑事处罚的,是一种客观的法律事实,其再次盗窃 1410 元,符合《盗窃案件若干问题的解释》关于盗窃罪数额“减半入罪”的规定,构成盗窃罪。但犯罪嫌疑人盗窃数额刚达到刑事立案标准,再次盗窃与盗窃罪前科时间间隔 33 年,较为久远,且已经赔偿被害人损失,取得被害人谅解,和被害人达成和解,并认罪认罚,具有自首情节,主观恶性不大,符合相对不起诉的情形。理由如下:

第一,刑法的溯及力是指刑法生效后,对于其生效以前发生的行为是否适用的问题。王某某的盗窃行为发生在 2018 年 2 月 7 日,并非 1997 年 10 月 1 日以前的犯罪,不涉及刑法时间效力的问题,因此该案不涉及刑法溯及力问题,也不适用从轻兼从旧原则。另外,根据 2001 年 12 月 17 日最高人民法院、最高人民检察院《关于适用刑事司法解释时间效力问题的规定》第 1 条、第 2 条的规定,司法解释自发布或者规定之日起施行,效力适用于法律的施行期间。对于司法解释实施前发生的行为,行为时没有相关司法解释,司法解释施行后尚未处理或者正在处理的案件,依照司法解释的规定办理。2013 年最高人民法院、最高人民检察院《盗窃案件若干问题的解释》是对 1997 年《刑法》作出的司法解释,其效力与现行《刑法》等同,即《盗窃案件若干问题的解释》关于盗窃罪数额“减半入罪”的规定对于发生在 1997 年 10 月 1 日以后的犯罪均适用。

第二,《盗窃案件若干问题的解释》规定的“减半入罪”,都是犯罪情节较重、恶性较深，足以折抵犯罪数额的情形，其第二种情形甚至是1年以内因盗窃受过行政处罚的，可见对屡教不改的行为视为恶性较深。从刑法沿革看，盗窃入罪数额标准处于不断变化中，虽然1979年《刑法》的入罪标准已经被现在的新标准代替，但当时的犯罪数额是符合当时社会经济情况的，社会危害性与现在并无差异，而且其判决的法律效力并未随着修法而改变，因此，依据1979年《刑法》受过的刑事处罚依然属于犯罪前科。王某某曾因盗窃受过刑事处罚，是一种客观法律事实，并不因处罚时适用刑法典的修订而发生变化。王某某盗窃公私财物，犯罪数额为1410元，由于其曾因盗窃犯罪于1985年受过刑事处罚，故应当适用最高人民法院、最高人民检察院《盗窃案件若干问题的解释》第2条第1款的规定，认定其构成盗窃罪。

第三，王某某在案发后投案自首，如实供述自己的罪行，并赔偿被害人损失，与被害人达成和解协议，认罪认罚，符合犯罪情节轻微、不需要判处刑罚的情形，可以作相对不起诉。检察机关通过作出相对不起诉决定，使一些虽然已经符合刑法规定为犯罪，但情节轻微不需要判处刑罚、社会危险性不大，特别是行为人已经认识到自己错误，积极采取措施弥补行为危害后果的行为人不再进入法律审判环节，减少了诉讼成本，节约了司法资源，同时也能够更好地教化被不起诉人，督促其改过自新，充分贯彻宽严相济的刑事政策。刑事司法活动是非常复杂的法律行为，其中涉及的不仅仅是具体法律适用问题还包括司法价值观的冲突，应当通过论证分析，实事求是地处理面对的理论与实践难题，做出符合政治效果、法律效果、社会效果统一，符合人民群众认知的处理。

【处理结果】

经过检委会讨论后认为，王某某构成盗窃罪，但犯罪情节轻微，依照《刑法》不需要判处刑罚，符合相对不起诉的规定。2019年1月8日，检察机关依据《刑法》第37条、《刑事诉讼法》第177条第2款的规定，对王某某以盗窃罪作相对不起诉决定。

（撰稿人：贾俊）

11.“能力型”诈骗案件的认定规则

——刘某某诈骗案

【要旨】

承诺以违法方式帮助实现非法利益,并以“办理费用”为由索取钱款实际用于挥霍的,应当认定诈骗行为。数额达到刑事立案追诉标准的,应当以诈骗罪立案处罚。

【基本案情】

被告人刘某某于2019年期间在天津某公司担任房产中介。被害人到被告人工作店面内看房而结识被告人。因被害人系外地户籍需要等待两年积分期限届满方能取得购房资格,被告人刘某某此时向被害人宣称自己具有相应的人脉关系,可以帮助被害人半年内通过天津市“海河英才”人才引进计划渠道将户籍迁入天津,并且约定办成事项收取费用153,000元。2019年8月至12月,被告人以补缴社保、组织参加高级技能证考试等名义收取被害人转账方式支付的123,000元,将赃款全部挥霍。因未能兑现承诺,被害人多次向被告人催要钱款,被告人在2020年5月失联。经被害人报警,公安机关经过网上追逃查获被告人刘某某,被告人到案后其家属代为退赔被害人损失。

【争议问题】

对于刘某某的行为如何定性形成了两种不同的意见:

(1)刘某某的行为构成诈骗罪。

(2)刘某某的行为不构成诈骗罪。

被告人刘某某到案之初做无罪辩解,称自己属于民事违约行为,主要理由:一是被告人刘某某称自己未欺骗被害人,其自身虽然没有能力,但是有找到"有能力办理落户"的人的能力,这种能力也是"能力",并非虚构事实;二是被告人刘某某称自己没有非法占有目的,其工作为房产中介,受疫情影响导致暂时不能开展业务,因此影响了收入,未能赔付被害人损失并非自己故意造成。

【评析意见】

该案系一起典型的"能力型"诈骗案件。此类案件的特点是,行为人多对外宣称自己有"能力"帮助实现某事项,并以实现该事项作为对价以此收取钱款。实践中被害人在未能收到钱款时以被骗为由报案,公安机关往往单纯以不能退还钱款来直接认定被告人收取钱款的行为系"诈骗",而忽视了被告人作出的无罪或者罪轻辩解,导致被告人既不认罪,案件也无法取得进一步推进。"能力型"诈骗案件本质上仍然属于诈骗案件,在审查此类案件时,应当严格按照诈骗罪的构罪要件,从虚构事实(隐瞒真相)以及非法占有目的两个层面审查,具体有以下规则。

一、"能力型"诈骗案件的行为人应当存在虚构事实(隐瞒真相)的欺骗行为

(一)行为人承诺的"能力"是否合法

1. 承诺以违法(规)方式实现不合规(法)利益可以认定具有虚假性

该案中被告人刘某某到案之初辩称自己"能够"帮助被害人实现落户天津,对于以结果推定其"没有能力"不服。其同事证言显示,刘某某可能在该案前确实帮助他人办理过落户天津的事项。"海河英才"人才引进计划的政策和申请方式均属于公开,如果刘某某仅仅作为"代办"人员,其行为并不违法。经过仔细询问被害人以及查阅聊天记录后发现,刘某某承诺被害人的落户方式是"海河英才"人才引进计划中"技能型人才落户",该类落户对于人才学历要求最低为技校文化(申请时须提供相应的学历证明),但被害人仅仅具备小学文化水平,明显不符合此类人才引进的要求。因此该案中被告人刘某某所宣称的"帮助落户"的能力带有明显虚假性。

2. 不能以承诺"无效退款"和实际未退款的结果来认定诈骗行为

"能力型"诈骗案件的行为人在收取钱款前多作出"实现某事项"的保证并且承诺未能兑现则退回全款,实践中被害人多以此作为自己"受骗"的理

由,部分公安机关侦查人员也持此意见,这种观点实际上违背了诈骗罪的犯罪构成。诈骗犯罪中“虚构事实隐瞒”的诈骗行为原则上应当发生于收取财物之前/时,但是以事后未按照承诺退款来认定欺骗,则无疑是在收取钱款之后的行为来认定“虚构事实”,有客观归罪之嫌。

3. 以提供合法服务为由收取对价的不属于“虚构事实隐瞒真相”的诈骗行为

现实生活中有大量的申请、注册等事项属于此类情形,如帮助注册成立公司、为出国留学提供咨询并且在申请过程中提供帮助服务,甚至是在购买二手房过程中,房产中介为了吸引客户,帮助并带领客户到有关房管部门、银行办理贷款、过户等手续,顾客通过支付资金来节约时间和人力成本,中介公司/组织通过提供上述服务为顾客节约时间和精力,并以此作为盈利来源。因此,如果行为人承诺“能力”具有合法途径,则就其能力实现方面不存在欺骗。部分“能力型”诈骗案件中,行为人可能对外宣称自己“具有人脉关系”,以夸大自身招揽客户,但只要其实际提供的服务尚在法律或者地方规定的范围内,则不应当认定为虚构事实隐瞒真相的诈骗行为。在该案中,被告人到案之初辩称自己具有帮助他人办理落户的能力,但没有提出自己提供的服务具体内容,并且辩称在经营二手房中介业务过程中,也会对其他来看房的客户提供帮助办理落户的服务,其辩解目的正在于此。检察机关通过核实被害人的陈述以及聊天记录,发现实际上被告人承诺的“事项”需要通过违法(规)途径予以实现,补充调取了相应规定内容,从正面直接否定了被告人的无罪辩解。

(二)行为人应当对于自身的“非法型”能力负有一定的举证或者说明义务

1. 举证或者说明应当具有一定的可查性(线索提供)

此类案件的行为人多数会提出,自己是通过“他人”实现某事项,对此行为人应当对其能力的来源、实现方式进行必要的举证或者合理性说明其能力真实性。具体就该案而言,被告人刘某某辩称自己曾经帮助与被害人情况类似的人员成功落户天津,并且宣称是通过“小贾”“小朱”等人帮忙。但刘某某既不能举出其所谓“成功案例”办理时间和涉及人员名字,不能说明“小贾”“小朱”的具体姓名和身份信息,也不能提供其所谓“有能力的人”的资金账号、联系方式等线索，司法机关无法进行进一步侦查与核实。在刘某某无法作出合理的说明时，应当认定其所辩称自身“非法型”能力具有虚假性。

2. 行为人承担举证/说明不能的不利后果不属于举证责任倒置

刑事诉讼认定事实的原则是疑罪从无，司法机关应当对于指控的犯罪事实承担举证责任，但是司法机关只能就被告人/犯罪嫌疑人提出的合理性、合法性辩解（线索方向）予以充分核实，因为社会的公序良俗、运转机制要求以及通常人的一般认知的底线是所有公民均应当遵规守法，在依法、依规渠道明显不能实现承诺事项时，行为人应当举证自己违法（规）渠道来源以及对方法手段进行必要的说明。一方面，实践中，尤其是在资格注册、申请等涉及政府公权力审核审批的环节中，部分“黑中介”可能是某个违法犯罪团伙组织的一员，甚至可能通过伪造证件、印章等方法曾经确实以欺骗审核部门成功帮助不符合条件（标准）的申请人通过审批，因此行为人如果辩称具备某违法渠道的“能力”，则应当进行仔细追问，一是行为人此种辩解可能涉及其他犯罪线索需要进一步核实，二是行为人如果确实具有相应的经历，则其本人必然知晓自己说出真相所面临的代价，如果权衡利弊后行为人选择了拒绝交代，则必然应当承担相应的后果。另一方面，这种认定的逻辑也体现出了刑事政策的价值导向，即所有人不得对于违法途径产生合理信赖，否则将会动摇社会的整个价值体系与法治的基石。

二、行为人收取钱款的理由（“对价”）应当具有明确指向

“能力型”诈骗案件行为人和报案人多数情况下关注的是整体事项兑现与否所对应的全部钱款数额，公安机关往往也忽视了对于细节的讯问，导致行为人后期辩称自己收取的钱款是自己的“劳务费”“跑腿费”，属于“能力”的“对价”或者“报酬”，而在以“承诺兑现无效退款”为约定的前提下，行为人多辩称自己无诈骗故意，因提前已约定了挽损方式，所以以“承诺兑现”作为收取钱款的对价不属于骗取财物。基于上述情况，在对于此类案件收取钱款的对价尤其应当注意以下内容的审查。

（一）收取钱款的对价应当具体

在该案中行为人收取被害人钱款的理由最初仅仅是“办理费用”，类似于“打包”费用，“欺骗”性并不明显。经过仔细讯问后，通过核实双方的言词证据以及审核微信聊天记录,确认被害人多次给被告人汇款,每次汇款的理由和用途均比较明确,如第一次汇款名为“定金”,实际约定包含了组织被害人参加某高级劳动技能考试的所有费用,第二次汇款的用途则是补缴社会保险等,第三次是给有关人员送礼行贿等。通过上述细节的固定,查明了被告人刘某某收取钱款的对价。

(二)对“对价”真实性应当作出审查

“对价”真实性是“能力型”诈骗案件中虚假成分的重要佐证部分,在审查时应当对于承诺对价与实际用途作出比对,以判断其对价是否真实,同时应当向被告人本人核实,确认其收取钱款的理由。例如,被告人以“补缴社会保险”为由收取被害人钱款3.5万元,实际调取的被害人社会保险缴纳记录证实被害人的社会保险从被告人承诺之日到公安机关查获被告人期间一直没有缴纳社会保险,证实了其对价的虚假性。

三、“能力型”诈骗案件中的行为人应当具有非法占有目的

(一)资金的实际占有和使用

此类案件行为人实际上可能属于违法团伙组织中的一员,被告人刘某某到案后辩称其通过他人帮助被害人违规办理落户事项。通过调取被告人的微信支付账单与银行交易流水明细,查明刘某某在该案前确实存在给他人转账疑似用于办理落户事项,但数额共为2万余元,在收取该案被害人的款项后,其钱款并未如其所称转给他人(流水上无法体现),而是均被其用于自己生活类消费,如餐饮消费、抖音主播打赏等,且钱款数额巨大。

(二)资金的使用是否合法以及对于目标实现是否起到促成作用

被告人刘某某收取第一笔钱款的用途宣称系组织被害人参加某高级劳动技能证考试的所有费用,从实际用途上看,被害人确实参加了考试并且获取了某项技能证。从该项对价上看可能虚假性不明显。但刘某某向被害人承诺的方法属于违规渠道实现,而被害人即使具有此项技能证,仍然无法以合法渠道获得落户办理,因此其考取技能证对于目标的实现无任何促进的作用。对于该笔钱款仍然应当认定在被告人的诈骗总额内,不能单纯以其对价的部分真实性来否认被告人对于资金使用的非法占有目的。

(三)有无退还能力

经核实被告人的微信支付账单和银行流水,确认了被告人一年内用于个人生活类的消费数额高达近30万元，被告人辩称自己具有相应的收入能力，但经调取其公司出具的收入证明显示，被告人在其单位上班期间月薪仅为4000元，同时被告人家属及辩护人提出，被告人尚有一幼子随祖父母生活。通过上述两个方面证实了被告人明知自己具有不高的收入，却在远超于自身收入水平之上进行消费，且其收入能力不具有可维持性。

【处理结果】

检察机关以刘某某涉嫌诈骗罪批准逮捕后，就刘某某诈骗行为的表现如被害人是否具有资格、“海河英才”人才引进计划的标准与条件等方面要求公安机关作出针对性的继续侦查，公安机关继续侦查补充证据后，以刘某某涉嫌诈骗罪移送审查起诉，刘某某在审查起诉期间自愿认罪认罚，检察机关以刘某某犯诈骗罪向法院提起公诉，一审判决刘某某犯诈骗罪，判处有期徒刑3年，并处罚金。刘某某在判后未上诉，现判决已发生法律效力。

（撰稿人：郭芮）

12. 合同诈骗罪与诈骗罪在认定上如何区分

——李某某诈骗案

【要旨】

合同诈骗罪与诈骗罪的主要区别在于是否利用了合同、是否侵犯了市场经济秩序。如果行为人骗取财物利用了合同,在客体上侵犯了市场经济秩序,那么行为人的行为符合合同诈骗罪的构成要件,应认定为合同诈骗罪。如果行为人没有利用合同或者虽然利用了合同但其行为仅仅侵犯了他人的财产权利,应认定为诈骗罪。

【基本案情】

被告人李某某,男,35岁,天津市人。被告人李某某于2014年1月至2015年10月,在天津市河东区其家中或者在其家附近某网吧等地,多次在电脑上登录北京某公司网络购物平台,选择商品后提交以货到付款为结算方式的原始购物订单,并通过在该订单中填写虚假收货信息对订单中的商品进行恶意拒收。当上述商品被退回该公司时,被告人李某某又在该网站点击换货并提交已更换收货信息的换货订单,利用该公司在此情况下将换货订单中对应的商品视为已付款商品的网购系统漏洞,先后多次骗取位于天津市武清开发区的北京某公司天津分公司按照换货订单中更换后的收货信息向其再次发货的服装类、图书类、玩具类、箱包类等类型商品共计1700余件。经价格认证中心鉴定,上述被骗物品价值共计587,011元。

案发后,从被告人李某某处追退价值188,725.21元的物品,已发还北京某公司。被告人李某某于2016年10月30日在天津市河东区被抓获。

【争议问题】

对于李某某的行为如何定性形成了两种不同的意见:

1. 对李某某的行为应认定为诈骗罪。(1)被告人李某某骗取财物的主要手段并非利用合同。被告人李某某通过填写虚假个人信息与北京某公司达成的货到付款网络购物合同,系公平交易合同,但在这一过程中,被告人李某某并未通过该合同骗取到财物,后其以恶意拒收商品的方式,导致合同终止,在与北京某公司已无任何交易合同的情况下,被告人李某某利用北京某公司的网购系统漏洞,通过填写个人虚假信息,单方面将恶意拒收的订单更换成换货订单,北京某公司因网购漏洞将换货订单对应的商品视为已付款商品,并将数额巨大的商品先后配送给被告人李某某。另外,北京某公司对该案中合同记载的商品种类、数量、价格、结算方式等关键性内容并未产生错误认识;虽然对被告人李某某在合同中使用的部分虚假收货人信息有错误认识,但并非基于该错误认识而处分财产。被告人李某某虽然在网购订单中使用了“陈先生”“邓先生”“高先生”等虚假名义,但这些名义都没有具体的指向性,且上述虚假身份对被告人李某某取得财物的占有也没有任何实质性作用。被告人李某某能够取得财物的关键,并非其和北京某公司签订的订单,而是利用了网络购物系统漏洞。(2)被告人李某某的行为侵犯的是北京某公司的财产权,北京某公司购物网站作为一个封闭的网络购物平台,被告人李某某之行为未对市场秩序造成扰乱,不符合合同诈骗罪所侵犯的客体,故应认定为诈骗罪。

2. 对李某某的行为应认定为合同诈骗罪。网络购物是一种利用电子网络作为媒介进行的交易行为,买卖双方通过网络进行意思表达,从而确定购买商品或者服务的合同。被告人李某某以非法占有为目的,冒用“陈先生”“邓先生”“高先生”等名义,并填写虚假收货地址,在北京某公司购物网站选择以货到付款的结算方式同北京某公司签订原始购物订单,对订单中的商品进行恶意拒收,当商品被退回后,其又在该网站点击换货并提交新的换货订单,利用北京某公司在此情况下将换货订单中对应的商品视为已付款商品的网络系统漏洞,骗取大量财物。上述一系列行为均系在签订、履行、变更同一合同中进行的,被告人李某某骗取财物利用了合同;被告人李某某骗取财物的行为发生在网络交易过程中,北京某公司作为依法设立的经营主体,被告人李某某的行为对其正常的市场交易秩序是一种破坏,另外被告人李某某疯狂骗取种类繁多、数量庞大财物的行为直接导致北京某公司在生产、储备环节上加大人力、物力投入,对该公司正常的生产秩序也是一种破坏,故不管是从生产环节还是从销售环节来看,被告人李某某的行为均表现出对市场经济秩序的破坏。综上,被告人李某某的行为符合合同诈骗罪的构成要件,应认定为构成合同诈骗罪。

【评析意见】

该案是一起在罪名认定上有认识分歧的案件。被告人李某某在长达将近两年的时间里,先后多次登录北京某公司购物网站,并利用北京某公司网购系统漏洞,骗取北京某公司巨额财物。不可否认的是,被告人李某某作为完全刑事责任能力人,主观上具有非法占有的目的,客观上采取了虚构收货人信息并隐瞒未付款真相的手段,在客体上也侵犯了北京某公司的财物所有权。对于该案的定性之所以产生分歧,一方面是因为对该案中原始购物订单及换货订单是否能够认定为合同诈骗罪中的"合同"认识不同,另一方面是因为对被告人李某某的行为是否侵犯了合同诈骗罪中的"市场经济秩序"认识不同。

合同诈骗罪与诈骗罪的主要区别在于行为人是否利用了合同进行诈骗、是否侵犯了市场经济秩序。但是对于合同诈骗罪中的"合同"以及"市场经济秩序"如何理解和认定在司法实务中往往产生分歧。首先,对于合同诈骗罪中"合同"的理解,有观点认为,合同诈骗罪中的"合同"应限于经济合同,且被害人一方必须基于对合同内容的错误认识而处分财产,行为人骗取财物的主要手段应是利用了经济合同。笔者不否认合同诈骗罪中"合同"应为经济合同,但对行为人在骗取财物过程中"合同"所起的作用有不同的意见。我国《刑法》第224条对于合同诈骗罪的罪状表述并未对合同所起的作用作出明确规定,且我国《刑法》第224条第1款第4项规定了行为人"收受对方当事人给付的货物、货款、预付款或者担保财产后逃匿的"情形,但此种情形下被害人一方对于合同记载的商品种类、数量、价格、结算方式等关键性内容并未产生错误认识,只不过因为行为人在非法占有目的支配下实施了恶意不履行合同的行为而使自己遭受财产损失。因此从法律条文的规定上来看,合同诈骗罪并非必然要求被害人基于对合同内容的错误认识而处分财产。至于"合同"所起的作用问题,该问题不是合同诈骗罪认定的前置问题。只要行为人在骗取财物过程中利用了经济合同,并且骗取财物的行为破坏了合同双方对彼此持有的基本信任关系,违背了国家对合同管理制度设置的初衷,就已经符合了合同诈骗罪中利用"合同"骗取财物的基本要求。另外对"合同"的认定应从整体上进行把握,合同在签订后存在变更内容后又继续履行的情况,只要是基于同一事由作出的要约和承诺,均应视为一份合同。其次,对于合同诈骗罪中"市场经济秩序"的理解,有观点认为,此处的"市场"应为有形的市场,不应作此限制。随着经济社会的发展,尤其是互联网交易的迅速发展,我国目前有大量交易行为发生在虚拟网络平台,其与发生在实体、有形市场上的交易行为没有本质区别,对此也应囊括在"市场"范围之内。此外,认定行为是否侵犯了"市场经济秩序",一方面需要评判涉案财物的性质和特征等情况,如果行为针对的对象在性质上属于"商品",在特征上具有"流通性",那么骗取具有上述性质和特征的物品,后果肯定是阻断了上述物品在市场中的正常流通,对正常的经济秩序也就造成了一定破坏;另一方面还要结合市场经济活动的各个环节进行综合评判,市场经济活动一般包括生产、仓储、物流、销售等环节,对其中任一环节的破坏均是对正常的经济秩序的破坏。

该案中,被告人李某某在北京某公司网购系统平台上提交原始购物订单,意味着双方就买卖合同已达成合意,合同已然签订成立。后北京某公司按照合同的约定,第一次向被告人李某某发货,此为北京某公司履行合同的行为。但被告人李某某对原始订单中的商品恶意拒收,并要求换货,在北京某公司看来,此为被告人李某某变更合同内容的意思表示,该公司缘于网购系统存在漏洞,遂同意被告人李某某变更合同内容的要约,再次向被告人李某某发货,此为变更合同内容后再次履行合同义务的行为。实际上,从被害单位的角度来看,在整个过程中只存在一份合同,只不过合同内容发生过变化。因此,被告人李某某取得财物发生在签订、变更、履行合同过程中,双方之间确实存在以买卖商品为内容的经济合同。被告人李某某利用经济合同骗取财物的行为不仅破坏了北京某公司对其持有的基本信任关系,也违背了国家设置合同制度的初衷,因此该案中原始购物订单及换货订单应认定为合同诈骗罪中的"合同"。同时,被告人李某某的行为也侵犯了正常市场经济秩序,主要表现在:第一,被告人李某某骗取的财物系北京某公司正在网购平台上销售的商品,虽然处于无形的网络交易市场中,但仍然具有流通性的特点,与有形的贸易市场无异,被告人李某某骗取上述商品后,致使上述商品无法在市场中正常流转,已然破坏了市场交易秩序;第二,被告人李某某骗取巨额财物的行为导致北京某公司对在生产、仓储环节上投入的人力、物力等资源进行重新配置和调整,一些人力、物力被空耗在涉案物品的生产和储存上,无法开展其他有效生产活动,扰乱了正常的生产秩序和仓储管理秩序;第三,在被告人李某某实施诈骗过程中,北京某公司通过与之合作的物流公司多次向被告人李某某邮寄配送被骗财物,相关物流公司的运力受到很大牵制,无法有效开展其他营运活动,对正常的物流运转秩序也起到干扰和破坏作用。因此,被告人李某某在实施诈骗过程中利用了“合同”,且其行为已破坏了“市场经济秩序”,对被告人李某某的行为应认定为构成合同诈骗罪。

【处理结果】

检察机关以被告人李某某涉嫌诈骗罪向人民法院提起公诉,人民法院认定被告人李某某犯合同诈骗罪,判处有期徒刑 7 年 6 个月,并处罚金 40 万元。被告人李某某提出上诉。同时检察机关以“一审判决事实认定正确,但定罪错误,造成罪刑不相适应”为由提出抗诉。上一级检察机关经审查后认为,抗诉正确,应予支持。

二审人民法院经审理认为,被告人李某某以非法占有为目的,通过虚构收货人信息,在与北京某公司签订、履行、变更合同的过程中,利用北京某公司网络购物系统漏洞骗取大量财物,其行为符合合同诈骗罪的犯罪构成,且诈骗数额巨大。依照《刑事诉讼法》第 236 条第 1 款第 1 项之规定,裁定驳回抗诉、上诉,维持原判。

(撰稿人:代广洋)

13.“借款型诈骗”的认定问题

——汪某诈骗案

【要旨】

1.“借款型诈骗”中，行为人是否具有非法占有的主观目的，应该针对具体案件，综合考虑借款人借款的理由、借款时的财务状况、借款后的实际用途、无法归还借款后的行为表现等多方面情况，按照借款中、借款后的各种主客观因素进行推定和整体判断，行为人在借款时隐瞒真实身份信息、无偿还能力的事实，借款后，将所“借”款项用于挥霍、赌博等违法犯罪活动，或者携款潜逃隐匿的，应当认定具有非法占有目的。

2. 对于“借款型诈骗”犯罪数额的认定应当坚持主客观一致原则，在主观上体现犯罪构成所要求的主观可非难性，又在客观上具有犯罪构成所需要的法益侵害性。

【基本案情】

被告人汪某，女，28 岁，天津市人。2016 年，被告人汪某使用化名“金某某”在网上认识被害人张某某、姚某某、张某甲、高某某、许某后，虚构自己为劳斯莱斯车模、有澳大利亚国籍，现居住在澳大利亚，丈夫在上市公司担任总经理等身份背景，骗取上述被害人信任后，通过微信多次以买房、装修、低价购买红酒、赎回基金等理由向上述被害人“借”钱。2017 年至 2020 年，被告人汪某以“名借实骗”的手段骗取被害人张某某 1,037,268 元(人民币，下同)，此外，2019 年春节期间，张某某通过微信发给被告人一个红包 8888.88 元；骗取被害人姚某某45,000元；骗取被害人张某甲 81,000 元；骗取被害人高某某122,000元；骗取被害人许某 286,000 元，共计骗取 1,571,268 元。案发前，被告人汪某退还被害人张某某 57 万元。

【争议问题】

对汪某的行为如何定性及犯罪数额的认定形成了两种不同的意见:

汪某不构成犯罪,该案属于民间借贷纠纷。汪某与张某某、姚某某等多名贷款人系基于真实的意思表示发生的借贷关系,在借款过程中汪某虽然具有虚构事实的行为,但其本人仍有归还的意愿,且该债务完全可以由贷款人向法院提起民事诉讼予以解决。

汪某以非法占有为目的,打着“借款”的名义,虚构事实,隐瞒真相,骗取他人财产,构成诈骗罪。2019 年春节期间,被害人张某某通过微信向被告人发送的 8888.88 元红包属于赠予,不应当认定为犯罪数额。首先,汪某具有非法占有他人财物的主观故意。汪某隐瞒真实姓名,虚构借款事由,无正常的收入来源,根本不具有偿还能力,且汪某将所得钱款均用于挥霍,事后存在隐匿情况,说明其借钱时根本没有想过要还钱,主观上具有非法占有他人财物的意图,符合诈骗罪的主观要件。其次,汪某实施了虚构事实骗取他人财物的客观行为。汪某向被害人虚构了其为劳斯莱斯车模、有澳大利亚国籍,现居住在澳大利亚,丈夫在上市公司担任总经理等虚假身份背景,以及其能够低价购买红酒等事实,骗取了多名被害人的信任,将巨额资金“借给”她。被害人正是因为受到汪某虚构事实的欺骗,产生汪某有偿还能力、正当的投资途径,能够获利并及时收回借款的错误认识,才将钱款“借给”汪某使用。如果汪某将资金的真实用途告知被害人,显然被害人是不会将钱款借给汪某用于挥霍的。因此,汪某实施了虚构事实的行为,使被害人产生错误认识,从而骗取被害人的财物,其行为符合诈骗罪的客观要件。

【评析意见】

该案涉及诈骗刑事犯罪与民间借贷纠纷区分。汪某虽然以借款的名义向被害人“借”款,但其行为符合诈骗罪的构成要件,应以诈骗罪定罪处罚。

一、“借款型诈骗”中非法占有目的的认定

司法实践中,民间借贷纠纷与诈骗行为通常交织在一起,难以区分,但民间借贷纠纷属于民事法律关系范畴,与诈骗罪有着本质的不同。在民间借贷关系中,借款人虽然一时不能归还债务,但其最初的借款行为完全是符

合法律和约定的民事行为，借贷双方意思表示真实，没有虚构事实或者隐瞒真相，借款人主观上没有非法占有的目的，实际上对借款也想归还，只是因为某种原因导致到期不能按时归还，从而造成贷款人的经济损失，这种情况应该按民事纠纷处理，不能以诈骗罪论处。而“借款型诈骗”，通常是以非法占有为目的，打着“借款”的名义，用虚构事实或者隐瞒真相的欺骗方法取得他人财产的行为。行为人在借款时是否具有非法占有的目的是区分民间借贷纠纷和“借款型诈骗”的关键所在，如果借款人是以非法占有他人财产为目的而骗得财产的，即便是通过“借”的形式实施，也应以诈骗罪定罪处罚。

在司法实践中，主观上是否具有非法占有目的既是控、辩双方必争的焦点，也是犯罪嫌疑人自我辩解的理由，从区分罪与非罪、此罪与彼罪的功能角度出发，非法占有目的确有存在的必要。然而，非法占有目的属于行为人主观上的思维活动，除了犯罪嫌疑人自己供认以外，其他人无法直接获知。实践中，想要通过直接证据或者口供来证实主观事实是非常困难的，但可以依靠推定的方法通过其他间接证据形成的证据链加以证实。最高人民法院《关于审理诈骗案件具体应用法律的若干问题的解释》中对“非法占有”情形的解释正是推定的结果。

就“借款型诈骗”的司法认定来看，行为人是否具有非法占有的主观目的，应该针对具体案件，综合考虑借款人借款的理由、借款时的财务状况、借款后的实际用途、无法归还借款后的行为表现等多方面情况，按照借款中、借款后的各种主客观因素进行推定和整体判断：

一是借款人借款的理由。正常的借贷关系中，借款人往往是在生产、生活上确实遇到了困难，确实无力独自解决，才会向他人借款，其借款的数额和利息也都在其可承受的范围之内，并且会告知借款的真实用途，让出借人知晓借出资金的用途和评估借款的风险，以决定是否借款。而在“借款型诈骗”中，行为人通常会编造一些虚假的困难事实、虚假的借款事由，或者以高额利息为诱饵，骗取对方的信任，使被害人产生其借出资金安全并能及时收回的错误认识，从而骗得借款。

二是借款人借款时的财务状况。正如上文所述，正常的借贷关系中，借款人借款的数额和利息都应在其自身经济实力可承受的范围之内，这样才能从客观上推定借款人有归还借款的意愿，比如借款人虽然虚构理由获得借款,并用于赌博造成借款无法按时归还,但其拥有的其他财产(房产、股票、汽车等)能够保证贷款人利益不受损失的,不宜认定其具有非法占有的目的。反之,行为人在本人负债累累或者没有任何偿还能力的情况下,虚构借款事由或者隐瞒无偿还能力的事实,且借款的数额和利息远超其经济实力,骗得借款后大肆挥霍无法归还,则应当认定其借款时没有偿还的意图。

三是借款后的实际用途。正常的借贷关系中,借款人基于生产、生活的迫切需要才向他人借款,一般已告知实际用途,所以获得借款后多是按照事先说明的用途使用钱款,这也符合对能否收回借款的风险评估。虽然实践中会出现借款人将借款用于其他用途的情况,但只要借款时双方没有特别承诺或者除外规定,且借款的使用风险也未明显超过原先约定的使用风险,则不宜认为借款人具有非法占有的目的。相反,如果行为人获得借款后,没有按照事先约定的用途用于正常的生产、生活,或是直接携款潜逃,或是将借款用于个人挥霍,或是用于赌博等高风险活动,或是以“拆东墙补西墙”的方式多次向他人借款,导致借款无法归还的,应当认定其具有非法占有的目的。

四是无法归还借款后的行为表现。正常的借贷关系中,借款人无法按时归还借款时,往往是遇到了不以主观意志为转移的客观困难,但其会尽其所能还款,暂时无法偿还的,也会向出借人说明原因求得谅解。但在“借款型诈骗”中,行为人在借款前会利用假名、假证件或假住址来掩盖真实身份,在借款后便销声匿迹,或者虽使用真实身份,但在骗得借款后通过变更居住地点、更换电话号码等方法隐匿行踪,这些行为也能够反映出行为人不愿归还借款的主观心态。

该案中,被告人汪某虚构自己的身份信息,营造出自己身价不菲的假象,并以此骗取被害人信任后,编造需要购房、可以帮忙买红酒、集资开公司等多种理由,以借款之名义,行诈骗之行为,且其本人无业,亦没有还款能力,获得钱款后全部挥霍一空,还曾出现过失联的情况,综合上述情节,可以认定其具有非法占有目的。

二、“借款型诈骗”犯罪数额的认定

从我国《刑法》的规定可以看出,诈骗类犯罪是数额犯,诈骗数额不仅是成立犯罪与否的重要标准,也是确定具体量刑幅度的重要指标,对于诈骗犯罪的正确定罪量刑,诈骗数额的准确认定具有十分重要的意义。但在刑法理论界和司法实务部门,对诈骗数额的认定争论较大,诈骗罪成立的必备条件之一就是行为人具有非法占有他人财物的目的,该主观上的状态应当在作为构成要件的犯罪结果上有所体现,而犯罪所得数额作为行为人期待数额的现实实现,体现了行为人对犯罪目的的实现程度。并且,作为实施犯罪最终实现的数额,在犯罪构成客观方面的地位毋庸置疑。总而言之,犯罪所得数额既在主观上体现犯罪构成所要求的主观可非难性,又在客观上具有犯罪构成所需要的法益侵害性,符合主客观相统一的犯罪构成评价原则,兼具定罪量刑的意义,故而以之作为诈骗罪构成数额最为适宜。

而且在借贷过程中,行为人为了继续维持非法占有他人财物的目的,或者继续向他人借款,存在主动归还被害人借款的行为,客观上减少了被害人的损失,从刑事政策的角度来看,如此规定更能督促诈骗人积极地还款,从而减少被害人的损失,减少诈骗行为对社会的危害程度。尤其是在"拆东墙补西墙"这种连环诈骗案件当中,行为人边骗边还,在一定时期内采用拆骗的方式连续多次实施诈骗行为,虽然行为人在形式上实施了多次诈骗,且每次诈骗行为都可能构成犯罪,但事实上只是一个整体的犯罪过程,在先诈骗行为都是为后续的诈骗行为作铺垫,行为人实质上只是基于一个犯意,实施了一个整体的诈骗行为,通过多次虚构事实、隐瞒真相的方法,骗取他人财物归自己使用,即骗—还—骗。从主观上看,行为人并非意图将全部诈骗所得据为己有;从客观上看,行为人有偿还以前诈骗所得的行为;从结果上看,被害人损失的并非全部被骗的财物。事实上,行为人未偿还的数额与行为人实际所得的数额通常是一致的,只是表述上的不同,而"未偿还说"的观点也在司法实践中得到了司法解释的采纳。

诈骗犯罪要求被害人基于诈骗人虚构的事实或者隐瞒真相的行为陷入错误认识,因此对于被害人具有明显赠予意思的款项,在符合常理的范畴内,不宜认定为诈骗数额。该案中,被害人张某某在过年期间给犯罪嫌疑人发送 8888.88 元红包,考虑到在春节这一特殊时期有赠予的习惯,且两人为微信好友关系,同时被害人张某某亦承认是赠予性质,因此该笔款项不予认定。而对于犯罪嫌疑人汪某辩称的张某某自愿赠予其的 40 万元,则明显不合常理,因此不采信犯罪嫌疑人供述。

【处理结果】

经审理,审判机关认为检察机关出示的证据能够相互印证,予以确认,综合考虑犯罪事实和量刑情节,于2020年11月13日作出一审判决,判处被告人汪某有期徒刑11年,并处罚金200,000元。

(撰稿人:潘宇　张迪)

14. 利用创建虚拟店铺骗取钱财的定性问题

——韦某某等人诈骗案

【要旨】

行为人使用虚假身份信息，虚构公司经营地点，利用网络平台，谎称通过实名注册认证、建立虚拟店铺、升级店铺、交流推广、交易、拍卖收藏品，能使客户收藏品高价出售，收藏品未交易成功逾期退还收取的实名注册、店铺钱款，取得客户信任后，骗取客户钱财的行为应认定为诈骗罪。

【基本案情】

被告人，韦某某，男，28 岁，系贵阳某网络科技有限公司的实际经营者。2018 年 3 月至 11 月，韦某某在经营贵阳某网络科技有限公司期间，虚构公司实际经营地及经营业务内容，雇佣伍某某等 18 人并进行欺骗话术培训，先后通过公司微信公众号平台，使用被告人韦某某非法获取的他人信息，通过打电话、加微信好友等手段联系客户，谎称在该公司平台通过实名注册认证、建立虚拟店铺、升级店铺、交流推广、交易、拍卖收藏品，帮助客户提高高价出售收藏品的成功率，客户收藏品逾期未交易成功的，将全部退还收取的相关款项，取得客户信任后，以少量居间服务，诱骗客户不断投入钱款，后拒绝联系客户。被害人张某某等 55 人通过微信、支付宝、银行转账等途径多次向被告人韦某某公司账户内转款，共计 22 万余元。

【争议问题】

对于韦某某的行为如何定性形成了两种不同的意见：

(1)被告人韦某某的行为构成诈骗罪。诈骗罪是指以非法占有为目的，使用骗取方法，骗取他人数额较大财物的行为。首先，被告人具有非法占有他人财物的主观故意。被告人韦某某隐瞒真实身份信息,虚构公司经营地、经营业务、经营状况,对员工进行欺骗话术培训并利用非法获取的个人信息联系客户,谎称为客户升级店铺提高高价出售收藏品的成功率等居间服务,客户收藏品逾期未交易成功的,将全部退还收取的相关款项,诱骗客户不断投入钱款。但韦某某成立的公司并无提供古玩居间服务的专业人才,夸大其经营能力,且韦某某要求公司员工隐瞒真实身份,在客户投入钱款升级店铺后拒绝与客户联系,即韦某某公司主要经营活动就是为了骗取他人钱财,明显具有非法占有目的。其次,韦某某实施了骗取他人财产的行为。韦某某对其公司员工进行培训,培训内容并不是珠宝古玩藏品的市场行情、相关产业政策等内容,不是为了提高员工的古玩交易居间服务的专业能力,而是为了诱使客户不断地花钱升级店铺,并且韦某某未实际提供居间服务或者提供少量居间服务,使被害人陷入了错误认识,自愿购买升级店铺。

(2)被告人韦某某的行为仅构成商业欺诈,属于民事纠纷,不构成诈骗罪。被告人具备实际建立虚拟店铺、升级店铺、交流推广、交易等能力,也存在通过其他媒体对外推广客户藏品的行为,提供服务的同时收取客户的费用也属正常。其对公司经营地点、规模以及公众号推销藏品的成功概率有所夸大,但仅系商业欺诈行为,尚不足以认定其构成诈骗罪。

【评析意见】

该案涉及刑事诈骗与民事欺诈界分问题。民事欺诈行为是指在设立、变更、终止民事权利和民事义务的过程中,故意告知对方虚假情况,或者故意隐瞒真实情况,诱使对方做出错误的表示的行为。民事欺诈与诈骗罪的区分关键是行为人主观上是否具有非法占有目的。对于非法占有目的认定要遵从主客观一致的原则从客观方面予以考量,如当事人达成民事法律关系的原因、双方是否有继续履行的意愿和行为、一方当事人能否通过民事诉讼等方式有效解决后续纠纷等综合判断。对于韦某某的行为定性,笔者同意第一种意见,即被告人韦某某的行为构成诈骗罪,应以诈骗罪定罪处罚,韦某某的行为不属于民事欺诈行为,理由如下。

一、韦某某及其业务员采用虚构事实、隐瞒真相的方法，以收取店铺费提供居间服务之名行骗取财物之实，实施了诈骗他人财产的行为

虽然刑事诈骗和民事欺诈客观上都表现为采用欺骗行为，但是二者的重点不同。民事欺诈是个别事实或者局部事实的欺骗，而诈骗罪则是对重要事实或者全部事实的欺骗。简单地说，在民事欺诈中行为人多是采用有针对性的欺骗手段促进交易，也就是通过增加被害人的信任或者减少被害人的担忧来实现交易目的，而不是希望通过上述欺骗手段获取被害人财物。在刑事诈骗中，行为人虚构了足以使被害人产生认识错误进而处分财物的事实，虚构的事实或者隐瞒的真相针对的仅是财产，被害人处分财产的主要原因就是行为人虚构的事实，交易本身形同虚设。

在该案中，被告人韦某某虚构事实、实施欺诈行为，足以使被害人陷入错误认识。一是韦某某隐瞒公司经营地点和规模。通过入职培训告知其招聘的业务员，让其对客户虚构隐瞒公司经营地点和规模，业务员与客户沟通不可使用真名，有逃避侦查打击的嫌疑；话术记录本，同案犯吕某某、伍某某、马某某等供述以及微信聊天记录等内容，能够证实韦某某要求员工对外宣称公司经营地点在北京、公司员工联系客户不使用真实姓名等情况。二是韦某某虚构开设、升级店铺可以为客户提供辅助销售的服务。韦某某对外宣称居间服务赚取介绍费，而实际上只是收取客户店铺费用，并不提供居间介绍的服务。被告人经营的中介服务平台的盈利模式主要是通过抓住被害人急于出手藏品的心理，通过编造各类活动来刺激被害人在该平台不断升级店铺来赚取利润实现盈利，其工作重心不是帮助客户寻找买家和推销藏品，而是打着能帮助被害人销售藏品的幌子诱骗被害人不断加大投入钱财。三是韦某某虚构了古玩交易平台的专业性。被告人经营的公司并没有了解古玩市场行情、古玩鉴赏等专业化人才，所有业务员入职前均接受过韦某某等人的专门话术培训，培训内容的主要内容就是如何让客户不断地花钱升级店铺，而非珠宝古玩藏品的市场行情、相关产业政策等内容。四是韦某某向客户虚构了平台交易量。公众号“四季珠宝古玩城”实名注册用户高达 2 万人，但从目前证据看，其成立至今实际通过平台交易的数量仅为个位数，该交易成功案例也是偶然发生的，与业务员的居间促成无关，实际发展的注册人数与实际交易量之间相差悬殊，更能说明该公众号的主业非居间服务而是赚取客户的注册费、升级费等。韦某某在工作群内多次发布议价、成交的虚假图片让员工发朋友圈,对外宣称平台买家多、交易量大,以此吸引客户,诱骗客户不停地升级店铺、参加活动。被害人一直处于交钱升级店铺可以将古玩快速售出的错误认识之中,自愿向韦某某等人交付了财产。

上述行为方式充分证实,韦某某组织员工发展客户的目的就是骗取客户的店铺费用,而不是提供平台、促进交易等对价服务,其主观目的是骗取客户的资金而不是继续履行合同,因此不是民事欺诈行为,而构成诈骗罪。

二、韦某某等人均对上述模式骗取被害人财物知情,且希望该结果发生,具有以非法占有为目的的犯罪故意

在司法实践中,对于大部分民事欺诈和刑事诈骗案件,从欺骗行为上即可对两者加以区分,但不可否认在某些情况下,"行为人是否具有非法占有的目的"成为区分民事欺诈和刑事诈骗的关键因素。

在该案中,韦某某利用创立的贵阳某网络科技有限公司,招聘业务员进行入职培训,有固定工作模式(诈骗模式),并且客户信息均由公司统一发放(韦某某非法手段获取),骗取被害人财物。(1)韦某某通过购买公民信息的违法犯罪方式获得潜在客户的联系方式,让员工通过拨打电话、添加微信方式联系客户,之后虚构给客户进行多方宣传,使用平台交易量大,客户的藏品极有可能出售,甚至已有买家看中客户的藏品等话术诱骗客户在其平台上开设店铺,在客户的藏品未能出售的情况下,继续使用高级店铺成交率更高等话术诱骗客户不停地花钱升级店铺。而韦某某并未履行其给客户承诺的对外宣传、推介藏品、促进交易等行为。根据韦某某及其业务员的供述和证人证言中可以得出,联系客户的目的就是利用被害人急于出售古玩的心理,使其在平台上建立店铺,骗取店铺升级费,对于后续平台不会提供相关服务他们也同样知情。(2)从现有证据看该平台运行近一年来,真实的成交记录微乎其微。员工伍某某、马某某等多人均证实公司只是卖店铺,至于客户的藏品能不能卖出去其根本不管,对于升级后的客户不再联系甚至拉入黑名单。(3)所有业务员都在接受韦某某等人的专门话术培训,培训的主要内容就是如何让客户一点一点地花钱升级店铺,而非珠宝古玩藏品的市场行情、相关产业政策等内容;韦某某辩称交易量小是因为客户定价太高不符合实际,但作为正规的交易平台,应当对客户藏品的真伪、实际价值进行有效评估,对于客户的定价进行指导或建议,而不是不管不顾。(4)被害人交付的“店铺升级费”等费用,最后均会打到韦某某的私人账户里,钱财用于支付员工工资以及个人消费。

上述行为均可以充分证明韦某某创建公司的目的就是骗取被害人财物,对于该笔财物具有以非法占有为目的的犯罪故意,所以韦某某构成诈骗罪。

三、被告人使用虚假身份信息,虚构公司经营地点,致使被害人无法通过民事诉讼获得救济

首先,被告人韦某某购买公民信息、虚构公司地点、让员工不使用真实姓名,该非正常的经营模式正是其为逃匿做准备。被告人虚构身份信息和经营地点,并做好了逃匿准备,致使客户无法通过民事诉讼获得救济,这显然不是民事欺诈,而是诈骗犯罪。

其次,经济活动中的违法行为是民事违法还是刑事犯罪,实质上还可以根据这一行为是否具有严重社会危害性来加以理论支持。韦某某等人骗取被害人店铺费的行为影响范围广,被害人有 55 人之多,共骗取金额达 22 万余元之多,具有社会危害性和刑事可罚性。客观上看,从被害人的选择物色,到微信平台的虚假氛围营造,到韦某某及其业务员与被害人的沟通交流骗取财物,再到事后分红提成、工资发放,韦某某的行为具有系统化、规范化特征,其从一开始就目的不纯,是有规划的诈骗行为,且公司规模呈逐步扩大的趋势,具有集团化性质,依法应予惩处。

最后,该案中韦某某主观上具有非法占有钱财的目的,客观上实施了虚构事实、隐瞒真相的诈骗行为,并且具有严重的社会危害性,所以构成诈骗罪。

【处理结果】

法院经审理认为,被告人韦某某以非法占有为目的,雇佣多人利用网络微信公众号平台,以帮助他人推广、售卖藏品等为由发布虚假信息骗取他人钱财,数额较大的行为,构成诈骗罪。

(撰稿人:王丽芳)

15. 恶势力犯罪与普通集团犯罪、团伙犯罪的区别

——杜某某等4人敲诈勒索案

【要旨】

恶势力犯罪与普通犯罪在理论上没有争议,可以说泾渭分明,但在多人、多起的团伙犯罪且社会影响力大的情况中,办案人往往不能把握案件的关键区分点,造成错误认定。恶势力犯罪与非恶势力犯罪的区别主要有以下几点:一是违法犯罪手段是否具有特定性,二是方式是否具有公开性,三是危害后果是否具有多重性。集团犯罪与团伙犯罪的主要区别主要有以下几点:一是成员人数是否符合法定要求,二是犯罪行为是否具有较为明确的犯罪目的性,三是犯罪组织是否具有相当的稳定性,四是犯罪组织是否具有较强的组织性。

【基本案情】

被告人杜某某与被告人王某、郑某某系亲属关系,与被告人刘某系邻居关系。被告人杜某某、王某、郑某某、刘某均无正式职业,自2011年至2019年间,被告人杜某某在天津市河北区、河西区、东丽区、红桥区、南开区、和平区等多家商户、医院购买商品或服务,以商品或服务存在质量问题,“打假”“维权”的名义向商户和医院勒索财物。由于商户和医院的防范意识逐步提高,由杜某某本人购买商品或服务逐渐困难。为此被告人杜某某逐渐发展被告人王某、郑某某、刘某参与犯罪,由被告人王某、郑某某,为其在网上提前查找相关商品的资料,并购买商品或服务,由被告人刘某协助被告人杜某某共同实施敲诈勒索犯罪。被告人杜某某、王某等人敲诈勒索犯罪至起诉前共查证属实84起。

【争议问题】

1. 在认定被告人杜某某等4人的行为是恶势力犯罪还是普通犯罪上形成了两种不同的意见：

（1）被告人杜某某的行为构成恶势力犯罪。

①杜某某等4人犯罪时间长、范围广。自2011年以来，杜某某等人先后80余次在天津市各区商铺、饭店、医院等处，以其所购买商品、菜品、药品及提供的服务有问题为借口，实施敲诈勒索犯罪。

②杜某某等人犯罪手段为“软暴力”手段。杜某某等人的犯罪手段主要是长时间滞留、随地便溺、言语威胁等“软暴力”手段，对被害人进行滋扰并向被害人勒索钱财。

③社会影响恶劣。杜某某犯罪集团疯狂作案，在全市商户、饭店、医院、药店等领域形成了极其恶劣的社会影响，侵犯了他人的合法财产和人身安全，并严重扰乱了有关部门正常的办公秩序。

（2）杜某某的行为不构成恶势力犯罪。

①杜某某犯罪集团没有“恶”向“黑”的演进关系及内在联系。杜某某从2011年开始犯罪，开始阶段均是单独犯罪，2015年至2019年，由于其多次实施“敲诈勒索”犯罪，被大多数商户所熟知，且本人身体疾病越发严重，行动不便，进而发展其儿子王某、儿媳郑某某、邻居刘某（王某、郑某某参与犯罪18起，刘某参与14起）参与犯罪，为其犯罪提供便利条件。大部分案件是其一人直接完成。犯罪集团的成立和发展原因不是杜某某主观上要扩大非法影响，谋求强势地位，因此其没有向黑社会性质组织演进的犯罪意图。

②杜某某犯罪集团的犯罪行为不具有暴力特征。杜某某等人的犯罪行为没有暴力、暴力威胁等手段，主要是以在商户内滞留、随地大小便的行为直接或间接导致商户商誉受损相威胁。

③杜某某的犯罪行为也不属于恶势力犯罪中的其他手段。现阶段被承认的恶势力犯罪其他手段，只有“软暴力”。“软暴力”有三个必要条件。一是对他人在有关场所进行滋扰、纠缠、哄闹、聚众造势等行为，二是足以使他人产生恐惧、恐慌进而形成心理强制，或者足以影响、限制人身自由、危及人身财产安全，三是影响正常生活、工作、生产、经营。需要符合最高人民法

院、最高人民检察院、公安部、司法部《关于办理实施“软暴力”的刑事案件若干问题的意见》中规定的6种情形,才能被认定“足以使他人产生恐惧、恐慌进而形成心理强制,或者足以影响、限制人身自由、危及人身财产安全”。现有证据证实杜某某在作案时没有限制被害人人身自由、危及人身财产安全。被害人不是基于恐惧、恐慌而被敲诈,被害人交付财物主要是因为杜某某在商户内滞留、随地大小便的行为直接或间接导致商户商誉受损,且杜某某要求被害人赔偿的数额较小一般只有几千元,被害人为了减少损失息事宁人,被迫交付财物。且杜某某的行为不符合最高人民法院、最高人民检察院、公安部、司法部《关于办理实施“软暴力”的刑事案件若干问题的意见》中规定的6种情形中的任何一种。因此杜某某的行为不符合“软暴力”特征。

④杜某某等人的犯罪行为方式不具有公开性。杜某某在犯罪中没有谋求非法影响,没有以“碰瓷”的恶名要求被害人给付钱款的情况。大多数的犯罪中杜某某本人身体有病、行动不便,被害人是健全人,杜某某一方人数少于被害人一方,被害人为商户或医院有一定的经济实力,杜某某为低保户,其余几名犯罪嫌疑人也基本无正当职业,经济实力也较差。因此杜某某一方并不处于强势地位。现有证据不能证实杜某某有其他“横行乡里”“肆无忌惮”的情况。

⑤杜某某的行为后果不具有多重性。杜某某犯罪目的主要是“侵财”,其主观上不具有危害社会主义市场经济等其他犯罪目的。侵犯的客体也主要是侵犯他人财产权。因此不符合多重性特征。

2. 在认定被告人杜某某等4人的犯罪是集团犯罪还是团伙犯罪上形成了两种不同的意见:

(1)杜某某等4人构成犯罪集团。

①杜某某犯罪组织,成员共有4人,在作案人数上符合“组织成员三人以上”的规定。

②杜某某犯罪有两个阶段。第一阶段是从2011年至2015年,这阶段主要是杜某某个人犯罪,第二阶段是从2015年至2019年,在此阶段杜某某由于长期“碰瓷”造成广大商户及医院等单位对其有了防范,不向其提供服务、贩卖商品,且杜某某本人因疾病加重,行动不便,杜某某发展其儿子王某、儿媳郑某某、邻居刘某加入犯罪,形成较固定的犯罪组织,从事敲诈勒索犯罪。

第一阶段主要是个人犯罪,第二阶段犯罪集团的成员为反复多次实施敲诈勒索犯罪,组织起来具有明确的目的性。

③第二阶段杜某某4人在5年时间内多次进行犯罪活动,并非临时或者偶尔纠合在一起的。犯罪目的明确,以侵犯他人财产权为犯罪目标,具有相当的稳定性。

④第二阶段杜某某4人的犯罪具有较强的组织性。在组织结构上,成员固定为4人。内部之间有较明确、固定组织分工,杜某某负责指挥、策划、具体实施犯罪。王某、郑某某主要负责向商家购买商品,查询相关商品或服务的品质、特点等信息,为杜某某"碰瓷"行为提供帮助。刘某负责为杜某某打车、查询路线、护送杜某某到达案发现场等工作,也属于为犯罪提供帮助的行为。同时王某、郑某某、刘某3人还直接参与了部分实行行为。杜某某负责组织、领导犯罪,系该案的首要分子,王某、郑某某积极参与犯罪属于骨干分子,刘某为一般成员。虽然杜某某案没有形成"纪律""帮规",但对于犯罪行为所有成员均服从杜某某的领导和指挥。

(2)杜某某等人不构成犯罪集团。

①没有成文或不成文的法律、法规规定。现有证据无法证实杜某某4人有明确的共谋过程,共同犯罪成员之间没有"帮规""纪律"等规范约束组织成员。

②犯罪组织成员内部没有较明确、固定等级划分。本案4名犯罪嫌疑人是基于血缘关系、居住关系而纠集在一起,而非为同一目的形成的犯罪集团。杜某某虽然处于领导地位,但其他犯罪嫌疑人之间没有层级划分。杜某某虽然处于领导地位,但其他犯罪嫌疑人之间没有层级划分。王某、郑某某、刘某3人之间没有明确的领导和被领导关系。3人主要都是帮助犯,在犯罪中的地位和作用也相当。

【评析意见】

一、该案是否认定恶势力犯罪,检察机关与审判机关的意见一致,同意第二种意见

恶势力犯罪有自己的判断标准,不能仅因持续时间长、范围广、影响恶劣、后果严重就认定构成恶势力犯罪,也不能因为符合部分恶势力犯罪的特征就认定构成恶势力犯罪,判断是否属于恶势力犯罪应当进行实质性判断。

《最高人民法院、最高人民检察院、公安部、司法部印发〈关于办理黑恶势力犯罪案件若干问题的指导意见〉的通知》明确指出以下几点是恶势力犯罪与普通犯罪集团的重要区别:

第一,恶势力组织是尚未形成黑社会性质组织的违法犯罪组织,这一表述,既明确了恶势力与黑社会性质组织间的内在联系,也厘清了恶势力与普通违法犯罪团伙的关系。恶势力在组织形式、行为方式、危害后果等方面与黑社会性质组织均有一定的相似之处,虽尚未达到黑社会性质组织的严重程度,但已经初具雏形,如果不加以限制和打击,就有可能发展成为黑社会性质组织。根据“恶”与“黑”的演进关系和内在联系,决定了恶势力实施违法犯罪活动一般都会不同程度地带有“形成非法影响、谋求强势地位”的意图。杜某某等4人敲诈勒索案中只是以侵犯财产为目的,始终没有演进出形成非法影响、谋求强势地位的意图。

第二,“为非作恶”不仅指行为性质具有不法性,同时也要求行为的动机、目的、起因带有不法性。杜某某的行为虽然具有不法性,从动机、目的、起因上分析主要是其因病无劳动能力,想通过敲诈勒索获利物质收益,改善自己的生活,犯罪动机和犯罪目的是的确具有侵财属性,但不能因符合恶势力犯罪的一个标准就认定恶势力犯罪。

第三,“欺压百姓”要求“为非作恶”的方式、手段带有欺凌、强制、压迫的性质,也就是要利用物理强制或心理强制手段侵害群众权益。因此,暴力、威胁应是恶势力较常采用的违法犯罪活动手段。也就是说,恶势力犯罪的逻辑是,“因为我强,所以被害人要服从我,被我压迫”,而杜某某的犯罪逻辑是,“因为我有病是弱势群体,你就应该同情我,应该赔偿给我钱。不赔偿就捣乱,干扰你正常生产、生活秩序”。首先,杜某某先占领了道德的制高点敲诈钱财,“我有病是弱势群体,你们是正常人有工作应该给我钱”;其次,杜某某靠干扰商户正常生产、生活秩序来敲诈财物,由于杜某某确有疾病行动不便,所以商户、医院甚至执法机关都“不敢动我”;最后,杜某某敲诈勒索的财物数额一般都是几百元、几千元不等,在被敲诈商户的接受范围以内,大部分被害人都本着息事宁人、多一事不如少一事的心理,交付了赔偿款。

第四,违法犯罪手段具有特定性。“欺压百姓”的特定含义决定了恶势力实施违法犯罪应当以暴力、威胁为主要手段。该案中杜某某没有使用暴力手段，或以暴力相威胁。

第五，方式具有公开性。恶势力实施违法犯罪活动一般都会不同程度地带有“形成非法影响、谋求强势地位”的意图，而且客观上要求“在一定区域或者行业内，造成较为恶劣的社会影响”，因此其实施违法犯罪活动必然具有一定的公开性，也就是通常所说的“横行乡里，肆无忌惮”，而普通共同违法犯罪通常采用较为隐蔽的方式实施，在实施犯罪后就设法隐匿踪迹、毁灭痕迹，不会有意制造或者放任形成不法影响。杜某某始终坚持其是“打假”，为自己的实施勒索行为找到合法的理由，不具有公开性。

第六，危害后果具有多重性。恶势力违法犯罪活动危害往往具有复合性，在侵犯公司人身、财产权利的同时，还会破坏市场经济秩序或者社会管理秩序。因此最高人民法院、最高人民检察院、公安部、司法部《关于办理黑恶势力犯罪案件若干问题的指导意见》第 5 条作出排除性规定，将“单纯为牟取不法经济利益而实施的‘黄、赌、毒、盗、抢、骗’等违法犯罪活动，不具有为非作恶、欺压百姓特征的”排除在恶势力案件之外。杜某某等人的行为就只有敲诈勒索一种，其目的仅是侵财，因此属于最高人民法院、最高人民检察院、公安部、司法部《关于办理黑恶势力犯罪案件若干问题的指导意见》第 5 条规定的单纯敲诈勒索犯罪活动。

二、被告人杜某某等 4 人的犯罪组织是集团犯罪

我们认为构成犯罪集团的标准可参考最高人民法院刑事审判指导案例第 413 号陈某伟等贩卖毒品案中有关于犯罪集团的分析。该判例分析中最高人民法院认为犯罪集团必须具备以下条件：(1)参加人数必须是 3 人以上。(2)具有较为明确的犯罪目的性。(3)具有相当的稳定性。(4)具有较强的组织性。

就该案而言，杜某某犯罪组织成员 3 人以上符合人数要求。在后一阶段也就是 2015 年至 2019 年，杜某某的犯罪组织成员反复多次实施敲诈勒索犯罪，无论是作案目标、作案手段、作案目的均具有明确的目的性。杜某某的犯罪并非临时起意或偶尔纠合在一起，具有稳定性的特征。以血缘和乡邻关系结成的犯罪组织结构，内部分工明确也有相对的较强的组织性。

【处理结果】

法院经审理认为,被告人杜某某、王某、郑某某、刘某均犯敲诈勒索罪,分别被判处有期徒刑9年至2年4个月不等,并均判处罚金。

(撰稿人:孟祥海)

16. 拒不支付劳动报酬案“数额较大”的认定

——郑某某拒不支付劳动报酬案

【要旨】

拖欠劳动报酬的时间应当以行为人实际应当支付劳动报酬的时间计算，拖欠其他福利待遇的数额及时间不应计入拖欠劳动报酬数额及时间。拒不支付劳动报酬的劳动者的人数及数额应当以政府有关部门责令支付的人数和劳动报酬数额计算，不应以行为人实际拖欠但政府相关部门未责令支付的劳动者的人数和劳动报酬数额计算。政府有关部门责令支付的劳动报酬数额和认定的拖欠时间超过实际应当支付的劳动报酬的数额和时间的，应当以实际情况计算。

【基本案情】

犯罪嫌疑人郑某某系天津市某某科技有限公司法定代表人。2015 年 1 月 13 日至 4 月 10 日，该公司因经营不善，拖欠该公司职工杨某甲、王某、韩某某、郭某某、杨某乙、丁某、刘某某、李某某、闫某、杨某丙等 10 名职工工资、公积金、社保金、垫付报销款等共计 291,859.1 元，其中拖欠公积金、社保金等福利待遇的起始时间为 2015 年 1 月 1 日，2015 年 4 月 10 日后，因公司办公室门锁被郑某某更换，10 名职工未能到公司上班。2015 年 4 月 30 日、5 月 7 日，该公司所在区的劳动监察部门两次责令该公司支付刘某某、杨某甲、李某某、郭某某、丁某、杨某乙 6 人 2015 年 1 月 13 日至 4 月工资共计 52,959.5 元，其余 4 名职工中 2 名职工在人民法院提起民事诉讼，2 名职工未到政府相关部门或相关司法机关要求权利救济。

【争议问题】

该案的焦点问题在于：一是 2015 年 4 月 10 日之后至劳动关系解除前，

用人单位是否应继续支付劳动报酬;二是公积金、医疗保险等福利待遇是否应计入劳动报酬;三是用人单位的部分劳动者虽被拖欠劳动报酬但本人未要求政府相关部门进行催收的,其人数和劳动报酬数额是否应计入拖欠人数和劳动报酬总额。对上述三个问题的不同认识,导致对郑某某是否构成拒不支付劳动报酬罪形成了两种不同的意见。

一、郑某某的行为构成拒不支付劳动报酬罪

该种观点认为,在拖欠劳动报酬的时间方面,2017 年 4 月 10 日以后,职工未能上班的原因是公司将门换锁,导致职工客观上无法上班,并非职工原因导致,且当时职工与公司的劳动关系尚未解除,基于劳动合同,公司应继续支付劳动者的劳动报酬。同时,部分职工到劳动监察部门报案时,劳动监察部门也催收了 4 月全月的工资。所以该公司拖欠职工的时间已经超过 3 个月。

在拖欠劳动者的劳动报酬范围方面,除了劳动监察部门催收的工资以外,其他拖欠的福利待遇,如医疗保险、公积金等也是基于劳动关系产生,是用人单位依法应当支付的范畴,应当计入犯罪数额。

在拖欠劳动者的人数和劳动报酬数额方面,应当以用人单位实际拖欠的人数和劳动报酬数额计算,而不应当以劳动监察部门催收的人数和数额计算。

因此,郑某某拖欠劳动者的报酬的时间已经超过 3 个月,每名职工拖欠劳动报酬超过 1 万元,且拖欠劳动者的人数和劳动报酬总额分别超过了 10 人、6 万元,应当以拒不支付劳动报酬罪追究郑某某的刑事责任。

二、郑某某的行为不构成犯罪

该种意见认为,拖欠劳动报酬的时间应当以行为人实际应当支付劳动报酬的时间计算,拒不支付劳动报酬罪处罚的是经相关部门责令支付仍然不支付的行为,单纯的拖欠而无政府相关部门催收的,属于劳动合同纠纷,不宜用刑法评价。其他福利待遇方面,司法解释已经予以明确,不应计入劳动报酬的范围。拒不支付劳动报酬的劳动者的人数及劳动报酬的数额应当以政府有关部门责令支付的人数和劳动报酬数额计算,不应以行为人实际拖欠但政府相关部门未责令支付的劳动者的人数和劳动报酬数额计算。因此,郑某某拖欠劳动报酬的时间为 2015 年 1 月 13 日至 4 月 10 日,实际不足 3 个月,且拖欠劳动报酬的人数为 6 人,不足 10 人,故根据天津市的相关规定,没有达到追诉标准,郑某某的行为不构成犯罪。

【评析意见】

对于拒不支付劳动报酬罪的拖欠劳动时间、劳动报酬数额和人数的计算,根据现行法律、法规,上述第二种意见更为合理。

2016 年 12 月 22 日,天津市高级法院、市检察院、公安局、司法局《关于刑法部分罪名数额执行标准和情节认定标准的意见》第 51 条规定,以转移财产、逃匿等方法逃避支付劳动者的劳动报酬或者有能力支付而不支付劳动者的劳动报酬,具有下列情形之一的,应当认定为《刑法》第 276 条之一第 1 款规定的"数额较大":拒不支付 1 名劳动者 3 个月以上的劳动报酬,数额在 1 万元以上的;拒不支付 10 名以上劳动者的劳动报酬,数额累计在 6 万元以上的。

根据这一意见,拖欠劳动报酬的时间、总人数、数额成为认定拒不支付劳动报酬罪是否"数额较大"的要素。

一、拖欠劳动报酬的时间范围的界定

具体到该案,2015 年 4 月 10 日之后涉案公司是否应当继续发放劳动报酬而没有发放?这关系到是否应当将 2015 年 4 月 10 日至解除劳动关系之前的时间均计入拖欠劳动报酬的时间。

回答上述问题的关键在于,在非因劳动者原因造成单位停工、停产超过一个工资支付周期,并且劳动者未提供劳动的情况下,公司是否应当支付劳动报酬。对于这一问题,现行法律和部门规章未作明确规定。根据劳动和社会保障部(含劳动部)(已撤销)1995 年 1 月 1 日施行的《工资支付暂行规定》第 12 条规定,非因劳动者原因造成单位停工、停产在一个工资支付周期内的,用人单位应按劳动合同规定的标准支付劳动者工资。超过一个工资支付周期的,若劳动者提供了正常劳动,则支付给劳动者的劳动报酬不得低于当地的最低工资标准;若劳动者没有提供正常劳动,应按国家有关规定办理。但是《劳动法》及《劳动合同法》没有对停产停业期间职工劳动报酬发放的具体问题作出规定。

各省规定也不一致,部分省份规定发放生活费。例如,2007 年 11 月 23 日施行的《北京市工资支付规定》第 27 条规定,非因劳动者本人原因造成用人单位停工、停业的,在一个工资支付周期内,用人单位应当按照提供正常劳动支付劳动者工资;超过一个工资支付周期的,可以根据劳动者提供的劳动,按照双方新约定的标准支付工资,但不得低于本市最低工资标准;用人单位没有安排劳动者工作的,应当按照不低于本市最低工资标准的70%支付劳动者基本生活费。国家或者该市另有规定的从其规定。

部分省市没有对此作出明确规定。如2007年5月11日施行的《江西省工资支付规定》第21条规定,非因劳动者原因造成停工、停产、歇业,未超过一个工资支付周期的,用人单位应当按照劳动合同约定的工资标准支付工资。超过一个工资支付周期,用人单位安排劳动者工作的,按照双方新约定的工资标准支付工资,但不得低于当地最低工资标准;未安排劳动者工作的,按照国家有关规定办理。

部分省市对此问题则未作规定。如2006年10月1日施行的《辽宁省工资支付规定》第35条规定,用人单位停工、停业在一个工资支付周期内的,应当按照合同约定的标准支付劳动者工资;超过一个工资支付周期的,可以根据劳动者提供的劳动,按照双方重新约定的标准支付劳动者工资。劳动者提供了正常劳动的,支付的工资不得低于当地最低工资标准。这一规定未规定停工停业超过1个月且劳动者未提供劳动的情况如何办理。2014年1月1日实行的《天津市工资支付规定》第27条第1款规定,非因劳动者本人原因造成用人单位停工停产,未超过一个工资支付周期的,用人单位应当按劳动合同约定的工资标准支付劳动者工资;超过一个工资支付周期用人单位安排劳动者工作,经与劳动者协商一致,可以变更劳动合同,调整其工资标准,但不得低于本市最低工资标准。这一规定未规定停工停业超过1个月且劳动者未提供劳动的情况如何办理。

从上述部门规章和各地的规定可知,对于停工停产期间职工没有提供劳动的,是否应当发放工资或生活费,部分地区规定了停工停产期间应当发放基本生活费;天津市及部分省份没有作出规定。笔者认为,既然天津市没有相关规定,就不应该将停工停业且职工未提供劳动的期间作为支付劳动报酬的时间段进行计算。即使根据部分省市的做法,公司应当支付劳动者基本的生活费,该生活费也不属于"劳动报酬"的范畴。

二、"劳动报酬"范围的确定

依据相关规定,生活费、公积金、医疗保险等不属于劳动报酬,不应计入犯罪数额。2013 年 1 月 16 日最高人民法院《关于审理拒不支付劳动报酬刑事案件适用法律若干问题的解释》第 1 条规定，劳动者依照《劳动法》和《劳动合同法》等法律的规定应得的劳动报酬，包括工资、奖金、津贴，延长工作时间的工资报酬，及特殊情况下支付的工资等，应当认定为《刑法》第 276 条之一第 1 款规定的劳动者的劳动报酬。

1990 年 1 月 1 日国家统计局《关于工资总额组成的规定》第 10 条规定，特殊情况下支付的工资包括：(1) 根据国家法律、法规和政策规定，因病、工伤、产假、计划生育假、婚丧假、事假、探亲假、定期休假、停工学习、执行国家或社会义务等原因按计时工资标准或计时工资标准的一定比例支付的工资；(2) 附加工资、保留工资。按照该规定，即使涉案公司在停工停产期间应当支付给职工生活费，该生活费也不能作为劳动者的劳动报酬计入犯罪数额。

根据上述国家统计局《关于工资总额组成的规定》第 3 条第 1 款规定，工资总额是指各单位在一定时期内直接支付给本单位全部职工的劳动报酬总额。第 2 款规定，工资总额的计算应以直接支付给职工的全部劳动报酬为根据。第 11 条第 2 项规定，有关劳动保险和职工福利方面的各项费用不列入工资总额的范围。

根据上述规定，涉案 6 名职工的社保和公积金等不属于劳动报酬的范畴，其既不属于工资、特殊情况下支付的工资，更不属于津贴、补贴。

三、劳动者人数的认定

刑法及相关司法解释均未明确规定，未被纳入政府相关部门责令催收范围的劳动者的人数及劳动报酬是否计入犯罪数额，对此存在两种不同的意见。笔者认为，只有被纳入政府有关部门责令催收范围的劳动者的人数和劳动报酬才能作为犯罪数额进行统计。根据《刑法》第 276 条之一第 1 款规定，逃避支付劳动报酬或者有能力支付而不支付劳动报酬，数额较大，经政府有关部门责令支付仍不支付的，构成拒不支付劳动报酬罪。根据上述规定，拒不支付劳动报酬罪是指行为人不履行政府相关部门规定的作为义务而构成犯罪的情况。只有经政府有关部门责令支付仍不支付的行为才构成该罪。换言之，即使行为人有转移财产、逃匿或者声称拒不支付劳动报酬，但未经政府有关部门责令支付的不成立该罪。所以只有经政府有关部门责令支付的劳动报酬的数额才能纳入犯罪数额进行统计。该案共有6名职工到劳动监察部门反映工资拖欠情况,涉案劳动监察部门责令涉案公司支付的也只有6名职工工资,未要求涉案公司支付10名职工工资,其余4名职工的工资劳动监察部门未责令涉案公司支付。对于其余4名职工,政府相关部门未要求郑某某履行作为义务,故该4人及对应的劳动报酬的数额就不应计入犯罪数额。故依照《刑法》第276条之一的规定,经过政府部门责令支付仍不支付的仅有6人,没有达到10人的追诉标准。

四、责令支付内容与实际情况不符的认定

需要注意的是,如果政府相关部门责令支付的劳动报酬的范围超过了用人单位应当支付的数额的,应当以实际数额认定,因为政府相关部门无权责令用人单位支付其不应该支付的劳动报酬,司法机关也不能以与实际情况不符的责令文书作为定案依据。同时,如用人单位责令支付的劳动报酬的数额和人数低于实际数额和人数的,应当以责令支付的内容作为定案根据,因为拒不支付劳动报酬罪的处罚原因在于行为人违反了政府相关部门规定的作为义务,而非用人单位对劳动者违约而承担的违约责任。该案中,劳动监察部门责令郑某某支付职工4月的全月工资,如按照这一责令内容支付,则郑某某拖欠员工的工资时间超过了3个月,但是这一责令的内容与查明的事实不符,应当依据查明的事实和相关工资支付规定计算拖欠劳动报酬的时间和数额。

综上,郑某某在2015年4月10日之后不应当再支付劳动者的劳动报酬,其被责令支付劳动报酬的人数不足10人,以上两项均未达到追诉标准,故不构成犯罪。

【处理结果】

河北区人民检察院检察委员会经研究认定,郑某某拖欠职工劳动报酬时间不足3个月,政府相关部门责令其支付职工工资人数不足10人,情节显著轻微、危害不大,不构成犯罪,依据《刑事诉讼法》第15条第1项和第173条第1款的规定,决定对郑某某不起诉。

(撰稿人:叶永涛)

17. 金融信贷型黑社会性质组织的认定

——阎某某等人组织、领导、参加黑社会性质组织案

【要旨】

检察机关办理金融信贷型黑社会性质组织案件，准确把握“黑”与“商”之间的关系、黑社会性质组织与企业实体之间的关系，厘清各罪之间的逻辑关系，构建基本犯罪模型，紧紧围绕黑社会性质组织 4 个特征，从骗取贷款、高利放贷、违法催收等方面构建论证体系，透过表象发现其黑社会性质组织本质，坚决做到精准打击、不枉不纵。

【基本案情】

被告人阎某某，男，1973 年 10 月 4 日出生，天津市 A 公司实际控制人；

被告人潘某某，男，1970 年 2 月 6 日出生，天津市 A 公司副总经理；

被告人马某某，男，1975 年 2 月 21 日出生，天津市 A 公司副总经理；

其他被告人从略。

自 2011 年以来，被告人阎某某以其实际控制的 A 公司为活动据点，通过招聘员工、笼络亲友等方式，雇佣财务等专业人员，网罗大量刑满释放人员，逐步建立以阎某某为组织领导者，被告人潘某某、马某某等人为骨干成员，被告人吴某某、袁某某等人为积极参加者，被告人田某某、杜某某等人为其他参加者的实施违法犯罪活动的黑社会性质组织。该组织人数众多，骨干成员固定，层级结构明确，以公司运营方式对组织成员进行职责分工和日常管理。

为攫取非法利益，该黑社会性质组织利用阎某某实际控制的 A 公司等多家公司，通过骗取银行贷款、高利转贷、高利放贷等方式，采取非法限制他人人身自由，威胁、恐吓、滋扰等方式对他人形成心理强制、威慑，强迫企业

交易,贿赂国家工作人员等犯罪手段,索取、侵占他人财产及企业资产,聚敛巨额非法财产,用以支持组织活动,壮大组织实力,扩大组织影响力,严重破坏金融秩序和企业营商环境。

各罪具体情况从略。

【争议问题】

对于阎某某等人的行为是黑社会性质组织犯罪,还是公司主体是民营企业仅在经营过程有部分违法犯罪行为,形成了两种不同的意见:

(1)阎某某等人行为构成黑社会性质组织犯罪。阎某某实际控制的 A 公司本质是“合法的民营企业”掩盖下的金融信贷型黑社会性质组织,阎某某等人通过合法经营的形式来掩盖违法犯罪的实质,不管形式如何变化,只要符合黑社会性质组织四个特征,就应当以组织、领导、参加黑社会性质组织罪论处。

(2)阎某某等人行为不构成黑社会性质组织犯罪,仅为一般个体犯罪。阎某某到案后始终辩解其是合法的民营企业,没有参加任何犯罪,其辩护人提出不存在所谓的黑社会性质组织,且阎某某经营部分企业确有合法经营活动,阎某某本人也一直以“民营企业家”形象自居,通过设立公司、企业等实体,公司中涉及的犯罪仅为潘某某、马某某等公司员工个人实施。

【评析意见】

阎某某经营部分企业确有合法经营活动,其本人也一直以“民营企业家”形象自居,通过设立公司、企业等实体,将潘某某等组织成员“变身”为公司经理、企业员工,将组织行为包装成公司、企业的经营行为,将组织财物与企业合法资产混在一起,给黑恶犯罪特征的认定以及各犯罪嫌疑人在组织集团中的地位的认定增加了难度。阎某某等人通过合法经营的形式来掩盖违法犯罪的实质,符合黑社会性质组织的四个特征,应当以组织、领导、参加黑社会性质组织罪论处。具体分析如下:

1. 组织特征

阎某某系实际控制数家公司,统称为 A 系公司。其利用部分公司员工,并网罗大量刑满释放人员、社会闲散人员,逐步形成较稳定的犯罪组织。其成员包括以下三类：

第一，负责讨债活动的骨干成员。骨干成员潘某某、马某某均系刑满释放人员，被阎某某招募后长期在其实际控制的A系公司中担任重要职务，且实质上是在阎某某的授意下负责指挥下级人员实施聚众斗殴、寻衅滋事、非法拘禁等违法犯罪活动。

第二，一般讨债人员。吴某某等人明知阎某某等人属于以实施违法犯罪为基本活动内容的组织，仍加入并接受领导和管理，名义上是A系公司"司机""临时工""保安"等人员，实质上作为"打手""讨债人员"，在骨干的指挥、组织之下参与实施具体违法犯罪活动。

第三，财务人员。史某曾为银行工作人员，被阎某某招募后成为A系公司财务负责人，负责该组织对外资金往来及协助阎某某进行骗取银行贷款、高利转贷等金融犯罪活动。侯某某也具备金融机构工作背景，参与该组织的金融犯罪活动。

2. 经济特征

阎某某为首的黑社会性质组织自2011年起利用所控制的公司、财产，大肆从银行申请贷款，并在贷款过程中使用虚构项目、伪造交易合同等欺骗手段。该组织将获取的银行信贷资金用于高利放贷，非法获取银行资金达11.7亿余元。通过高利转贷、高利放贷，非法获利达1307万余元。具体而言，史某等财务人员负责通过骗取贷款、票据承兑等犯罪方式骗取银行资金并结合其他自有资金对外进行高息放贷。一旦借款无法按期偿还高息债款，该组织骨干潘某某、马某某便会指挥、网罗刑满释放人员、社会闲散人员充当"司机""临时工""保安"开展非法催收活动，对借款人采取非法拘禁、寻衅滋事、破坏生产经营等犯罪手段追索高息债款，甚至虚设债务，升级犯罪手段，直接使用敲诈勒索、抢劫手段获取他人财富。该案共计52起有组织犯罪事实，经审查发现大部分罪名均与骗取银行贷款、高息放贷、非法催收债款等金融信贷活动有关。统计情况如下：故意伤害1起，涉及金融、放贷的犯罪1起，案情与银行贷款相关；高利转贷10起，涉及金融、放贷的犯罪10起，案情与银行贷款相关；骗取贷款、承兑汇票18起，涉及金融、放贷的犯罪18起，案情与银行贷款相关；抢劫1起，涉及金融、放贷的犯罪1起，案情与催收相关；敲诈勒索1起，涉及金融、放贷的犯罪1起，案情与催收相关；非法拘禁 7 起,涉及金融、放贷的犯罪 7 起,案情与催收相关;伪造国家机关证件 1 起,涉及金融、放贷的犯罪 1 起,案情与催收相关;诬告陷害 1 起,涉及金融、放贷的犯罪 1 起,案情与催收相关;寻衅滋事 4 起,涉及金融、放贷的犯罪 2 起,案情与催收相关;强迫交易 1 起,涉及金融、放贷的犯罪 1 起,案情与催收相关;破坏生产经营 1 起,涉及金融、放贷的犯罪 1 起,案情与催收相关;聚众斗殴 3 起,涉及金融、放贷的犯罪 1 起,案情与催收相关;虚假诉讼 1 起,涉及金融、放贷的犯罪 1 起,案情与催收相关;行贿 2 起,涉及金融、放贷的犯罪 1 起,案情与催收(为"抹平"催收中的聚众斗殴)相关;总数 52 起,涉及金融、放贷的犯罪共计 47 起。

自该组织成立起,上述犯罪模式不断循环,金额也以"滚雪球"的方式不断扩大,属于典型的"以商养黑""以黑护商"。

3. 行为特征

该组织为树立非法权威、获取非法经济利益,以暴力、"软暴力"等手段,有组织地实施违法犯罪活动。其手段包括以下三类:

第一,贷款不成使用暴力。该组织实施的首起犯罪活动,便具备高度的组织性、暴力性。2011 年 5 月,因时任某银行某支行行长的被害人任某某不同意与阎某某控制的公司开展贷款业务,阎某某心生不满决定报复,由骨干马某某安排吴某某具体负责执行,经纠集人员、跟踪踩点、购买工具后,该组织招募而来的打手在某小区内公然持砍刀、棍棒对被害人任某某进行殴打,致其骨折、肌腱断裂,身体多处砍伤、裂伤。

第二,索取高息债款中使用暴力。为索取巨额高息债款,该组织非法拘禁多名被害人,对部分被害人不仅限制人身自由,威胁恐吓,还进行殴打、侮辱,如使用热汤烫双腿,用蒸汽熨斗烫前胸和腰部,用仿真枪打上身,用黄瓜蘸辣椒油捅肛门,脱了衣服在海河冷水中站立。在对被害人虚设债务后,通过用手铐铐、用电棍电击索取财物。

第三,索取债务中使用"软暴力"等其他手段。在传统的暴力手段之外,该组织利用其势力和影响,以"谈判""协商""保护"之名实施"软暴力"行为。在新濠广场寻衅滋事案,炫联广场寻衅滋事案,被害人李某、钟某某被寻衅滋事案等案中,该组织采用威胁、恐吓、滋扰、哄闹、聚众造势等"软暴力"手段持续进行施压,绝非正常"谈判""协商",严重扰乱他人及企业正常的生活、工作、生产、经营秩序。

在一系列非法拘禁中,该组织成员轮班“盯着”被害人,白天跟随、晚上同住、出差同行、外出汇报,以致被害人冯某身患重病却有家难回、被害人孟某跳入冰冷海河、被害人薄某某两年间难与家人见面,以上种种绝非正常的“开车”“保护”,而是足以使他人产生恐惧恐慌进而形成心理强制,足以影响限制人身自由的犯罪行为。

4.危害性特征

该组织称霸一方,破坏了天津市金融领域秩序和相关行业的营商环境,在民营经济领域形成重大影响。一方面通过骗取银行贷款、高利转贷、非法高利放贷等违法犯罪活动获取巨额经济利益,严重破坏金融领域行业营商环境;另一方面在阎某某的组织指挥下,该犯罪组织多次采取暴力、威胁等手段,以索取高息债款等名义,实施抢劫、敲诈勒索、聚众斗殴、寻衅滋事、非法拘禁、强迫交易、破坏生产经营等违法犯罪活动。阎某某等人“以商养黑,以黑护商”,借助其组织形成的威慑力、影响力,随意殴打他人,非法限制他人人身自由,采取暴力、威胁、恐吓、滋扰等手段,索取、强占他人财物及企业资产,为非作恶,欺压、残害群众,严重破坏金融秩序,严重破坏社会治安,严重妨害社会管理秩序,严重妨害司法公正,严重侵害了人民群众的财产安全和合法权益,严重影响人民群众安全感和地区和谐稳定,社会危害性极大。

【处理结果】

法院经审理认为,被告人阎某某犯组织、领导黑社会性质组织罪,抢劫罪,敲诈勒索罪,聚众斗殴罪,寻衅滋事罪,故意伤害罪,非法拘禁罪,骗取贷款,票据承兑罪,高利转贷罪,强迫交易罪,虚假诉讼罪,诬告陷害罪,行贿罪,伪造国家机关证件罪,破坏生产经营罪,数罪并罚,决定执行有期徒刑25年,剥夺政治权利8年,并处没收个人全部财产。组织内其他成员判决结果从略。

(撰稿人:黄贺　郭膳溥)

18. 涉黑案件中如何核查线索、发挥审前主导作用

——唐某某等17人组织、领导、参加黑社会性质组织案

【要旨】

检察机关在办理涉黑涉恶案件中,面对线索来源渠道多、数量大、涉及面广的现状,要强化线索排查,通过对扣押证据综合分析、关联对比,引导侦查机关反向思维侦查、主动跟进取证,有效核查群众举报。要注重发挥审前主导作用,通过提前介入侦查、退回补充侦查,明确侦查方向,及时追诉漏罪漏犯,深挖涉黑"保护伞"线索。要紧盯涉黑案件反映的突出问题,积极运用检察建议参与社会治理,推动相关行业治乱专项整治,推动被建议单位堵塞治理漏洞。

【基本案情】

被告人唐某某,男,29岁,无业。因犯故意伤害罪,于2016年2月2日被判处拘役6个月缓刑8个月。因犯非法侵入住宅罪,于2017年5月10日被判处有期徒刑11个月。

被告人邵某某,男,31岁,农民。因犯故意伤害罪,于2016年2月2日被判处拘役6个月缓刑8个月。因犯非法侵入住宅罪,于2017年5月10日被判处有期徒刑1年。

被告人吴某某、段某甲、朱某某、白某某、杨某某、刘某某、兰某某、纪某某、王某甲、王某乙、张某甲、段某乙、张某乙、李某杰、徐某龙等人基本情况从略。

2012年8月,被告人唐某某在天津市某区实施高利放贷活动,雇佣社会闲散人员邵某某、段某甲、纪某某非法讨债。2013年3月27日,被告人唐某某成立"天津市××寄卖商行",后陆续成立"北京××投资管理有限公司"

“唐山市××商贸有限公司”“天津××畜禽养殖有限公司”“天津××商贸有限公司”(以下均简称××天祥公司),有组织地进行高利放贷活动并非法讨债,以达到非法攫取经济利益的目的。2012年8月至2018年12月,为了扩大犯罪组织势力,唐某某逐渐以朋友、亲属等关系为纽带,发展、吸收、雇佣社会闲散人员、刑满释放人员加入该组织,先后吸收、雇佣了被告人邵某某、吴某某、段某甲、朱某某、白某某、杨某某、刘某某、兰某某、纪某某、王某甲、王某乙、张某甲、段某乙、张某乙、李某杰、徐某龙、张杨(另案处理)。该组织逐步形成以被告人唐某某、邵某某为组织者、领导者,被告人吴某某、纪某某、兰某某、刘某某、王某甲、白某某、段某甲、杨某某、朱某某、李某杰、张某甲为积极参加者,被告人张某乙、徐某龙、段某乙、王某乙为其他参加者的人数较多、结构稳定、内部分工明确的黑社会性质组织。

该组织内部分工明确,管控严密。被告人唐某某决定公司的管理制度、重大决策,支配、控制组织资产,组织、指挥、参与部分暴力催收活动。邵某某被任命为公司总经理,负责公司全面业务,协助唐某某管理公司内部日常事务,组织、指挥、参与大部分暴力催收活动;吴某某、徐某龙单独高利放贷并参与公司暴力讨债;兰某某被任命为公司审批部主管,积极参与公司暴力讨债;纪某某被任命为公司催账部主管,积极参与公司暴力讨债;朱某某管理公司财务;王某乙为公司业务部主管,主要负责手机分期放贷活动;刘某某、王某甲、白某某、段某甲、杨某某、张某甲、张某乙为公司员工,参与公司暴力、软暴力催收。被告人唐某某以××天祥公司为依托,对组织成员实行管理并制定了相应奖惩措施;安排食宿,按职责、分工不同实行不同工资标准豢养组织成员;对有过错的组织成员进行淘汰,并通过实施暴力、威胁手段巩固其领导地位,维护组织稳定。如徐某龙表示退出该公司后遭到唐某某殴打,并以留下手指相威胁,通过这些暴力威胁手段达到对组织成员的控制。

该组织通过实施一系列犯罪活动,攫取巨额经济利益,具有较强的经济实力。该组织采用打双倍条、“砍头息”、制造虚假银行流水等“套路贷”的方式及以“手机分期”的名义从事高利放贷,有组织地以暴力、软暴力等方式非法讨债进而攫取经济利益。为攫取更多非法利益,经唐某某同意,吴某某、徐某龙、张杨以××天祥公司的名义,单独进行高息放贷,公司派人讨债并提取收回利息的25%。公司对组织成员按月发放工资,年底发放奖金。公司成员因讨要高利贷涉嫌犯罪被羁押期间,由公司提供其在看守所的生活费、过年向家属发放工资、送慰问品,并由公司负责赔偿被害人。2017 年因非法侵入住宅判刑的成员被释放后,由公司出资供其携家属旅游。目前在案扣押宾利、玛莎拉蒂、奔驰、奥迪、宝马、大众等涉案车辆共23 辆。经审计,唐某某高利放贷达2796 万余元、吴某某高利放贷达800 万余元、张某丙高利放贷达143 万余元、徐某龙高利放贷达45 万余元。

该组织为获取非法经济利益,有组织地实施非法讨债,采取非法拘禁、殴打、电击、喷辣椒水等暴力手段及喷字、摆放花圈等软暴力手段强行索债。为谋取经济利益,打击竞争对手,指使手下殴打与其争夺利益的其他放贷人员,逞强立威。现已查明有组织地实施犯罪26 起,为非作恶,欺压、残害百姓,情节恶劣,后果严重。

该组织所实施的违法犯罪活动,给被害人及其家属造成严重的经济损失和精神创伤,严重影响了被害人及其家庭的生产、生活。部分被害人遭受不法侵害后外出躲藏不敢回家;被害人张某刚为了偿还高息,走上了盗窃的犯罪道路;被害人慑于该组织的势力和手段,不敢举报;即使有的被害人报警,在警察到现场后,害怕被打击报复,也不敢如实陈述,严重破坏了当地的经济、社会生活秩序,造成了恶劣的影响。

【争议问题】

涉黑涉恶案件线索来源渠道多、数量大、涉及面广,犯罪证据体量大,犯罪事实繁杂,办理案件中主要存在“如何做好线索排查”“如何发挥审前主导”“如何参与基层社会治理”等三方面的问题。

(1)关于如何做好线索排查问题。在办理该案件初期,侦查机关为全面彻查该团伙违法犯罪事实,向社会公开征集线索,但部分被害人碍于该组织的势力,不敢举报。检察机关详细了解该案线索核查情况,向侦查机关提出引导侦查取证意见。一是强化线索核查,改变侦查思维。为彻底查明该组织违法犯罪次数、手段、规模及经济损失数额、违法犯罪所得,彻底打消被害人顾虑,建议侦查机关以侦查扣押的被告人账本为“侦查突破口”,扣押账本记载着从该公司借款人的名单,遂要求侦查机关转变侦查方向,核实账本记载借款人,反向侦查取证。二是做好线索分析研判,及时跟进取证。建议做好线索的排查分析、研判、处置,由被动接受被害人报警,到主动找借款人员核实,及时跟进取证,消除被害人顾虑。

(2)关于如何发挥审前主导作用问题。检察机关如何在涉黑案件中发挥法律监督职能作用,进一步严格证据证明标准,落实“在办案中监督、监督中办案”的理念?检察机关要在办理该类案件中,注重对排查梳理、串并分析,深挖隐藏在幕后的涉黑涉恶犯罪线索。在提前介入引导侦查、提讯犯罪嫌疑人、听取被害人意见、阅卷等过程中重点审查、核实违法犯罪背后是否存在“保护伞”,做到办案全流程深挖“保护伞”线索。检察机关认真审查案卷,依法讯问了犯罪嫌疑人,认真听取被害人意见,对关键证据进行自行复核,走访部分犯罪现场,提高认定证据的精准度。为进一步夯实案件证据基础,针对案件存在问题,检察院共向侦查机关提出 86 条补充侦查意见,要求补查:一是围绕黑社会性质组织四个特征进行取证,要求侦查机关查清掌握的所有的犯罪线索,参与的人数、作案人员在共同犯罪中的地位和作用。二是做好“破网打伞”工作,持续“打财断血”,将办案与上述工作同步进行;查清该犯罪团伙各成员之间组织层级情况;查清犯罪组织收入情况和利益分配;继续收集银行交易明细等书证。三是查实该犯罪组织的违法犯罪行为在当地造成的社会影响。检察机关在办案过程注重深挖彻查、串并分析,通过严查细审,成功追捕犯罪嫌疑人。

(3)关于如何参与基层社会治理问题。在办理涉黑案件中,如何深挖涉案违法经济源头和利益链条,全面彻底清除黑恶势力经济基础?检察机关在办理此案中,要求侦查机关对涉案财产单独成卷,就扣押财产的来源、性质、用途、权属及价值进行核实,就涉案扣押被告人名下的资产,提出罚没或折抵罚金,不足部分继续追缴其他等额财产的意见。建立“打财断血”台账,将“打财断血”同案件侦查同步进行,防止涉案财产流失。根据检察机关建议,侦查机关在办理该案中新增扣押涉案资产 120 余万元,追回涉案车辆 2 辆。检察机关针对涉嫌刑事犯罪而侦查机关不予立案、侦查不力、执法瑕疵等情况,依法向侦查机关制发检察建议 4 份,有效实现了在办案中监督、在监督中办案。就发现的行业监管以及社会治理中存在的问题,及时向相关公司、部门制发检察建议,推动相关行业治乱专项整治,推动被建议单位堵塞治理漏洞。

【评析意见】

检察机关在审查办理案件中,要强化线索排查,通过对扣押证据综合分析、关联对比,引导侦查机关反向思维侦查、主动跟进取证,有效核查群众举报。注重发挥审前主导作用,通过提前介入侦查、退回补充侦查,明确侦查方向,及时追诉漏罪漏犯,深挖涉黑"保护伞"线索。紧盯涉黑案件反映的突出问题,积极运用检察建议参与社会治理,推动"行业清源"。

(1)强化涉黑案件线索核查,主动跟进侦查取证。涉黑涉恶案件线索来源渠道多、数量大、涉及面广,检察机关要及时提前介入引导侦查,对相关线索进行分析研判,引导公安机关调整侦查方向。从现有犯罪组织的扣押在案证据出发,做好线索的排查分析、研判、处置,由被动接受被害人报警,到主动排查核实证据,引导侦查机关及时跟进取证,打消被害人不敢报案顾虑,从而准确认定该犯罪组织的违法犯罪次数、人身损害结果、经济损失数额、违法犯罪所得及对人民群众安全感的影响程度。

(2)注重发挥审前主导作用,准确追诉漏罪漏犯。检察机关要强化法律监督职能,深挖余罪漏犯,坚持全面审查,通过严查细审,从中获取追捕追诉线索。要严格证明标准,对关键证据检察机关可以自行复核。要强化诉前引导,对案件存在问题,开列详细补证清单,及时退回公安机关补充侦查,在退回补充侦查期间,要与公安机关加强沟通,及时了解补充侦查开展情况,查阅相关补充证据材料,对补充侦查方向、重点、取证方式等提出建议,协同公安机关补充证据材料,查清全案事实。

(3)深挖涉黑"保护伞"线索,及时移送相关单位。注重排查梳理、串并分析,深挖隐藏在幕后的涉黑涉恶犯罪线索。在提前介入引导侦查、提讯犯罪嫌疑人、听取被害人意见、阅卷等过程中重点审查、核实违法犯罪背后是否存在"保护伞",做到办案全流程深挖"保护伞"线索。在制作审查报告时,及时对开展"保护伞"线索排查工作的情况进行说明。此外,检察机关在办理黑恶势力犯罪案件过程中,要加强与纪检监察机关在扫黑除恶专项斗争工作中的协作配合,发现党员干部及公职人员的涉黑涉恶腐败和"保护伞"信访举报和问题线索,及时移送纪检监察机关。

(4)积极运用检察建议方式,深度参与社会治理。检察机关在办理涉黑恶案件中,要注重深挖黑恶势力犯罪根源,通过运用制发检察建议的方式,深度参与社会综合治理。对共性问题追根溯源、抽丝剥茧,深入剖析行业犯罪隐患,通过制发检察建议及时预警研判,从源头遏制黑恶势力滋生蔓延。此外,要畅通扫黑除恶刑事司法与行政执法衔接渠道,剖析重点行业领域监管漏洞,以检察建议延伸法律监督职能,通过提出治理防范的具体意见,促进有关单位堵漏建制、强化管理,杜绝黑恶势力滋生蔓延。

【处理结果】

法院经审理认为,被告人唐某某等人为非作歹、逞强耍横、欺压残害百姓,多次实施寻衅滋事、聚众斗殴、非法拘禁等违法犯罪行为,已经形成以唐某某、邵某某为组织者、领导者,吴某某等人为骨干成员,张某乙等人为一般参加者的黑社会性质组织。

其中,唐某某构成组织、领导黑社会性质组织罪,聚众斗殴罪,寻衅滋事罪,非法拘禁罪,非法侵入住宅罪,敲诈勒索罪,非法采矿罪,行贿罪等罪,数罪并罚,判处有期徒刑 19 年,剥夺政治权利 3 年,并处没收个人全部财产。其他人分别判处有期徒刑 2 年至 16 年的有期徒刑,并处罚金 3 万元至 15 万元,同时部分被告人被判剥夺政治权利 2 年,并追缴被告人违法所得,涉案违禁品及犯罪工具依法予以没收。

(撰稿人:金庆磊　李现卿)

19. 醉驾案件中如何认定自首及包庇行为处罚的适当性问题

——付某某、王某某危险驾驶、包庇案

【要旨】

醉酒驾驶人的投案方式，具有案发的被动性、传唤的特殊性，所以公安机关对犯罪嫌疑人采取电话传唤的方式，此种方式在法律上并无强制力，未对犯罪嫌疑人的人身自由产生约束，应认定犯罪嫌疑人有投案的自愿性和主动性，但经电话传唤到案的犯罪嫌疑人虽认定为自首，在从宽幅度上仍应从严掌握。醉驾案件中，由于包庇罪与被包庇人所犯之罪具有密不可分的关联性，不能对实施包庇行为的人单纯定罪处罚，否则会造成同一事件中不同的犯罪嫌疑人之间罪责刑不相适应。

【基本案情】

付某某，男，28 岁，天津市人；王某某，男，29 岁，天津市人。付某某于 2017 年 4 月 16 日中午，与王某某在天津市某区某饭店内共同饮酒，当日 14 时许，付某某酒后驾驶小型轿车从饭店出发，王某某坐在副驾驶位置，行驶至天津市某区某“××龙宫”门口，二人车下抽烟，被执勤民警查获，付某某被民警带至天津市某区人民医院采血，在民警对其进行询问时，付某某辩解是刚刚在车上喝的酒，次日笔录中如实交代了自己醉酒驾驶机动车的事实，经天津××司法鉴定中心鉴定，付某某血液中酒精含量为 165.9mg/100ml。

2017 年 5 月 1 日侦查机关对付某某醉酒驾驶机动车立案侦查，2017 年 6 月 12 日对付某某进行电话传唤，付某某到侦查机关如实交代了自己的罪行。2017 年 4 月 16 日，民警对王某某进行询问时，王某某明知付某某醉酒驾驶机动车的事实，仍向侦查机关作假证明称付某某并没有驾车而是他人

驾车。次日,王某某在接受询问时如实交代了付某某醉酒驾驶机动车以及自己做假证明企图使付某某逃避法律追究的事实。2018 年 5 月 31 日侦查机关对王某某包庇案立案侦查,同日对王某某进行电话传唤,王某某到侦查机关如实交代了自己的罪行。

【争议问题】

1. 付某某实施了在道路上醉酒驾驶机动车的行为后,在侦查机关对其进行第一次询问时未如实交代犯罪事实,立案后经侦查机关电话传唤到案,第一次接受讯问时如实供述了犯罪事实,能否认定为自首,形成了两种不同的意见:

(1)付某某的行为不构成自首。首先,付某某是被民警当场查获的,事后电话传唤是到案之后的再次传唤行为,付某某不具有投案主动性。其次,付某某被查获当天未如实供述犯罪事实,虽然立案后如实供述,但此时侦查机关已经掌握付某某主要犯罪事实,不再具有自首的实质意义。

(2)付某某的行为符合我国《刑法》关于自首的条件,应认定为自首。电话传唤对犯罪嫌疑人并无强制力,相当于以电话通知的形式告诉犯罪嫌疑人去接受调查,如嫌疑人及时到案并在第一次接受讯问时如实供述犯罪事实,同样证明其具有投案、认罪主动性,符合自首的立法本意,应予认定。

2. 王某某做假证明行为如何定性,也形成了两种不同意见:

(1)王某某的行为构成伪证罪。王某某在明知付某某可能涉嫌刑事犯罪的情况下,其作为同行证人,向侦查机关谎称是他人驾车,故意隐瞒了付某某醉酒驾驶机动车的重要事实,构成伪证罪。

(2)王某某的行为构成包庇罪。王某某做假证明的行为发生于刑事立案前,此时案件未进入刑事诉讼环节,其向侦查机关做假证明是为了包庇付某某的犯罪行为,构成包庇罪。

【评析意见】

一、关于“自动投案”的认定

根据我国《刑法》第 67 条及相关司法解释规定,自首是指犯罪以后自动投案,如实供述自己的罪行的行为。其中“自动投案”是指犯罪事实或者犯罪嫌疑人未被司法机关发觉,或者虽被发觉,但犯罪嫌疑人尚未受到讯问、未被采取强制措施时,主动、直接向公安机关、人民检察院或者人民法院投案的行为,并列举了几种应当视为自动投案的情形。司法实践中,醉酒驾驶人的投案方式存在以下特点:

第一,案发的被动性。醉酒驾驶案件与其他刑事案件不同,该类犯罪大多在民警执勤检查过程中被发现,还有一部分因醉酒驾驶人发生交通事故或与他人发生纠纷,他人报警后被民警发现,经民警询问或者进行呼气酒精检查后,醉酒驾驶人承认酒后驾车的行为。醉酒驾驶人主动到侦查机关或者在民警检查时主动交代自己在道路上醉酒驾驶机动车的情形极少。

第二,传唤的特殊性。由于民警在检查或者出警过程中发现驾驶人饮酒,只能证明犯罪事实或者犯罪嫌疑人被发觉,待驾驶人的血液酒精含量鉴定意见做出、侦查机关依法立案侦查后,才意味着刑事诉讼程序开始,才能对犯罪嫌疑人进行传唤。在司法实践中,侦查机关对涉嫌醉酒驾驶机动车的犯罪嫌疑人往往采取电话传唤的方式,此种方式在法律上并无强制力,实际上也未对犯罪嫌疑人的人身自由产生约束,因此在立案后经侦查机关电话传唤到案的,应肯定犯罪嫌疑人有投案的自愿性和主动性。

二、关于“如实供述自己的罪行”的认定

实践中,被告人如实供述的程度和价值也不同程度展现出被告人对犯罪的认识和态度,如有的被告人到案后仅如实供述主要犯罪事实,有的如实供述多次犯罪事实及细节,有的如实供述存在反复现象,等等,但凡是在“自动投案”后如实供述,且在一审判决前也如实供述的,均应依法认定为自首。

该案中,付某某在民警执勤时被发现有醉酒驾车的嫌疑,第一次询问笔录中说是停车后与王某某在车里喝的酒,并未如实供述自己的犯罪事实。但是其在收到鉴定意见,明知自己的行为涉嫌犯罪后,未经民警劝说、解释,接到电话通知后便主动到公安机关如实交代了自己酒后驾车的犯罪事实。因此,从“自动投案”和“如实供述自己的罪行”两方面均符合自首的规定,依法可以对其从轻或者减轻处罚。

三、经电话传唤主动到案的自首,应从严掌握从宽幅度

司法实践中自首的情形有很多,不同的情形反映出犯罪嫌疑人认罪悔罪态度和程度各不相同,对侦破案件、节约司法资源、分化瓦解犯罪人的价值和作用也不相同。犯罪嫌疑人在犯罪行为尚未被侦查机关掌握的情况下主动投案,会大大减轻侦破案件的工作量,但是危险驾驶犯罪中的犯罪嫌疑人一般不具有通常意义上"自动投案"的情节,同时其在接受民警检查时具有配合执法、如实陈述的义务。因此,经电话传唤到案的犯罪嫌疑人虽认定为自首,但在从宽幅度上应从严掌握。根据天津市高级人民法院《关于常见犯罪的量刑指导意见》对自首情节量刑的规定,一般情况下,自首可以减少基准刑的30%,但鉴于该案付某某于2017年4月16日醉酒驾驶机动车被民警查获,当日并未如实说明犯罪事实,随后侦查机关已经掌握付某某全部犯罪事实,付某某的投案、如实供述并未节约司法资源,因此从宽幅度应明显少于其他类型自动投案的自首,实践中一般掌握在减少基准刑的10%以内。

四、为醉酒驾驶人做假证明是伪证罪还是包庇罪

包庇罪与伪证罪均表现为向司法机关做假证明,目的都是包庇犯罪,但二者有以下几方面区别:一是主体不同。包庇罪为一般主体,伪证罪的主体限于证人、鉴定人、记录人、翻译人。二是实施犯罪的时间不同。包庇罪可以在犯罪分子被采取强制措施之前实施,也可以在侦查、审查起诉、审判期间实施。伪证罪只能在案件进入刑事诉讼程序后实施。三是犯罪内容不同。包庇罪掩盖的可以是犯罪分子实施的全部罪行或者重要犯罪事实。伪证罪掩盖的是与案件有关的重要犯罪情节。具体到该案,王某某第一次接受询问时向公安机关做假证明,目的是包庇付某某,使付某某逃避法律追究,并非掩盖案件情节,因此,其在侦查机关未立案侦查、未确定犯罪嫌疑人时,实施做假证明包庇的行为,应认定为包庇罪。

五、如何掌握危险驾驶犯罪中包庇行为处罚的适当性

由于包庇罪与被包庇人所犯之罪具有密不可分的关联性,不能剥离开来对实施包庇行为的人单纯定罪处罚,否则会造成同一事件中不同的犯罪嫌疑人之间罪责刑不相适应。具体到该案,包庇罪法定刑明显高于危险驾驶罪法定刑,如果将王某某与付某某的行为仅从法律层面进行分析、认定,必将形成责任不均衡的局面,对双方均难以达到惩罚与教育相结合的目的。

第一,从危害行为方式角度来看,包庇行为是作假证明,而所包庇之罪的行为方式多种多样,常常会直接导致他人人身损害、财产损失,或者严重侵害社会正常秩序。在该案中,付某某实施了醉酒驾车的行为,且行驶距离较长、途经地点包括人流量较大的城区道路,而王某某仅仅在第一次接受公安机关询问时为使付某某逃避法律追究,说是他人开的车,其实施的危害行为较付某某相比明显较轻。

第二,从社会危害性的角度来看,刑罚最根本的目的在于保护国家安全,公共安全,公民生命、健康、财产等法益,妨碍司法罪的设置也是基于上述目的。但是在该案中,危险驾驶罪侵犯的法益是公共安全,包庇罪侵犯的是司法秩序,从对法益侵害的角度看,前罪更重。付某某醉酒驾驶车辆在道路上长时间行驶,对社会公共安全造成危害,而王某某的包庇行为起因于付某某危险驾驶行为,也未产生严重后果,其社会危害性明显小于危险驾驶的行为。

第三,从影响司法侦查的角度来看。该案侦查的根本目的是侦破危险驾驶行为,事实上王某某虽然在公安机关对其进行第一次询问时做假证明,但事后立即向公安机关讲明了事实并承认错误,且案发当天民警已经对付某某进行采血、鉴定,因此王某某的行为尚未对侦查造成严重妨碍,也未影响案件侦破。如果让王某某比付某某承担更严重的罪责,显然不符合罪责刑相适应的刑法基本原则。

【处理结果】

经审查全案证据,检察机关认为付某某醉酒驾驶机动车,危害公共安全,其行为触犯了《刑法》第 133 条之一之规定,构成危险驾驶罪,依法提起公诉。付某某经侦查机关电话传唤主动到案,并如实供述了自己的犯罪事实,是自首,依法可以从轻处罚。法院经审理后对检察机关指控事实及量刑情节均采纳,最终判处被告人付某某犯危险驾驶罪,拘役 1 个月零 15 日,并处罚金 4000 元。

检察机关另认为,王某某虽然实施了明知是犯罪的人而为其做假证明包庇的行为,但结合全案证据情况,王某某从犯罪情节、危害后果等方面均轻于付某某的危险驾驶行为,且在侦查、审查起诉期间均认罪、悔罪,通过多次接受讯问,对其已经达到惩罚、教育的目的,不需要判处刑罚。根据《刑事诉讼法》第 173 条第 2 款的规定,依法对王某某相对不起诉。

(撰稿人:贺冷松)

重大犯罪检察案例

20. 妨害公共交通工具安全驾驶行为之罪与罚的衡量与评价

——赵某某以危险方法危害公共安全案

【要旨】

在公共交通工具上殴打、拉拽公交车驾驶人员的行为系妨害公共交通工具安全驾驶的行为，但殴打、拉拽的程度有别，造成的危害亦有所不同，在认定时要结合案发时公共交通工具的行驶速度、车辆通行路段情况、车内载客情况、妨碍手段等因素，综合判断在公共交通工具所处的特殊的时空环境中，妨害行为是否具有足以引发公共交通工具失控或发生倾覆碰撞的可能，是否对公共安全造成了具体的、紧迫的危险。在司法实践中既要严厉打击妨害公共交通工具安全驾驶的犯罪行为，又要准确区分一般违法行为与犯罪行为，避免把公共交通工具上发生的不可能危及公共安全的轻微的司乘冲突认定为以危险方法危害公共安全罪。同时，对于构成以危险方法危害公共安全罪，但犯罪情节轻微的，依法可以适用相对不起诉。

【基本案情】

2019 年 2 月 1 日 15 时许，赵某某乘坐牌照号为津 AZ××××号正在运营的公交车，途经天津市某区某路某公交站时，违反“前门上车后门下车”的乘车规定，要求从公交车前门下车，公交车司机张某某对其进行劝阻，并告知赵某某按规定从车辆后门下车，赵某某拒绝张了张某某的要求。后公交车司机张某某遂启动车辆准备驶出公交站台，在车辆起步时赵某某突然用随身携带的手提包击打张某某右侧头面部一下，张某某立即踩下刹车，将公交车停靠在路边。经车上乘客报警，公安机关立即处警，并将赵某某传唤到案。经司法精神病鉴定，赵某某在案发期间具有完全刑事责任能力，但案发期间的精神状态为“复发性抑郁症缓解期”。

【争议问题】

对赵某某的行为如何定性形成了三种不同的意见:

1. 赵某某的行为不构成以危险方法危害公共安全罪。

以危险方法危害公共安全罪系具体危险犯,在认定时必须结合案发时的具体情况具体分析。赵某某虽然实施了殴打驾驶人员的行为,但其妨碍行为持续的时间非常短暂,严重程度较为轻微,且当时通行路段的车辆较少,车速较慢,车内乘客较少,赵某某实施的妨害行为虽存在危害公共安全的可能性,但是并无引发车辆失控或发生倾覆碰撞的可能,并未达到妨碍公交车安全驾驶的程度,不属于“其他危险方法”,不构成以危险方法危害公共安全罪。

2. 赵某某的行为构成以危险方法危害公共安全罪,提起公诉。

按照最高人民法院、最高人民检察院、公安部《关于依法惩治妨害公共交通工具安全驾驶违法犯罪行为的指导意见》的规定,对妨害公共交通工具安全驾驶的行为应从严惩处,赵某某在公共交通工具行驶过程中,对驾驶人员实施人身攻击,妨害了公共交通工具的安全驾驶,直接危及不特定的多数人的人身财产安全,应以危险方法危害公共安全罪提起公诉,鉴于其尚未造成严重后果,可以在量刑时从轻处罚。

3. 赵某某的行为构成以危险方法危害公共安全罪,但犯罪情节轻微,可以作相对不起诉处理。

按照最高人民法院、最高人民检察院、公安部《关于依法惩治妨害公共交通工具安全驾驶违法犯罪行为的指导意见》的规定,赵某某的行为构成以危险方法危害公共安全罪。但是其实施妨害行为时,公交司机采取了“紧急停车”的应对措施,且通行路段的车辆较少,车速较慢,车内乘客较少,妨害行为持续短暂,力度较小,未出现车辆剧烈摇晃等危险情况,赵某某的犯罪情节轻微,可以作相对不起诉处理。若以危险方法危害公共安全罪对赵某某提起公诉,则量刑至少为3年有期徒刑,与其行为的危险性、危害性相比,刑罚偏重,难以实现罪责刑相适应。

【评析意见】

近年来,妨害公共交通工具安全驾驶的行为时常发生,有的甚至造成车毁人亡的重大事故,严重危及公共安全。2019 年 1 月 8 日最高人民法院、最高人民检察院、公安部联合出台《关于依法惩治妨害公共交通工具安全驾驶违法犯罪行为的指导意见》,对妨害公共交通工具的行为依法予以严惩。该指导意见对惩治妨害公共交通工具安全驾驶,维护公共交通安全秩序,保护人民群众生命财产安全具有重要意义,但在依法严厉打击妨害公共交通工具安全驾驶行为的同时,也要准确区分一般违法行为与犯罪行为,避免不加区别,将公共交通工具上发生的不可能危及公共安全的轻微的司乘冲突作为危害公共安全犯罪打击。[①] 即使构成以危险方法危害公共安全罪的,也要区分具体情形,准确判定犯罪情节和犯罪后果,若犯罪情节轻微,可以适用相对不起诉的,可以依法作相对不起诉处理。

对于妨害公共交通工具安全驾驶的行为是否构成以危险方法危害公共安全罪,在适用时可以从以下几点进行把握。

一、妨害行为是否足以引发公共交通工具失控或发生倾覆碰撞等危险,是否属于“其他危险方法”

1. 妨害行为是否系妨害公共交通工具安全驾驶的行为。由于公共交通工具本身的特殊性,妨害公共交通工具安全驾驶的行为方式也多种多样,最高人民法院、最高人民检察院、公安部《关于依法惩治妨害公共交通工具安全驾驶违法犯罪行为的指导意见》指出:妨害公共交通工具安全驾驶行为是一个概括性概念,既包括情节和程度相对轻微的争吵辱骂等非身体接触性行为,也包括殴打、拉拽驾驶员等攻击和侵害驾驶员人身的行为,还包括抢夺方向盘、变速杆等操纵装置等严重影响和干扰车辆正常驾驶的行为,不同的妨害行为造成的损害和对公共安全的危害程度也有较大差异。行为人实施抢夺方向盘、变速杆等操纵装置,殴打、拉拽驾驶人员等行为,即便行为本身的暴力性和剧烈程度并不强,也未造成驾驶人员轻伤以上伤害或车辆翻

① 参见赵俊甫:《〈关于依法惩治妨害公共交通工具安全驾驶违法犯罪行为的指导意见〉的理解与适用》,载《人民司法》2019 年第 7 期。

覆等实际严重后果,但已严重影响和干扰驾驶人员的正常驾驶行为,并使车辆处于倾覆碰撞等现实危险中的,应当认定为妨害公共交通工具安全驾驶的行为。换言之,妨害行为方式多样,但是要求必须达到严重影响和干扰驾驶人员正常驾驶的,才能认定为妨害公共交通工具安全驾驶的行为。

2.妨害行为是否与放火、爆炸等行为的危险程度具有相当性。构成以危险方法危害公共安全罪,要求行为人的妨害行为必须达到与放火、爆炸等行为相当的危险程度,而非只要实施了妨害公共交通工具安全驾驶的行为,就必然构成该罪。问题的关键在于如何认定妨害行为的危险性与放火、爆炸等行为的危险性具有相当性呢?

最高人民法院、最高人民检察院、公安部《关于依法惩治妨害公共交通工具安全驾驶违法犯罪行为的指导意见》出台后人们容易陷入一种误区,认为只要实施了妨害公共交通工具安全驾驶的行为,就直接认定达到了与放火、爆炸等行为相当的危险程度,导致很多情节轻微的妨害行为从一般违法行为被纳入刑事犯罪的范畴。准确理解“其他危险方法”,是认定妨害行为是否构成以危险方法危害公共安全罪的关键。

最高人民法院、最高人民检察院、公安部《关于依法惩治妨害公共交通工具安全驾驶违法犯罪行为的指导意见》所列抢夺方向盘、变速杆等操纵装置,殴打、拉拽驾驶人员等妨害行为,有如下共同点:一是针对的都是正在行驶中的公共交通工具;二是妨害行为足以达到妨害公共交通工具安全驾驶的程度;三是妨害行为可能造成公共交通工具失控或处于倾覆碰撞等现实危险。符合上述三点,基本可以认定妨害行为达到了与放火、爆炸等行为的危险性具有相当性。具体到案件中,还要注重审查行为人的妨害手段的程度,妨害程度的轻重将直接关系到妨害行为对公共安全造成的危险性的大小。如同是拉拽、殴打行为,程度不同,对公共安全带来的危险性亦不相同。因此在认定行为性质时,还要注重审查行为人实施妨害行为的手段方法、妨害行为持续的时间长短、妨害行为的恶劣程度等因素。

二、妨害行为产生的危险是否达到具体紧迫的程度,是否可能危及不特定的多数人的生命健康或重大公私财产安全

“其他危险方法”作为具体犯罪行为,只有达到足以对不特定行为人的生命、健康或重大公私财产造成侵害的紧迫危险,且这种危险达到具体化、确定化程度，属于现实危险而不是抽象危险，方构成以危险方法危害公共安全罪。故对具体危险性的判定，不仅要考虑其有无，还要判断其危险程度。[①]“以危险方法危害公共安全罪是典型的具体危险犯，在司法实践中，需要根据行为方式、时间、地点、环境等因素来判断行为是否具有发生危害结果的紧迫危险。”[②]

具体到案件中可从以下几个方面予以考虑：一是案发时公共交通工具的行驶路段的情况。案发时是否为早晚高峰时期，行驶的路段是否为城市要道繁忙路段或高架道路、桥隧路段等特殊路段。人流量、车流量及道路复杂情况等，与妨害行为的现实危险性密切相关。二是公共交通工具的载客情况。车内载客数量越多，妨害行为给车内乘客带来的现实危险性就越高。三是公共交通工具的行驶速度情况。行驶速度越快，车辆失控或发生倾覆碰撞的危险性就越高。四是是否造成了车辆失控或与行人、车辆发生碰撞等交通事故的危害结果。若妨害行为导致车辆失控或发生了交通事故，则可以直接认定妨害行为产生的现实危险达到了具体紧迫的程度。

三、在综合全案的基础上判断，定罪是否符合罪刑相适应

案发时，赵某某处于“复发性抑郁症缓解期”，因前后门下车问题与司机发生争执，其没有良好地控制好自身的情绪与妨害行为的发生也有一定的关系。以危险方法危害公共安全罪最低法定刑为3年有期徒刑，而且按照最高人民法院、最高人民检察院、公安部《关于依法惩治妨害公共交通工具安全驾驶违法犯罪行为的指导意见》的规定，即使尚未造成严重后果，一般也不得使用缓刑。《刑法》及最高人民法院、最高人民检察院、公安部《关于依法惩治妨害公共交通工具安全驾驶违法犯罪行为的指导意见》虽均确定了对妨害公共交通工具安全驾驶的行为予以严厉惩处的价值导向，但是鉴于妨害驾驶行为的复杂性，对确属情节较为轻微的，予以相对不起诉亦能发挥震慑、教育作用，也更符合刑法的谦抑性原则。

该案中，赵某某在车辆刚刚起步时用手提包击打了公交车司机头面部

---

① 参见石魏：《案名：张某某以危险方法危害公共安全罪　主题：抢夺行驶途中公交车方向盘行为的准确认定》，载《中国检察官》2019年第1期。

② 陈峰、沈平：《妨害公共交通工具正常行驶的行为定性》，载《人民司法》2019年第8期。

一下,结合案发时特殊的时空环境等因素,赵某某的行为并未对公共安全造成具体的危险,也未造成不特定多数人的生命健康或重大公私财产损害的结果,整体而言赵某某的妨害行为的危害性是比较轻微的。如若认定赵某某构成以危险方法危害公共安全罪,其面对的将是3年以上的有期徒刑,此刑罚与赵某某的妨害行为及其行为造成的危害结果是不相匹配的。

对于妨害公共交通工具安全驾驶的行为,不仅要审查妨害行为是否属于妨害公共交通工具安全驾驶的行为,还要审查妨害行为的程度是否达到了与放火、爆炸等行为相当的危险程度。在判断妨害行为产生的具体危险时,"要综合考虑公共交通工具行驶速度、通行路段情况、载客情况、妨害驾驶行为本身的严重程度及对公共交通安全的危害程度等情况,对行为人妨害驾驶行为的现实危险及其危害程度,作出全面、客观、准确的评判"[①]。该案中,赵某某用手提包击打正在驾驶公交车辆的张某某的右侧头面部一下,其行为系妨碍公共交通工具安全驾驶的行为没有争议,但案发时间为15时多,并非交通出行的早晚高峰时期,车辆通行路段为城市普通道路,并非繁忙路段或城市快速路、高架道路等特殊路段,案发时周围车辆及行人较少。公交车司机张某某的证言也证实,当时车内有四五个人左右,车内载客数量不多。车辆当时正要驶出公交站台,还处于起步阶段,车辆行驶速度较慢,约为20km/h。赵某某在用手提包击打赵某某一下后,就不再实施攻击行为,其击打行为持续时间短暂,程度较轻。面对赵某某的妨害行为,公交司机将车辆及时刹停,车辆仍处于相对可控的状态,从结果上看赵某某的妨害行为并未造成车辆剧烈摇晃、失控或人员伤亡的后果。结合案发时公交车所处的特殊的时空环境,赵某某的妨害行为危及公共安全的程度是较低的,造成危及不特定的多数人的生命健康或重大公私财产安全的可能性也是较低的,赵某某的行为可以从整体上评价为"犯罪情节轻微",作相对不起诉处理。该结果也是检察机关在《刑法修正案(十一)》实施前,面对以危险方法危害公共安全罪量刑较重问题时,如何更好地实现罪责刑相适应所作出的折中之举。

---

① 赵俊甫:《〈关于依法惩治妨害公共交通工具安全驾驶违法犯罪行为的指导意见〉的理解与适用》,载《人民司法》2019年第7期。

【处理结果】

2020 年 11 月 11 日,经检察委员会审议,决定对赵某某相对不起诉。

（撰稿人:邹海燕　韩小硕）

21. 危险驾驶罪和以危险方法危害公共安全罪在司法实务中的区分

——陈某某以危险方法危害公共安全抗诉案

【要旨】

危险驾驶罪和以危险方法危害公共安全罪的区别主要在于对公共安全的危害程度不同。对于犯罪嫌疑人醉酒驾车,放任危害结果的发生,没有造成重大伤亡的,不能陷入客观归罪的错误认识,不能以以危险方法危害公共安全罪定罪量刑。危险驾驶罪法定刑最高为拘役6个月,并处罚金;而以危险方法危害公共安全罪法定刑最低为有期徒刑3年。法院认定罪名错误,量刑明显不当导致量刑畸轻,检察机关应当依法提起抗诉,予以纠正。

【基本案情】

陈某某,男,52岁,山东人。2020年8月7日16时许,陈某某酒后驾驶丰田牌小型轿车,从天津市武清区东蒲洼街道老六饭店出发,沿武清区雍阳西道由西向东行驶至泉兴路交口处闯红灯时,其驾驶车辆撞击由南向北过公路的行人朱某某,致朱某某受伤。后陈某某驾车逃离,在逃离现场过程中,其驾驶车辆多次冲撞道路中间护栏,侵占对行车道,致使护栏严重偏离原有位置,先后与对行车道内正常行驶的赵某某驾驶的大众牌小型轿车、魏某某驾驶的荣威牌小型轿车、任某某驾驶的红都牌警车发生撞击,造成中间护栏、车辆不同程度损坏。

经鉴定,陈某某血液中检出乙醇,含量为294.3mg/100ml。经交通警察认定,陈某某承担事故全部责任。经法医学鉴定中心鉴定,被害人朱某某的损伤程度构成轻伤二级、轻微伤。经价格认证中心鉴定,大众牌小型轿车损失认定价值1623元,荣威牌小型轿车损失认定价格1297元,隔离栏损失认定价值1280元。

【争议问题】

对于陈某某行为如何定性形成了两种不同的意见：

（1）陈某某的行为构成危险驾驶罪。陈某某在道路上醉酒驾驶机动车，造成交通事故且负事故全部责任，未构成其他犯罪，应当根据《刑法》第133条之一的规定，以危险驾驶罪定罪量刑。

（2）陈某某的行为构成以危险方法危害公共安全罪。被告人陈某某明知酒后驾车违法、醉酒驾驶机动车会危害公共安全，仍无视法律，醉酒驾驶机动车在城区主干道行驶，在闯红灯撞伤一行人后逃逸，逃逸过程中连续、多次撞击对行车道内护栏及车辆，放任危害结果的发生，造成一人多处受伤、多车受损的后果，被告人陈某某以危险方法危害公共安全，尚未造成严重后果，应当根据《刑法》第114条，以以危险方法危害公共安全罪定罪量刑。

【评析意见】

公安机关侦查终结后，以原审被告人陈某某涉嫌以危险方法危害公共安全罪，向检察机关移送审查起诉，检察机关指控陈某某犯以危险方法危害公共安全罪向人民法院提起公诉。经开庭审理，人民法院作出一审判决，以犯危险驾驶罪判处陈某某拘役6个月，并处罚金2万元。一审宣判后，原审被告人陈某某未提出上诉。检察机关提出抗诉，上一级检察机关作出支持抗诉的决定。

以危险方法危害公共安全罪与危险驾驶罪均属于危害公共安全犯罪，且均系故意犯罪，但两罪的认定直接影响到法律的正确实施，最高刑期一个为拘役，一个为3年以上10年以下有期徒刑。两罪之间的区别主要在于对公共安全的危害程度不同，以危险方法危害公共安全罪对于公共安全的危害程度要远大于危险驾驶罪。对案件行为性质的判断，应综合被告人的整个犯罪故意和行为的全部过程，综合运用主、客观证据进行案件定性，不能单纯地以是否发生重大严重后果来认定。一是看案发现场的环境；二是看行为人实施的行为，并通过行为认定其主观故意；三是看行为造成的后果和危险。以上三方面要综合审查分析，全面调取分析研判上述三方面的证据。

该案应当以以危险方法危害公共安全罪对陈某某定罪量刑，一审判决认定陈某某犯危险驾驶罪，判处拘役6个月，并处罚金2万元，属于适用法律错误，定性错误、量刑不当，判决确有错误。以危险方法危害公共安全罪与危险驾驶罪均属于危害公共安全犯罪，两罪之间的区别主要在于对公共安全的危害程度不同。

首先，从案发现场环境来看，现有证据证实，陈某某醉酒后闯红灯撞击行人朱某某的地点，其后驾车逃逸，多次撞击机动车道中间隔离护栏及隔着隔离护栏撞击、剐蹭、挤压对面车道上车辆的地点均在天津市武清区雍阳西道上，而雍阳西道为正常开放通行的公共道路。该案发生时间为2020年8月7日16时许(16时14分许至16时17分许)，为工作日。案发时，现场公共道路上车辆较多，从录像开始的16时14分00秒至16时14分25秒，陈某某撞击机动车道中间护栏期间，陈某某对行车道车流未断。

其次，从行为人实施的行为及主观故意来看，一方面，行为人实施的行为：陈某某在闯红灯撞击行为人朱某某后，驾车逃逸，并在逃逸过程中多次(经统计为5次)不计后果地倒车、前进，撞击机动车道中间的隔离护栏，时间长达3分多钟(16时14分25秒至16时17分50秒)，且车速较快。其间，陈某某的主要表现包括：一是撞击机动车道中间隔离护栏，并隔着隔离护栏撞击已被逼停的红色荣威轿车驾驶室门，造成红色荣威左侧车门受损，而此时红色荣威驾驶人魏某某还未下车，这给魏某某的人身安全也造成了很大的危险，魏某某被迫从副驾驶逃到车外。二是此后陈某某又在逃逸过程中，隔着护栏撞击了已被逼停的赵某某驾驶的金色大众捷达轿车左后尾，致使大众捷达轿车车身倾斜。三是陈某某又快速向前行驶，再次撞击隔离护栏，致使隔离护栏再次倾斜到对面车道，致使站在对面车道内的一名现场群众快速逃离；同时致使驶入此处的特警车被剐蹭后紧急停车。另一方面，通过行为人实施的行为，客观认定其主观故意：一是从认识因素上看，陈某某对于自己醉酒后在公共道路上驾驶机动车是明知的，对于其车辆撞击了行人是有认识的，但他并没有选择留在案发现场，而是驾车逃逸。二是从意志因素上看，陈某某闯红灯撞击行人朱某某后驾车逃逸，逃逸过程中，多次(经统计为5次)撞击机动车道中间的隔离护栏，这些客观行为充分证实陈某某主观方面系间接故意，即为了驾车逃离现场，而不计后果实施上述行为,放任了危害公共安全的危险发生,同时也造成了具体的危害后果。因此,结合陈某某的客观行为,从认识因素和意志因素两方面分析,能够证实其具有危害公共安全的主观故意,应评价为间接故意。

最后,从行为造成的后果和危险来看。一是陈某某第一次撞击机动车道中间隔离护栏时,是没有征兆的,是一个非常突然的撞击行为,且车速较快,隔离护栏因此被撞入对面车道,直接造成对面车道正常行驶而来的三辆车紧急刹车,其中两辆车被隔离护栏剐到。二是陈某某在第一次倒车后,又驾车向前撞去,直接隔着隔离护栏撞到了已被逼停的红色荣威轿车驾驶室的车门,而此时红色荣威轿车驾驶人魏某某还未下车。三是陈某某在第5次倒车后,驾车快速前进,左打轮撞到了隔离护栏,隔离护栏随之倾斜,进入对面车道,致使已经堵塞的对面车道上站着的一名现场群众快速逃离,同时致使驶入此处的特警车被剐蹭后紧急停车。

陈某某在驾车逃逸过程中,共5次撞击机动车道中间隔离护栏,造成隔离护栏倾斜,偏离原来位置,进入对面车道,直接造成正常行驶的三辆车紧急刹车;造成三辆车因被隔离护栏撞击或被隔离护栏剐蹭、挤压而受损较重,车损、护栏损经鉴定共计4200元。同时,陈某某为驾车逃离现场,不计后果多次倒车、前进,撞击隔离护栏,给驾驶员魏某某的人身安全造成了现实危险,也造成了对面车道车辆堵塞,无法通行。此外,陈某某在第2次倒车时,倒行距离较大,倒车后车辆应该是进入了中间隔离线附近。当时对面车道(陈某某驾驶车辆撞击护栏时行驶的车道)车辆较多,有车辆减速,其行为也给未发生事故的机动车道一侧造成了行车安全隐患和影响。因此,陈某某驾车逃逸过程中,所造成的后果和危险是较多的,也是较重的。

综上,结合案发现场环境、陈某某实施的行为、行为反映的其主观故意及行为所造成的后果和危险,陈某某所实施的行为危害和危险程度要大于危险驾驶罪,以危险驾驶罪对其定罪惩处不能做到罚当其罪,应当以以危险方法危害公共安全罪对其定罪量刑。

需要说明的是:

1. 陈某某的行为,其危害公共安全的危险性,是否与放火、爆炸、决水等行为造成的危害公共安全的危险性相当?

首先,以危险方法危害公共安全罪和放火罪、爆炸罪、决水罪等一样,都是危害公共安全犯罪,且都是危险犯,而不是结果犯。最高人民法院认为,造成重大伤亡,表明行为人的行为具有高度危险性,而这种危险性显然是过失犯罪和危险驾驶罪不能相比的,因而要对行为人以以危险方法危害公共安全罪定罪量刑。在认可这一观点的同时,也不能据此得出这样的结论:对醉酒驾车,放任危害结果的发生,没有造成重大伤亡的,就不能以以危险方法危害公共安全罪定罪量刑。否则,就可能陷入客观归罪的错误认识。

其次,如何客观判断"醉酒驾车,放任危害结果的发生"情形下,其危险性是否与放火、爆炸、决水等行为的危险性相当?对此,没有统一量化的标准,要结合个案,具体问题具体分析。放火罪、爆炸罪、决水罪等,也包括以危险方法危害公共安全罪的刑档设置中,之所以包括3年到10年有期徒刑,就是考虑到有的放火、爆炸、决水、以危险方法危害公共安全行为,虽然有较高的现实危险,但尚未造成严重后果,对其直接在10年有期徒刑以上量刑不能做到罚当其罪。结合该案,如上所述,陈某某明知自身已严重醉酒,仍在闯红灯撞击行人后,选择驾车逃逸,并在逃逸过程中不计后果多次(经统计为5次)撞击机动车道中间隔离护栏,造成车损、护栏损、驾驶员人身危险、车辆行车危险、交通堵塞等多个危害后果和现实危险,其行为显然不属于驾车逃逸过程中发生轻微交通事故,其行为对于公共安全的危害性程度,以危险驾驶罪评价,已不能罚当其罪。同时,司法实践中的在身上浇洒汽油后未及点燃即被抓获的涉嫌放火罪的行为、切割煤气管后尚未达到燃爆点正在等待过程中即被抓获的涉嫌爆炸罪的行为等,其危险性与该案中陈某某行为的危险性相比,并不能说就有质的区别和高低。因此,该案中陈某某行为所反映出的其对公共安全的危险程度,与放火、爆炸、决水等危害公共安全行为危险性相当,对其行为应以以危险方法危害公共安全罪定罪惩处,至于危险性的高低,是量刑时需要考量的问题,不影响定罪。

2. 陈某某严重醉酒,是否影响其主观故意?答案是否定的。如上所述,从认识因素和意志因素两方面分析,能够证实陈某某具有危害公共安全的主观故意,且为间接故意。严重醉酒虽然会使陈某某的辨认和控制能力有所减弱,但其对自己的行为并没有完全丧失意识和控制力,陈某某是在自己的主观意识支配下实施的倒车、前进、撞击隔离护栏等行为,反映出其主观上对危害公共安全的放任心态。

【处理结果】

2021 年 2 月 10 日，检察机关提出抗诉，上一级检察机关于 2021 年 5 月 17 日支持抗诉。中级人民法院作出终审判决，撤销一审法院刑事判决。原审被告人以危险方法危害公共安全罪，被判处有期徒刑 3 年。

（撰稿人：高进）

22. 多次进入待租房屋对房主实施抢劫的法律认定

——彭某某抢劫案

【要旨】

入户抢劫作为抢劫罪加重处罚情节之一,强调保护公民私人生活场所的居住安全,家庭生活功能是否实质发挥对“户”的认定有重要的影响;抢劫罪的构成要求行为人具有非法占有的目的,非法占有的目的包括排除意思和利用意思,其所指的利用意思需根植于财物的性质特征,发挥财物可能具有的用途进行利用、处分;“多次抢劫”在“次”的认定上包含犯罪未完成形态,但要求每一次抢劫行为均构成犯罪,且需要达到应受刑事处罚的程度。

【基本案情】

被告人彭某某,男,30岁,天津市人,因赌博输钱遂产生犯罪念头。其通过网络购买仿真手枪、手铐、墨镜等作案工具,并通过“58同城”租房信息寻找女性房主,预谋以租房为名实施抢劫。

2020年7月28日10时30分左右,被告人彭某某通过提前电话联系,携带作案工具来到被害人刘某某位于天津市某大厦的待租房屋,与已在此等候的刘某某假装谈论租房事宜,后趁刘某某不备,从其双肩背包内掏出仿真手枪,威胁被害人、夺走被害人手机向其索要钱财,并在被害人刘某某反抗中对其实施殴打。后因被害人手机发出响声而害怕,逃离案发现场。在逃跑前,为防止被害人报警,被告人彭某某将被害人刘某某手机带至该大厦一楼前台,交给值班物业保安,并将此情况告知刘某某,后被害人刘某某从值班保安处取回自己手机。

同日13时30分左右,被告人彭某某乘坐出租车来到被害人董某某位于天津市某小区的待租房屋,欲采取相同手段对已在此等候的董某某实施抢劫,后在与董某某交谈过程中,主动放弃犯罪念头并借机离开。

同日 15 时 30 分左右,被告人彭某某来到被害人曲某某位于天津市某大厦待租房屋,欲对其实施抢劫。后因被害人曲某某称有其他事要办,彭某某遂离开。

经被害人刘某某报案,公安机关于当日将被告人彭某某抓获,仿真手枪、手铐、水果刀、手机等作案工具已被依法扣押。到案后,彭某某主动交代了其欲向董某某、曲某某实施抢劫的行为,并自愿认罪认罚。

【争议问题】

本案在三个问题上存在争议:

第一,关于彭某某的行为是否构成"入户抢劫",存在正反两种观点。一种观点认为,彭某某的行为应评价为"入户抢劫",理由是"户"是否具有供他人家庭生活功能,只需关注房屋的客观特征,满足"形式功能"即可,所以待租房屋客观上具备"户"的功能与场所特征,即使案发时被害人不在此房屋居住,也应认定为"户",属于"入户抢劫";另一种观点认为,其行为不构成"入户抢劫",最高人民法院《关于审理抢劫、抢夺刑事案件适用法律若干问题的意见》中明确提到"户"应具备"供他人家庭生活"的特征,当中的"供"应该限制解释为"案发时正在发挥家庭生活功能",待租房屋只是无人居住的房屋,不是"户"。

第二,关于彭某某抢劫刘某某行为是否既遂,存在正反两种观点。一种观点认为,彭某某拿走手机的行为虽然排除了刘某某对手机的占有,但其对该手机并无利用的意思,无非法占有的主观故意,应认定为犯罪未遂;另一种观点则持相反态度,认为彭某某对手机具有非法占有目的中的"利用意思","利用意思"本质是享受获取财物可能带来的各种利益,不应该单指财产利益的增加,彭某某以担心被害人报警为目的非法取财,不可否认彭某某因为获取财物而得到了某些好处,就具备了利用意思,且彭某某将手机抢走并带离现场已构成抢劫罪既遂,其随后将手机归还的行为仅是抢劫既遂后的处分行为。

第三,关于彭某某三起抢劫行为能否认定构成"多次抢劫",主要分歧在于"多次"是否应包含行为的未完成形态,其中一种观点主张"多次抢劫"存在停止形态,不以既遂为必要;[①]一种观点主张“多次抢劫”不存在停止形态问题;[②]还有一种观点认为“多次抢劫”的停止形态应基于预备行为的社会危害性而把预备排除在外。[③]

【评析意见】

结合案件审查情况,笔者认为彭某某的行为不构成“入户抢劫”,其抢劫刘某某行为应认定为犯罪未遂,其抢劫董某某、曲某某的行为系犯罪预备阶段的中止,不构成“多次抢劫”。

一、彭某某的行为不构成“入户抢劫”

根据最高人民法院《关于审理抢劫、抢夺刑事案件适用法律若干问题的意见》,“入户抢劫”中“户”的两个特征表现为“供他人家庭生活”和“与外界相对隔离”两个方面。前者为功能特征,后者为场所特征。该案被害人刘某某的待租房屋符合“户”的后一个特征,但并不具备供他人家庭生活的实质功能特征。

从罪责刑相一致分析,笔者认为,“供他人家庭生活”不能单从具备供家庭生活的客观设施条件这一单一标准来判断,不能简单地将“入室”等同于“入户”,而是从应当有家庭成员在此生活起居这一实质标准来判断。刑法之所以将“入户抢劫”规定为加重处罚情节,体现的是对“户”的着力保护。这是考虑到“户”是公民赖以生存,抵御灾害的最后屏障,同时“户”也是家庭单元的活动场所,行为人对“户”的侵害会辐射到公民生活的整个区域,意味着可能对户内的每一个家庭成员的身体实施强制力,可能对公民的所有财产造成侵害。入户抢劫不仅侵犯了公民的财产权利和人身权利,同时还侵犯了公民的住宅和生活安宁,[④]正是基于入户抢劫造成的危害极大,才对其给予10年以上的刑罚。而对于无人居住的房屋而言,由于出租人并不在此居住,案发时出租人之所以来到出租房屋,是将房屋作为一件拟出租的商品向被告人展示,此时的房屋是用来交易的对象,而非正在“供他人家庭生

---

① 参见曹坚:《多次犯形态的认定》,载《人民检察》2013年第14期。

② 张国轩:《抢劫罪的定罪与量刑》,人民法院出版社2001年版,第362页。

③ 沈志民、高晓春:《抢劫罪加重处罚情节疑难问题研究》,载《广州大学学报》2006年第9期。

④ 参见刘明祥:《论抢劫罪的加重犯》,载《法律科学(西北政法学院学报)》2003年第1期。

活”。虽然此时房屋属于私人领域，但由于实际上无人居住，被告人只是也只能对被害人的身体和随身携带财物进行侵犯，不会对被害人的其他家庭成员和其他不特定财产造成侵害，也不会对被害人的家庭生活安宁造成破坏。

从主客观相一致原则分析，“入户抢劫”的主观犯意是明知是“户”而故意对“户”实施抢劫，犯罪对象应当是“户”。该案中，被告人彭某某的犯罪故意是对出租房屋的房东本人实施抢劫，其明知出租的房屋无人居住，之所以采取这种将被害人骗到屋内的方式实施抢劫是因为屋内空间相对封闭，更容易作案成功。从该角度分析，被告人彭某某的抢劫对象是人，而非“户”。而实质上，彭某某的行为也证实其并未想抢走该出租屋内的任何财产。故笔者认为彭某某的行为不构成“入户抢劫”。

二、彭某某抢劫刘某某的行为应评价为“犯罪未遂”

抢劫罪要求行为人具有非法占有的主观目的，非法占有的目的包括排除意思和利用意思，两者缺一不可。排除意思是指排除权利人支配，将他人的财物作为自己的财物进行支配，而利用意思是指遵从财物可能具有的用途进行利用、处分，享受财物可能产生的某种效用、利益和价值的意思，需根植于财物的性质特征，发挥其可能具备的效能。[①] 在学界，张明楷教授也支持了这一观点，其认为，杀人犯为了防止司法机关发现被害人身份，而将随身携带的钱包、证件等取走后扔入海中的，不能被评价为遵从财物可能具有的用法进行利用、处分的意思，行为人不具有利用意思，不成立盗窃罪、侵占罪。[②]

该案中，彭某某拿走被害人手机是害怕被害人报警，其拿走手机的行为虽然排除了被害人对手机的占有，但其对该手机并无利用的意思。手机具有通信的功能，但是“不能打电话报警”的效果，不是手机的性质决定的，而是手机被夺走后间接产生的效果，并没有遵从手机本身特性利用、处分。彭某某欲抢劫对象只是钱款，且其已明确告知被害人手机在何处，被害人也在

① 参见张开骏：《非法占有目的之利用意思的疑难问题和理论深化》，载《法学家》2020年第4期。

② 张明楷：《诈骗罪与金融诈骗罪研究》，清华大学出版社2006年版，第310页。

该处拿回手机，彭某某并无占有、处分手机的意图，其主客观一致，故就涉案手机而言，其无非法占有的主观故意。综上，被告人彭某某并未能从被害人刘某某处取得任何钱财，其行为属于抢劫未遂。

三、彭某某的行为不构成“多次抢劫”

关于“多次抢劫”是否包含未完成形态，笔者持肯定观点。根据最高人民法院《关于审理抢劫、抢夺刑事案件适用法律若干问题的意见》明确对于“多次”的认定，应当以行为人实施的每一次抢劫行为均构成犯罪为前提，综合考虑犯罪故意的产生及犯罪行为实施的时间、地点等因素，客观分析、认定。也就是说，构成多次抢劫，必须是每次抢劫行为单独成罪，但不一定要求每次抢劫均达到犯罪既遂，但笔者认为各次行为不仅要构成犯罪，且需要达到应受刑事处罚的程度，当一次行为处在犯罪预备形态或者行为人主动放弃犯罪且有效防止危害结果发生，并依有关情节遵照《刑法》适用“免除处罚”规定时，表示该行为未达到应受刑事处罚的程度，进而不能作为多次加重犯中的一次。如预备行为、中止行为未达到“免除处罚”程度，仅可适用“从轻或者减轻处罚”，则应将此次行为计入多次抢劫中的一次。此外，由于未遂行为的刑罚裁量不存在适用“免除处罚”的可能，因此未遂行为当然达到应受刑事处罚的程度，可以计入多次。

结合该案来看，彭某某抢劫董某某、曲某某的行为因尚未着手实施，尚处在与被害人交谈并伺机寻找作案机会过程中，属于为实施犯罪创造条件，系犯罪预备阶段，且在犯罪预备阶段主动放弃犯罪念头，均系犯罪预备阶段的中止行为，可以对其免除处罚，不宜计算在“多次抢劫”的次数之内，不构成“多次抢劫”。

【处理结果】

法院经审理认为，被告人彭某某以非法占有为目的，假借与被害人洽谈租赁房屋过程中，以暴力、胁迫方式抢劫他人财物，其行为已构成抢劫罪，应予惩处。被告人彭某某有如下量刑情节：对被害人刘某某实施抢劫时，因意志以外原因而未实际得到钱财系犯罪未遂，依法可减轻处罚；准备作案工具，预谋抢劫两起，进入待租房屋，与被害人接触后自动放弃犯罪，且没有造成人身损害，系犯罪中止，依法应免除处罚；归案后如实供述犯罪事实，且主动交代司法机关尚未掌握的两起抢劫犯罪事实，系坦白，依法可从轻处罚，自愿认罪认罚，亦可依法从宽处罚。判决：被告人彭某某犯抢劫罪，判处有期徒刑 1 年 6 个月，并处罚金 2000 元。

（撰稿人：周枫　黄晓丹）

23. 使用暴力手段威胁他人帮助逃跑的行为是否构成转化型抢劫罪

——杨某某、付某某抢劫案

【要旨】

犯罪嫌疑人在实行盗窃、诈骗、抢夺等行为后,使用暴力手段威胁他人(他人的概念及范围应不限于被害人),帮助其逃跑的行为是否认定为转化型抢劫,在理论及实务上存在争议,抓捕与逃跑具有对抗性,拒绝帮助先行行为人逃跑的行为应认定为一种消极形式的抓捕,故使用暴力手段威胁他人帮助逃跑的行为构成转化型抢劫罪。

【基本案情】

被告人杨某某,男,37 岁,河北人;

被告人付某某,男,31 岁,河南人。

2019 年 1 月 14 日 21 时 45 分许,犯罪嫌疑人杨某某伙同付某某带液压钳子、改锥等作案工具,窜至 N 区 A 路与 B 路交口的某酒吧意图实施盗窃,付某某在外望风,由杨某某入内盗窃被害人汪某某停放在此处的黑色赛克电动车一辆(经鉴定 1800 元),正欲逃离案发现场时,被事主汪某某发现,杨某某与付某某随即放弃被盗电动车,并分头逃窜。付某某先被过路群众抓获,杨某某在逃跑的过程中拦停一辆出租车,欲让司机刘某某载其逃离现场,而刘某某见有人正在追捕杨某某,并喊:“抓小偷!”遂拒绝了杨某某的要求,杨某某见状便拿出随身携带的管制刀具对刘某某实行威逼,声称如果不帮助其逃走就杀死刘某某。杨某某随后被赶到的民警及被害人汪某某抓获。

【争议问题】

如何评价犯罪嫌疑人杨某某在逃离现场的过程中，以暴力威胁出租车司机刘某某助其逃离现场的行为，即是否构成转化型抢劫罪。

就犯罪嫌疑人杨某某是否构成转化型抢劫罪的问题，司法机关在认定过程中存在两种明显不同的意见。

第一种意见认为，犯罪嫌疑人杨某某的行为成立转化型抢劫罪，理由是：最高人民法院《关于审理抢劫、抢夺刑事案件适用法律若干问题的意见》（以下简称《两抢意见》）明确规定，为了抗拒抓捕使用凶器威胁构成转化型抢劫罪，但就为抗拒抓捕使用凶器威胁的对象，未作明确界定。根据罪刑法定主义及刑法解释中有利于被告人的原则，不能简单地将行为人事后使用暴力的对象扩大解释为除被害人或抓捕人以外的其他人。该案中，虽然犯罪嫌疑人杨某某在逃跑的过程中使用凶器对出租车司机刘某某进行威胁恐吓，要求帮助其逃离现场，但是刘某某并不是杨某某先行行为中的被害人或抓捕人，不满足转化型抢劫罪的使用暴力的对象条件，因此杨某某仅成立盗窃罪。

第二种意见认为，杨某某的行为构成转化型抢劫。理由是：《刑法》第269条规定：犯盗窃、诈骗、抢夺罪，为窝藏赃物、抗拒抓捕或者毁灭罪证而当场使用暴力或者以暴力相威胁的，依照抢劫罪定罪处罚。构成转化型抢劫应当满足如下条件：一是行为人的先前行为必须触犯了“盗窃罪、诈骗罪或抢夺罪”，并且仅限于这三种财产犯罪。转化抢劫前的三罪，指的是行为而不是罪名，而且这些行为只包括针对财产法益所实施的犯罪。二是行为人事后使用暴力仅限于以下三种目的：抗拒抓捕、窝藏赃物、毁灭罪证。所谓抗拒抓捕，是指行为人在实施盗窃、诈骗、抢夺过程中或得手后被人发现，为了不被抓获归案而对抓捕者实施暴力或者以暴力相威胁。该案中，杨某某以暴力威胁出租车司机刘某某，其目的就是尽快逃离案发现场，以逃避司法机关的打击。当出租车司机刘某某在发现有人在追捕杨某某，并听见有人喊“抓小偷”的时候，就已经意识到该杨某某可能系正欲逃离现场的犯罪嫌疑人，拒绝帮助杨某某的行为有利于嫌疑人落网。因此，我们可以把出租车司机刘某某的行为视为是一种配合过路群众、民警、被害人抓捕犯罪嫌疑人杨某某的行为。因此,可以认定杨某某构成转化型抢劫罪。

【评析意见】

一、杨某某先行行为构成盗窃罪,且系共同犯罪中的主犯

从盗窃数额的角度来看,虽然犯罪嫌疑人杨某某盗窃电动车的价值未达到盗窃罪“数额较大”的规定。但根据2013年最高人民法院、最高人民检察院《关于办理盗窃刑事案件适用法律若干问题的解释》第3条第3款的规定,携带国家禁止个人携带的管制刀具盗窃构成盗窃罪。

杨某某在盗窃过程中携带了国家禁止个人携带的管制刀具,虽然在盗窃数额上不满足盗窃罪的数额较大的标准,但由于杨某某具备携带凶器盗窃的情形,而付某某对杨某某携带凶器的事实知情,因此杨某某与付某某均构成盗窃罪。杨某某与付某某就盗窃电动车的行为有意思联络,主观上具有共同的犯罪故意,因此犯罪嫌疑人杨某某伙同付某某盗窃电动自行车的行为成立共同犯罪。杨某某作为盗窃电动车犯罪行为的具体实施者,在盗窃中起到了主要作用,属于盗窃罪的主犯。付某某在盗窃电动车的过程中负责望风,起到了次要的、辅助的作用,因此付某某系从犯。

二、杨某某对刘某某使用暴力的“当场性”问题的分析

就“当场性”来讲,应当以追捕行为是否持续不间断进行界定。有关转化型抢劫罪成立条件中的“当场”的界定,在我国的刑法理论界,同样存在争议。

主要有以下几种观点的对立:第一种观点认为,“当场”就是实施盗窃、诈骗、抢夺犯罪的现场。第二种观点认为,“当场”是指与窝藏赃物、抗拒抓捕、毁灭罪证有关的地方。从时间上看,可以是盗窃等行为实施时或刚实施完不久,也可以是数天后;从地点上看,可以是盗窃等的犯罪地,也可以是离开盗窃等犯罪地的途中,还可以是行为人的住所等地。第三种观点认为,“当场”一指实施盗窃等犯罪的现场;二指以犯罪现场为中心与犯罪分子活动有关的一定空间范围,此外,只要犯罪分子尚未摆脱监视者力所能及的范围,都属于“当场”。第四种观点认为,“当场”是指实施盗窃、诈骗、抢夺罪的现场,或者刚刚逃离现场即被人发现和追捕的过程中,可以视为现场的延伸。这是我国的通说。本文倾向于这种观点。“当场”是指行为人实施盗窃、诈骗、抢夺行为以及被抓捕的整个过程与现场。或者说转化型抢劫罪中的"当场"是指案发现场或犯罪嫌疑人被发现及整个抓捕的过程。所以,对嫌疑人的追捕是一个持续不间断的过程,既包括嫌疑人尚未离开前行为的现场或一离开现场就被人发觉并立即抓捕,也包括发现嫌疑人并对其实施一定时间的监视后再实施抓捕。只要嫌疑人始终处于追捕人的视线范围内,不论持续多久,其暴力行为均属于当场实施。就此案而言,杨某某一直处在公安人员及被害人的抓捕过程中,并且整个抓捕过程未间断,因此可以认定杨某某当场使用暴力。

三、杨某某事后使用暴力相威胁的行为应认定为转化型抢劫

转化型抢劫罪的客观行为要求行为人实施暴力或者以暴力相威胁的行为。那么,行为人的该行为应该对谁做出,即暴力或者以暴力相威胁的对象应该包括哪些人?对此,我国法律并没有做出明确规定。有学者明确指出:"暴力、胁迫的对象,可以是财物的所有人、公安人员或其他任何参与抓捕的人。"司法实践中也大都采纳了该观点。[①]

转化型抢劫要求犯罪嫌疑人在主观上有在事后对被害人实施暴力的故意,在客观上有对被害人使用了暴力或以暴力相威胁的行为。虽然抢劫罪在我国《刑法》中有侵犯财产犯罪的定位,而一般认为,抢劫罪侵犯的是复杂客体,兼具侵犯被害人人身与财产法益的属性。事实上,我国《刑法》对转化型抢劫的界定属于一种法律拟制,事后对被害人实施暴力的行为本不符合抢劫罪的犯罪构成,而将其通过法律规定拟制为抢劫罪。因为犯罪嫌疑人事后使用暴力的行为同时侵犯了被害人的人身法益,先行行为(盗窃、抢夺、诈骗行为)则是体现了以非法占有他人财物为目的。犯罪嫌疑人杨某某在其盗窃行为未得逞的情况下,为了抗拒抓捕,逃离现场,以暴力胁迫的手段威胁出租车司机刘某某帮助其逃离现场,从主观上讲,犯罪嫌疑人杨某某有事后使用暴力相威胁的行为。

四、杨某某构成抢劫罪,付某某构成盗窃罪

杨某某与付某某被发现后即逃跑,付某某先被巡逻民警与过路群众抓

---

① 根据"中国裁判文书网"公布的判决书结论显示,天津市 2018 年至 2021 年关于转化型抢劫罪的刑事判决书均采纳了该观点。

获。而杨某某为了逃避公安机关打击,以暴力手段威胁出租车司机刘某某开车的行为构成转化型抢劫,原因不再赘述。而就杨某某关于转化型抢劫的犯罪形态,笔者的观点是未遂。就抢劫罪而言,根据《两抢意见》第10条的规定,抢劫罪侵犯的是复杂客体,既侵犯财产权利又侵犯人身权利,具备劫取财物或者造成他人轻伤以上后果两者之一的,均属抢劫既遂;既未劫取财物,又未造成他人人身轻伤害后果的,属抢劫未遂。就转化型抢劫的犯罪形态,刑法的解读与适用贵在体系性与逻辑性,转化型抢劫属于一种法律拟制,也可以将其认定为是抢劫罪的特殊形式,既然转化型抢劫为抢劫罪的特殊表现形式,那么应当满足抢劫罪的一般的内在规定性,即在转化型抢劫的犯罪形态认定上,应当参考抢劫罪,并且结合案件的具体情况进行考察。回到该案,杨某某在逃跑的过程中,对配合司法机关对其实施抓捕的刘某某使用暴力威胁,故应认定刘某某的行为构成转化型抢劫罪。综上所述,杨某某构成抢劫罪,没有证据显示杨某某和付某某有达成盗窃不成便使用暴力的意思联络,杨某某的后续暴力行为超出了盗窃共同犯罪的故意和行为,属于共犯实行过限,故付某某仅成立盗窃罪。

【处理结果】

法院经审理认为,被告人杨某某的行为属于转化型抢劫,构成抢劫罪,付某某的行为构成盗窃罪。

(撰稿人:王天宇)

24. 非法持有毒品罪和贩卖毒品罪的区分认定

——雷某某、计某某贩卖毒品抗诉案

【要旨】

构成贩卖毒品罪的行为一般均符合非法持有毒品罪的构成要件，只是贩卖毒品罪具有向他人贩卖的行为，从而超出了非法持有毒品罪的犯罪构成，其实质是一种持有并贩卖毒品的犯罪实施过程。准确认定行为人持有毒品的主观目的，是非法持有毒品罪与贩卖毒品罪的区分关键。为强化证据锁链，有效惩治毒品犯罪，在认定毒品案件行为人犯罪主观目的时，可以根据客观行为、同案犯供述及经验法则进行刑事推定。

【基本案情】

被告人雷某某，男，48 岁，天津市人；被告人计某某，女，37 岁，天津市人。2014 年 10 月，被告人雷某某与其上家曹某某商定购买甲基苯丙胺 1000 克，以邮寄方式运输至天津，后雷某某通过其名下的农业银行卡向开户名为曹某某的银行账户汇入毒资人民币 7 万元。同年 10 月 31 日中午，被告人雷某某、计某某驾驶租赁的黑色丰田牌轿车到达天津市某快递代办点，持他人身份证进入代办点准备收取收件人为“董某”的快递包裹，被快递工作人员告知快递尚未到达，其二人便离开。当日 17 时许，雷某某、计某某驾车再次到达上述快递代办点，计某某进入代办点将收件人为“董某”的快递包裹取出，雷某某在外等候，计某某取完包裹与雷某某一起准备驾车离开时被公安机关当场抓获。公安机关从计某某收取的快递包裹内查获甲基苯丙胺 1010.4 克、褐色植物碎片（大麻）24.2 克；从雷某某所穿衣物内及雷某某的背包中查获甲基苯丙胺 12.91 克；在二人驾驶的丰田牌轿车内及计某某租住处查获甲基苯丙胺 39.37 克、麻古 8.65 克。

【争议问题】

对于雷某某、计某某二人的行为定性和量刑,形成了两种不同的意见:

(1)雷某某、计某某的行为构成非法持有毒品罪。一审法院认定被告人雷某某构成非法持有毒品罪,判处无期徒刑,剥夺政治权利终身,并处罚金人民币5万元;被告人计某某犯非法持有毒品罪,判处有期徒刑15年,并处罚金人民币4万元。对于一审检察机关提供的证人证言证明雷某某曾通过他人贩卖毒品,提供的书证材料及被告人供述证实雷某某以7万元价格自曹某某处购买毒品且欲伙同计某某贩卖,构成贩卖毒品罪的指控,一审法院认为证人张某某及李某某的证言所证明的二人在毒品交易次数、数量等情节上存在诸多矛盾,同时,书证材料亦不能直接证实雷某某汇向户名为曹某某银行账户的7万元是购买该案所查获毒品的毒资,且二被告人对以上指控的事实所做供述也不一致,故现有证据不能形成完整证据锁链,不足以证明雷某某、计某某具有向他人贩卖毒品的客观行为,综合考虑全案证据以及雷某某、计某某本身即为吸毒人员的客观事实,应以非法持有毒品罪对被告人雷某某、计某某定罪量刑。被告人雷某某、计某某共同前往快递代办点收取毒品,在共同犯罪中二被告人均起主要作用,是主犯,依法均应按照参与的全部犯罪处罚。

(2)雷某某、计某某的行为构成贩卖毒品罪。一审检察机关认为,一审判决认定被告人雷某某、计某某构成非法持有毒品罪属认定事实、适用法律确有错误,导致定性错误。被告人雷某某在侦查阶段的有罪供述、被告人计某某的供述和银行交易凭证能够证实雷某某向其上家曹某某汇款7万元用于购买毒品甲基苯丙胺1000克回津贩卖的事实。证人张某某、李某某的证言及被告人计某某的供述能够证实雷某某曾多次向他人贩卖毒品,计某某曾提供帮助的事实。虽然雷某某、计某某本身是吸毒人员,但以上证据能够证实二人具有向他人贩卖毒品的客观行为,其行为应定性为贩卖毒品罪。一审判决认定被告人雷某某、计某某构成非法持有毒品罪,导致二被告人量刑畸轻。被告人雷某某曾因故意犯罪被判处有期徒刑,在刑满释放后5年内,又故意犯应当判处有期徒刑以上刑罚之罪,应当从重处罚。判决被告人雷某某无期徒刑、被告人计某某有期徒刑15年不符合罪责刑相适应的原则,导致量刑不当,不能使二被告人得到应有的惩处。

【评析意见】

一、定性分析

该案的观点分歧关键在于对案件的定性,准确厘清非法持有毒品罪与贩卖毒品罪的罪质特征,是案件证据审查和定罪量刑的前提。二审检察机关赞同第二种观点,认为在该案中,雷某某、计某某的行为符合我国《刑法》第 347 条贩卖毒品罪的构成要件,应认定为构成贩卖毒品罪,具体分析如下:

1. 对案件行为性质的判断应考量被告人的整体犯罪故意和全部实行行为,综合运用主、客观证据进行案件定性。依照法律规定,贩卖毒品是明知是毒品而有偿转让或者以贩卖为目的而非法购买毒品的行为,非法持有毒品是明知是毒品而非法持有且数量较大的行为。其实从构成要件符合性上来看,贩卖毒品的实行行为一般均符合非法持有毒品罪的构成要件,只是贩卖毒品罪除持有行为外,还具有向他人贩卖的行为,从而超出了非法持有毒品罪的犯罪构成,其实质是一种持有毒品并贩卖毒品的犯罪过程。所谓持有毒品是行为人对毒品具有事实上的支配或管领,贩卖毒品是一种需要行为人认识到毒品且能够对毒品进行支配或管领,继而与他人进行对价交易的行为。易言之,可以认为,非法持有毒品行为是贩卖毒品罪的要件行为之一,贩卖毒品行为是非法持有毒品罪的构成要件超出行为。非法持有毒品罪作为毒品类犯罪中的一个兜底性罪名,在扩大毒品犯罪打击范围方面非常有效,但近年来,由于毒品案件的特殊性和复杂性,司法办案实践中有一种倾向,对于在案证据不是特别充分的毒品类案件,往往以认定贩卖毒品罪证据不足为由,将本可以认定为贩卖毒品罪的案件,降阶定性为非法持有毒品罪。毒品犯罪侵害的法益是国家对毒品的管理制度,在此类案件中并没有明确的被害人,但该类案件社会危害性极大,而且毒品犯罪各罪名之间的定罪量刑也有着较大差异,相较于其他类型案件,更需要司法机关对案件的性质进行准确区分。

在该案中,如果仅从雷某某、计某某收取藏匿毒品的快递包裹这一单个行为来看,认定二被告人构成非法持有毒品罪并无明显不当,但该案中有证据证实雷某某、计某某曾经向他人贩卖过毒品,应当将雷某某、计某某之前贩卖毒品和本次购买毒品的行为结合起来,综合运用证据,对案件进行整体分析和准确定性。

2. 雷某某、计某某具有明知是毒品而非法购买的行为。在案汇款凭证、计某某的供述能够证实雷某某在购买毒品前,从小额贷款公司贷款7万元汇给曹某某,在汇款短短10日后,藏匿有大量毒品的快递包裹即邮寄至天津。邮寄的毒品被藏匿在快递包裹中的汽车大灯内,一般人难以发现,属于采用高度隐蔽的方式接收毒品,且雷某某、计某某冒用他人身份证领取快递包裹,明显违背合法物品惯常交接方式,二被告人对此明显不符合常理的情况皆不能作出合理解释。根据最高人民检察院、公安部《关于公安机关管辖的刑事案件立案追诉标准的规定(三)》的有关规定,二被告人的行为符合"采用高度隐蔽的方式交接物品,明显违背合法物品惯常交接方式,从中查获毒品的"情形,结合二被告人的有罪供述及该案其他证据,足以认定二被告人具有明知是毒品而非法购买的行为。

3. 雷某某、计某某具有向他人贩卖毒品以牟取利益的目的。准确认定行为人持有毒品的主观目的,是非法持有毒品罪与贩卖毒品罪的区分关键。毒品犯罪案件因具备证据易灭失性和隐秘性等特征,证据收集难度大,证据种类相对较少,为了强化证据锁链,有效惩治毒品犯罪,在认定毒品案件行为人犯罪主观目的时,可以根据其客观行为、同案犯供述及经验法则进行刑事推定。刑事推定是指在刑事诉讼过程中,司法人员根据基础事实与待证事实之间的常态联系,以某一已经查明的事实推断另一难以证明事实的存在。刑事推定的运用能够有效打击毒品犯罪,也为司法机关证明毒品犯罪行为人主观故意和目的提供了有力抓手。

该案中,被告人雷某某在侦查机关曾作过一次有罪供述,其中明确说其购买毒品是为了贩卖牟利,虽然证人张某某、李某某二人证言对于毒品交易的时间、数量上存在不一致之处,但二人证言始终稳定,且对于李某某通过张某某从雷某某处购买毒品这一基本事实的表述是一致的,并有计某某的供述予以佐证,以上证据能够证实雷某某、计某某曾共同向他人贩卖过毒品。另外,雷某某在经济拮据的情况下,从小额贷款公司贷款汇给他人,在汇款后10日内便收到藏匿1000多克毒品的快递,明显超过正常吸食所需,再结合雷某某对汇款用途无法做出合理解释、持他人身份证件收取包裹等反常行为。通过以上基础事实,能够推定雷某某具有购买毒品进行贩卖牟利的主观目的。

被告人计某某因收取藏匿有毒品的快递包裹被公安机关当场抓获,其本人供述曾帮助雷某某收取毒品贩卖所得赃款、案发前知晓雷某某向他人购买大宗毒品并帮助汇款,再结合其案发当天两次前往快递公司提取快递包裹、其手机内存有雷某某毒品上下家电话号码等情节,能够推定计某某明知快递包裹内藏有毒品而前往收取,具有伙同雷某某非法收取毒品并向他人贩卖的主观目的。

二、量刑分析

一审法院对被告人雷某某的量刑畸轻,但对被告人计某某的量刑适当。

1. 被告人雷某某、计某某系共同犯罪,雷某某为主犯,计某某为从犯。证人张某某、李某某的证言,雷某某与张某某之间的通话记录,计某某的供述能够证实在向李某某贩卖毒品的过程中,被告人雷某某系毒品的所有者和毒赃的获得者,并指使被告人计某某帮助其收取毒赃,二被告人又明知快递包裹内藏匿有大量毒品,持他人身份证一同驾车前去接收,能够认定二被告人具有共同贩卖毒品的行为。从二被告人的地位作用上来看,雷某某在向他人贩卖毒品过程中处于指挥者的地位,起主要作用,而计某某系受雷某某指使帮助其收取贩毒所得赃款,在共同犯罪中起辅助作用,因此应当认定雷某某为主犯,计某某为从犯。

2. 一审法院对被告人雷某某的量刑畸轻。一审法院以非法持有毒品罪判处雷某某无期徒刑,剥夺政治权利终身,并处罚金人民币 5 万元。雷某某为贩卖而购买毒品,应构成贩卖毒品罪,而贩卖毒品罪的法益侵害程度和量刑档次要明显高于非法持有毒品罪,且雷某某系累犯,亦不具有认罪、悔罪态度,无任何从轻减轻情节,根据罪责刑相适应原则,理应严惩,一审法院对雷某某判处无期徒刑属于量刑畸轻,应当对其加重量刑。

3. 一审法院对被告人计某某的量刑适当。一审法院以非法持有毒品罪判处计某某有期徒刑 15 年,并处罚金人民币 4 万元。虽然一审判决对被告人计某某定性错误,应以贩卖毒品罪追究其刑事责任,但鉴于计某某在共同犯罪中起辅助作用,系从犯,相较于主犯雷某某应从轻处罚,一审法院对计某某的量刑在法定幅度之内,属于量刑适当。

【处理结果】

2016 年 9 月 28 日,二审法院作出终审判决,采信检察机关在二审庭审期间提交的证人张某某、李某某的证言以及天津市某区人民法院认定雷某某、张某某参与毒品犯罪的生效判决,支持二审检察机关的抗诉意见,认定被告人雷某某犯贩卖毒品罪,判处无期徒刑,剥夺政治权利终身,并处没收个人全部财产;被告人计某某犯贩卖毒品罪,判处有期徒刑 15 年,并处没收个人财产人民币 4 万元。

(撰稿人:康赞)

25. 零包毒品犯罪之代购与贩卖的解析

——孙某某、李某某贩卖毒品案

【要旨】

司法实务中，对于零包毒品犯罪的认定一直存在代购与贩卖之间的争议。根据现行法律规定，[①]在行为人以数量未超过最低数量标准（非法持有毒品罪的数量标准）的毒品为犯罪对象时，需要重点甄别行为性质是毒品代购还是贩卖毒品，以解决罪与非罪的问题。即在行为人为他人代购仅用于吸食、注射的毒品，数量未超过最低数量标准，且不以牟利为目的的情况下，不以犯罪处理。尤其在司法实务中，零包毒品犯罪的嫌疑人大多以代购作为辩解，使正确区分代购与贩卖毒品，成为解决该类案件罪与非罪的关键。

【基本案情】

2021 年 1 月，吸毒人员赵某某向犯罪嫌疑人孙某某购买毒品，并以现金方式支付毒资 1 万元给犯罪嫌疑人李某某（犯罪嫌疑人孙某某女友），同时

---

① 我国《刑法》第 347 条规定，贩卖毒品无论数量多少，都应当追究刑事责任，予以刑事处罚。与此同时，2008 年最高人民法院《全国部分法院审理毒品犯罪案件工作座谈会纪要》规定“有证据证明行为人不以牟利为目的，为他人代购仅用于吸食的毒品，毒品数量超过刑法第三百四十八条规定的最低数量标准的，对托购者、代购者应以非法持有毒品罪定罪。代购者从中牟利，变相加价贩卖毒品的，对代购者应以贩卖毒品罪定罪”；2012 年最高人民检察院、公安部《关于公安机关管辖的刑事案件立案追诉标准的规定（三）》规定“有证据证明行为人以牟利为目的，为他人代购仅用于吸食、注射的毒品，对代购者以贩卖毒品罪立案追诉。不以牟利为目的，为他人代购仅用于吸食、注射的毒品，毒品数量达到本规定第二条规定的数量标准的，对托购者和代购者以非法持有毒品罪立案追诉”；2015 年最高人民法院《全国法院毒品犯罪审判工作座谈会纪要》规定“行为人为他人代购仅用于吸食的毒品，在交通、食宿等必要开销之外收取‘介绍费’、‘劳务费’，或者以贩卖为目的收取部分毒品作为酬劳的，应视为从中牟利，属于变相加价贩卖毒品，以贩卖毒品罪定罪处罚”。

以微信转账方式向李某某支付路费1500元。犯罪嫌疑人孙某某经向湖北省某地周某某联系毒源,并约定向其购买1万元毒品。后犯罪嫌疑人李某某受孙某某指使,携带1万元毒资,先后乘飞机、火车到达湖北省某地,与周某某交易毒品,交易完成后在当地住宿一晚,转日乘火车返回。全程路途、食宿费用合计1300余元。返回后,犯罪嫌疑人李某某在火车站被抓获,当场被查获毒品海洛因6克。案发后,犯罪嫌疑人孙某某、李某某均供认了上述犯罪事实,同时孙某某供称,其与赵某某约定,毒品交易成功后,赵某某另支付1200元好处费。但因交易未果,该费用未兑现。后侦查人员找到赵某某,其对购买毒品的事实完全否认,辩解称1500元的微信转账是偿还孙某某的欠款,并未向其购买毒品,亦未向其支付1万元毒资。

【争议问题】

对于上述案件,因为毒品数量未达到非法持有毒品罪的数量标准,且行为人从中牟利的证据不够充分,在行为定性方面存在成立代购毒品的可能性,即可能不构成犯罪。因此,围绕是否符合毒品代购的罪与非罪问题上,出现两种不同意见。

一种意见认为,两犯罪嫌疑人的行为不是代购,是以牟利为目的的贩卖毒品行为,只是因为毒品交易未成功,贩卖未能既遂;而贩卖毒品罪不论数量多少,均构成犯罪。因此两犯罪嫌疑人的行为成立贩卖毒品罪。

另一种意见认为,现有证据仅犯罪嫌疑人孙某某供述称,毒品交易后会有1200元获利,没有其他证据进一步印证。在仅有犯罪嫌疑人有罪供述的情况下,不足以定案。因此,在没有充分证据证实行为人牟利的情况下,无法排除其为他人代购仅用于吸食的毒品的可能性,从有利于被告人原则出发,该案现有证据不足以认定犯罪嫌疑人成立毒品犯罪。

【评析意见】

一、零包毒品代购行为出罪的理论分析

根据上述规定,为他人代购仅用于吸食的毒品,且未从中牟利的,不作犯罪处理。这一出罪规定可从以下几点溯源:首先,犯罪的本质是法益侵害性。就毒品犯罪而言,其侵犯的法益是国家对毒品的管制,同时也包括社会

公众的健康。因为毒品不仅能使人形成瘾癖，而且足以危害人的身体健康。所以毒品犯罪是以公众的健康为保护的抽象危险犯。而作为毒品犯罪的保护法益的公众健康，并不是指特定个人的身体健康，而是指社会法益的公众健康。[①] 因此，对于个人吸食、注射毒品的行为，因仅侵犯了其个人健康，在没有证据证实其实施其他毒品犯罪的情况下，不具有毒品犯罪的法益侵害性，不以犯罪论处。其次，个人吸食、注射毒品的行为，相当于行为人承诺的自损行为，被害人承诺属违法阻却事由之一，即该行为本身不具有违法性。最后，为他人代购仅用于吸食、注射的毒品的行为，是吸毒者吸食毒品的帮助行为，具有从属性。而在主行为吸毒行为不具有违法性的情况下，从行为即代购行为自然也就不具有违法性。因此，为他人代购仅用于吸食、注射的毒品不以犯罪论处。

与此同时，结合毒品犯罪侵犯的法益，毒品代购行为出罪需要同时满足以下条件：一是用途方面，代购毒品限于为他人用于吸食、注射的毒品，以此保证代购毒品行为仅侵害委托者一人的健康，而不具有再流通的危险。二是数量方面，代购毒品的数量限于未超过非法持有毒品罪的数量标准。对于超过该数量标准的，推定行为人主观目的不再限于个人吸食、注射，而有其他毒品犯罪的目的，因此对代购者以相应的毒品犯罪定罪处罚。三是目的方面，代购行为的从属性决定了该行为不具有牟利性，对于行为人以牟利为目的为他人代购的，其行为不再是委托者的帮助行为，而是毒品有偿交易的行为，应予以独立评价。

二、贩卖毒品的犯罪构成要件

首先，贩卖毒品罪的行为对象必须是毒品，且根据刑法规定，贩卖毒品无论数量多少、质量如何、药理作用的程度如何、含量多少等，都应当以犯罪论处。因为“即使是微量的毒品，也具有显著的药理作用，连续使用会造成依赖性，损害使用者的健康”。[②] 其次，贩卖毒品罪的客观行为“贩卖”，从词义上解释，是指“买进货物再卖出以获取利润”[③]。根据最高人民检察院、公

---

① 参见张明楷：《代购毒品行为的刑法学分析》，载《华东政法大学学报》2020 年第 1 期。

② 张明楷：《刑法学》(第 5 版)，法律出版社 2016 年版，第 1142 页。

③ 中国科学院语言研究所词典编辑室编：《现代汉语词典》，商务印书馆 1977 年版，第 300 页。

安部《关于公安机关管辖的刑事案件立案追诉标准的规定(三)》规定,贩卖是指明知是毒品而非法销售或者以贩卖为目的而非法收买的行为。这里需要指出的是,与词义解释不同,根据《刑法》第347条的规定,贩卖毒品并不以牟利为目的,即这里的贩卖只要求有偿转让,也就是通过毒品交付,获取物质利益,对获取的利益是否与交付的毒品等价,在此不问。例如,行为人以低于成本的价格折价出售毒品的,不影响贩卖毒品罪的认定。当然,行为人向他人赠与或无偿提供毒品的,不认定为贩卖毒品行为。同时,贩卖毒品的有偿性,可以体现为同时交付毒品、支付对价,也可以体现为先交付毒品后支付对价,或者先支付对价后交付毒品。最后,贩卖毒品罪的责任形式为故意,包括直接故意和间接故意。即行为人必须认识到贩卖的是毒品或者可能是毒品,仍积极追求或放任贩卖毒品行为结果的发生。关于行为人主观明知的认定,不能仅凭被告人供述,而应当依据行为人贩卖毒品的过程、方式、毒品被查获时的情形等,结合行为人的年龄、阅历、智力等情况,进行综合分析判断。对此,在上述座谈会纪要及相关司法解释中均有列举可推定明知的具体情形,行为人做出合理解释的除外。

三、零包毒品代购与贩卖的区别

1. 毒品代购行为的理解

根据上述分析,贩卖零包毒品的行为成立贩卖毒品罪,而为他人代购零包毒品的行为则不认为是犯罪。因此,要正确认定零包毒品犯罪的罪与非罪问题,首先需要理解什么是毒品代购行为。实务中主要存在两种不同解释,一种是文义解释,是指受吸毒人之托,按照吸毒人的购买意向(毒品种类、数量),在他处购买仅用于吸食的毒品交付与吸毒人。另一种是限制解释,是指吸毒人与毒品卖家联系后,委托代购人前去购买仅用于吸食的毒品,以及吸毒人虽未联系但委托代购者到其指定的毒品卖家处购买仅用于吸食的毒品。[①] 两种解释争议点主要围绕卖家来源方面,是代购者自寻,还是托购者指定。

对于以上两种不同解释,笔者认同前者,理由有以下几点:一是文义解

---

① 参见高鹏里:《代购毒品出罪的困境与出路——以两个"毒品会议纪要"为切入点》,载《贵州警官职业学院学报》2019年第5期。

释更符合社会普通民众对代购一词的理解，那么该种解释结论就更容易被采纳，更具有可行性。这一点，通过司法实务中大量代购者自寻卖家的行为被不以犯罪处理的案例即可见一斑。二是对于自寻卖家的代购者，虽在毒品交易中具有一定的主动性，对毒品源有决定权，其行为促进了毒品泛滥，加剧了毒品向社会流散，危害性更大；且司法实务中对这类代购行为的指证难度更大，甚至存在代购毒品出罪的滥用。然而，判断行为是否是犯罪行为，是否应受刑罚处罚，不能仅因为政策上的从严或指控上的便利，就不顾罪刑法定的基本原则，应严格从毒品犯罪侵犯的法益角度推导代购毒品的罪与非罪。① 毒品犯罪侵犯的法益是国家对毒品的管控以及社会公众的健康，同时，如上文所述，个人吸食毒品不是犯罪行为，为他人代购仅用于吸食的毒品亦不以犯罪论处。而无论是自寻卖家的代购，还是托购者指定卖家的代购，行为侵犯的法益并没有区别，因此两行为在罪与非罪的认定方面不应有所不同。三是对于托购者指定卖家的代购行为，司法实务中出现的案例并不常见，以此标准解释毒品代购行为最终可能导致代购行为出罪的规定形同虚设，违背代购毒品概念设置的初衷。

2. 零包毒品代购与贩卖毒品的区别

综合以上分析，零包毒品代购与贩卖毒品在客观行为方面，都表现为交付毒品，主要区别在于行为是否侵害了毒品犯罪保护的法益，是否符合主客观相统一以及责任主义原则。具体有以下几点区别：

第一，行为获利方式方面，毒品代购行为具有从属性，且不以牟利为目的。2015 年《全国法院毒品犯罪审判工作座谈会纪要》规定，毒品代购行为可以收取必要的②交通、食宿等开销。该费用是行为人为他人代购毒品的劳务费，并非因毒品而产生的对价，因此不认定为牟利。当然，对于行为人在上述必要开销外收取“介绍费”“劳务费”，或者以贩卖为目的收取部分毒品作为酬劳的，应视为从中牟利，属于变相加价贩卖毒品，以贩卖毒品罪定罪处罚。贩卖毒品行为是一种毒品有偿交易行为，并不以牟利为目的。但此

---

① 参见程周明、杨娟、何艳：《居间介绍、代购毒品的法律适用问题》，载《人民检察》2019 年第 12 期。

② 收取的费用是否是“必要的”，依据社会一般公众标准进行判断，明显超出合理标准的高消费不在其列。

处的获利完全是因为交易毒品而支付的对价,而与劳务无关。

第二,是否有购买毒品行为方面,毒品代购行为顾名思义,是行为人接受委托后,购买毒品并交付委托人的行为,因此必然需要实施购买毒品的行为;但贩卖毒品行为,不必须有购买毒品行为。如行为人积存、继承等的毒品,均可以成为贩卖毒品的对象。

第三,毒品数量方面,贩卖毒品罪无论数量多少,只要是毒品,均以犯罪论处;但毒品代购行为的对象是仅用于吸食、注射的毒品,因此,从严厉打击毒品犯罪,增强毒品管控的角度,对于代购超过数量较大标准的毒品的,法律推定行为人具有其他毒品犯罪的主观目的,而非仅限于吸食、注射的自用。因此,毒品代购行为限制毒品数额,必须没有超过数量较大标准。以此限制出罪范围扩大,削弱毒品犯罪的打击力度。

第四,主观目的方面,行为人贩卖毒品的主观目的,在于通过毒品交易获得物质或经济利益。同时根据责任主义原则,贩卖毒品的行为人需明知其行为会造成毒品在社会的流转,仍积极追求或放任该结果的发生,即行为人主观具有过错,这也是毒品代购行为人在客观行为与贩卖毒品行为一致的情况下,仍作出罪处理的主要原因——毒品代购行为人主观上没有过错,其仅为他人代购仅用于吸食、注射的毒品,不存在促进毒品在不特定人群中扩散的恶意。

第五,行为人与购毒者的关系方面,贩卖毒品行为人与购毒者大多是交易双方,除了完成交易外没有其他特殊关系;而毒品代购行为人与购毒者大多是熟人,甚至是朋友关系。以致根据一般社会公众的观念判断,有充分的理由相信行为人愿意为购毒者查找毒源并购买、交付,而不从中牟利。

四、零包毒品犯罪案件的分析思路

1. 从客观到主观的认定方法。主客观相统一并不是只要具有主观要素与客观要素即可,而是要在行为符合构成要件且违法的前提下考察责任要素。所以,必须先讨论行为的客观不法,后考察行为人的有责性。[①] 针对上文所述的零包毒品犯罪案件,首先,要判断行为是否符合贩卖毒品的构成要件,即是否为有偿的毒品交易行为;其次,判断行为是否具有违法阻却事由;

---

① 参见张明楷:《刑法学》(第5版),法律出版社2016年版,第104页。

最后，判断行为人是否具有责任，是否存在责任阻却事由。

2. 毒品代购并非违法阻却事由。因此，在行为成立贩卖毒品罪的情况下，无须再考虑行为是否成立毒品代购而出罪；但在事实不清、证据不足的情况下，研究成立贩卖毒品罪的一般条件时，需要考察与贩卖毒品罪具有某些相似之处，而又排除犯罪的事由，如毒品代购行为。也就是需要结合在案证据，分析行为是否符合毒品代购的出罪事由，以进一步说明贩卖毒品犯罪的成立条件。

3. 排除合理怀疑、存疑有利于被告人原则的适用。一方面，合理怀疑是在客观事实不清的情况下，依据在案证据证实的客观事实，根据社会一般人的观念而产生的怀疑，并非主观臆断或凭空猜测；另一方面，存疑有利于被告人原则，是就案件事实存在模糊时，应作出有利于被告人的认定。即以上两者都是针对案件事实认定存在不清时适用，而不是在案件事实清楚的情况下，在选择适用法律时适用的原则。

针对上述案例，笔者认为，两犯罪嫌疑人成立贩卖毒品罪的共同犯罪。理由如下：一是两犯罪嫌疑人为贩卖毒品寻找毒源、购买毒品，符合贩卖毒品罪的行为特征。[①] 二是根据两犯罪嫌疑人的供述，证实赵某某向其二人购买毒品，于是其二人寻找毒源并向赵某某出售，即两人供述相互印证，共同证实主观出于贩卖毒品的目的。三是犯罪嫌疑人孙某某供述进一步证实，其与赵某某约定交易完成后，在必要路途、食宿费用外再支付1200元“好处费”。即孙某某欲以贩卖毒品从中牟利，印证二人贩卖毒品的目的。四是从代购毒品行为方面考虑，一方面两犯罪嫌疑人有牟利目的，另一方面结合犯罪嫌疑人与赵某某的关系，以及犯罪嫌疑人生活困难现状，两犯罪嫌疑人没有合理理由无偿帮助赵某某购买毒品，因此两犯罪嫌疑人的行为不属代购毒品行为。

另外，该案涉及证据采信问题。认定犯罪嫌疑人成立贩卖毒品罪的证据并非孤证，亦非事实不清。如上所述，两犯罪嫌疑人对贩卖毒品的供述以及孙某某就约定对价的供述，均能证实该案并不存在代购问题；同时，赵某

---

① 因毒品交易未实现，该案无论成立贩卖毒品罪，还是代购毒品行为，客观行为基本相同，不足以区分。

某的辩解完全与在案证据相悖,证明力明显不足,不足以采信;最后,两犯罪嫌疑人生活困难,缺少生活经济来源,结合二人“为赚钱生活”的供述,以及与赵某某的一般关系,可以认定该案并非代购毒品,而就是贩卖毒品。即在案证据证实的客观事实清楚,不得以适用排除合理怀疑,或者存疑有利于被告人原则,进而认定行为成立毒品代购。

【处理结果】

法院经审理认为,被告人孙某某教唆李某某实施贩卖毒品行为,构成贩卖毒品罪,判处其有期徒刑1年,并处罚金人民币6000元;被告人李某某以贩卖毒品为目的而购买、运输毒品,其行为构成贩卖毒品罪,判处其有期徒刑10个月,并处罚金人民币6000元。

(撰稿人:周君)

职务犯罪检察案例

26. 监检衔接过程中发现漏罪的认定与处理问题

——吴某某受贿、帮助犯罪分子逃避处罚、聚众斗殴案

【要旨】

为了防止他人容留卖淫行为被发现,民警私放查获的卖淫嫖娼人员,构成帮助犯罪分子逃避处罚罪。提前介入调查期间,检察机关发现贿赂犯罪中存在渎职犯罪线索,应当及时与监察机关沟通,可以与受贿罪一并提出证据收集、法律适用的意见。检察机关在审查起诉中如果认为受贿罪的谋利事项构成渎职犯罪应当数罪并罚的,应当及时与监察机关沟通,依法处理。一人犯数罪分别由监察机关、公安机关调查、侦查终结后移送起诉的,检察机关可以并案审查起诉。提前介入阶段发现该情况,检察机关可以和监察机关、公安机关沟通协商调查、侦查进度,保证案件及时处理。

【基本案情】

(一)受贿罪

2017 年至 2019 年,被告人吴某某利用担任公安机关某派出所民警职务上的便利,为宁某某、徐某某在其辖区内分别经营足疗店、游戏厅提供帮助,收受 2 人给予的人民币共计 67,909.73 万元。

(二)帮助犯罪分子逃避处罚罪

2018 年 5 月至 2019 年 4 月,宁某某在天津市武清区某镇其经营的足疗店内,先后多次容留他人卖淫。2019 年 4 月 11 日 22 时,该足疗店被举报存在卖淫行为,被告人吴某某出警。其间,吴某某在明知宁某某涉嫌容留卖淫应当予以查处的情况下,向其通风报信、私放从该足疗店内抓获的卖淫嫖娼人员,帮助宁某某逃避查处。2019 年 10 月,因犯容留卖淫罪、行贿罪,宁某某被判处有期徒刑 4 年 3 个月。

(三)聚众斗殴罪

2015 年 6 月 28 日 21 时,被告人吴某某与陈某某、谢某某、毛某、何某某、张某等人在武清区杨村镇某饭店门前吃饭饮酒。其间,陈某某、谢某某离开该饭店,与在杨村镇某家常菜馆吃饭饮酒的张某某发生矛盾。两人回到某饭店后,将该情况告知毛某。陈某某、毛某、谢某某遂纠集何某某、张某、吴某某等人,分别驾车前往武清区杨村镇某家常菜馆。吴某某明知陈某某、毛某、谢某某、何某某、张某等人预谋聚众斗殴,仍驾车将张某送到某家常菜馆。张某到达现场后与他人共同对被害人张某某进行殴打,致被害人张某某死亡。

2019 年 4 月 17 日,因私放卖淫嫖娼人员涉嫌容留卖淫,公安机关对吴某某以涉嫌容留卖淫罪立案侦查。在侦查过程中,公安机关发现吴某某涉嫌职务犯罪案件线索,并移送至监察机关。同日,监察机关对吴某某涉嫌职务犯罪问题立案调查,采取留置措施。2019 年 7 月 1 日,监察机关邀请检察机关派员提前介入调查。通过阅卷,检察机关发现该案除涉嫌受贿罪外还存在帮助犯罪分子逃避处罚罪的犯罪线索,由于该罪系监察机关管辖的案件,经与监察机关协商一并提出了证据收集、法律适用意见。2019 年 7 月 23 日,监察机关以吴某某涉嫌受贿罪向检察机关移送审查起诉;2019 年 9 月 3 日,公安机关以吴某某涉嫌聚众斗殴罪移送审查起诉,检察机关将两个案件并案处理。经过审查发现,吴某某受贿罪的谋利事项另构成帮助犯罪分子逃避处罚罪,根据司法解释的规定应当数罪并罚。经与监察机关协商一致,检察机关增加认定吴某某构成帮助犯罪分子逃避处罚罪,以受贿罪、帮助犯罪分子逃避处罚罪、聚众斗殴罪对吴某某提起公诉。

【争议问题】

(1)关于受贿罪中的谋利行为能否单独认定为犯罪的问题。该案中关于帮助犯罪分子逃避犯罪处罚的事实,监察机关与检察机关的认定意见不一致,监察机关仅认定为受贿罪的谋利行为,并未独立认定犯罪。经过补充侦查,检察机关认为吴某某帮助犯罪分子逃避处犯罪的事实清楚、证据充分,足以单独认定为犯罪。

(2)检察机关在提前介入阶段发现可能遗漏罪行如何处理。有两种不同观点，一种认为检察机关应当与监察机关协商一并提出证据收集、法律适用意见；另一种观点认为，检察机关对监察机关没有监督权，对于该线索不应当予以处理。

(3)检察机关在审查起诉阶段发现漏罪如何处理。有两种不同观点，一种观点认为，检察机关应当将发现的漏罪问题作为线索移送监察机关处理，对于监察机关未移送审查起诉的罪名不应当予以处理；另一种观点认为，应当经与监察机关协商一致后直接增加认定漏罪。

【评析意见】

该案的争议点主要涉及在监检衔接过程中发现漏罪的认定与处理问题，检察机关应当及时与监察机关沟通，依法认定和追诉漏罪。

(1)吴某某帮助犯罪分子逃避处犯罪的事实应当单独构成帮助犯罪分子逃避处罚罪。理由是，第一，吴某某符合帮助犯罪分子逃避处罚的主体要件。其担任公安机关派出所社区民警，2018 年 12 月兼任某派出所巡逻办案队民警，主要职责包括查处治安案件，就地查处一般刑事案件。其属于具有查禁违法犯罪活动职责的国家机关工作人员，符合帮助犯罪分子逃避处罚的主体要件。第二，吴某某明知涉嫌犯罪应当予以查禁，故意向其通风报信、私放卖淫嫖娼人员，帮助宁某某逃避处罚，符合帮助犯罪分子逃避处罚罪的客观要件。《刑法》第 417 条规定的帮助犯罪分子逃避犯罪处罚的实行行为为向犯罪分子通风报信、提供便利，帮助其逃避处罚。"通风报信"既可以是直接的，也可以间接的。该案中吴某某抓获卖淫嫖娼人员后，首先向宁某某确认是否为其卖淫人员，该行为的本质是间接地告诉宁某某其容留的卖淫人员被公安机关抓获，属于通风报信的行为；提供便利帮助犯罪分子逃避处罚的行为并不限于帮助犯罪分子不起诉、免于定罪、免于处罚等行为，还包括帮助犯罪分子免受侦查的行为。该案中，吴某某私放卖淫嫖娼人员的本质是隐藏宁某某的容留卖淫行为。虽然卖淫嫖娼不构成犯罪，但是对两人的卖淫嫖娼行为进行调查有可能引发对宁某某容留卖淫行为的立案侦查。吴某某私放两人，帮助宁某某逃避刑事立案侦查，属于帮助其逃避处罚的行为；经法院审理，宁某某犯容留卖淫罪被判处有期徒刑 3 年 10 个月，属于犯罪分子。即吴某某的行为符合帮助犯罪分子逃避处罚罪的客观行为。

第三,吴某某直接故意犯罪,符合帮助犯罪分子逃避处罚罪的主观条件。吴某某明知宁某某系犯罪分子,故意帮助犯罪分子逃避处罚,具有直接故意。第四,吴某某的行为侵犯了职务行为的公正性,符合帮助犯罪分子逃避处罚罪的客体条件。综上,吴某某的行为触犯了《刑法》第 417 条,应当以帮助犯罪分子逃避处罚罪追究刑事责任。

(2)提前介入发现渎职犯罪线索,可以一并提出证据收集意见。监察机关以涉嫌受贿罪对吴某某立案调查,检察机关提前介入后,通过查阅案卷、了解案件情况,发现受贿罪谋利事项中存在私放卖淫嫖娼人员涉嫌渎职犯罪的线索,但是该情节仅有吴某某一人供述予以证实,缺少其他证据予以佐证。考虑到帮助犯罪分子逃避处罚罪系监察机关管辖的罪名,且该部分事实为受贿事实的谋利事项,经与监察机关沟通一致后,检察机关在提出受贿罪证据收集意见的同时,一并提出了关于帮助犯罪分子逃避处罚罪的证据收集意见,从帮助逃避处罚行为、吴某某主观明知、宁某某是否属于犯罪的人等角度补充证据。根据检察机关意见,监察机关收集了出警执法记录仪录像、行贿人宁某某、在场辅警证言,进一步证实吴某某为防止宁某某容留卖淫行为被发现,私放查获的卖淫嫖娼人员,为案件准确定性奠定基础。

(3)对监察机关未认定的帮助犯罪分子逃避处罚罪,应当在协商一致后依法追诉。2019 年 7 月 23 日,监察机关以吴某某涉嫌受贿罪向检察机关移送审查起诉,将帮助犯罪分子逃避处罚行为认定为受贿罪的谋利事项。检察机关审查认为,吴某某作为某派出所民警,属于具有查禁违法犯罪活动职责的国家机关工作人员,在明知宁某某涉嫌容留他人卖淫,故意向其通风报信、私放已经查处的卖淫嫖娼人员,帮助宁某某逃避处罚,根据《刑法》第 417 条之规定,构成帮助犯罪分子逃避处罚罪。又根据最高人民法院、最高人民检察院《关于办理贪污贿赂刑事案件适用法律若干问题的解释》第 17 条的规定,吴某某利用职务上的便利,收受宁某某财物,为其足疗店违法经营、逃避处罚提供帮助,同时构成受贿罪和帮助犯罪分子逃避处罚罪,应当予以数罪并罚。人民检察院审查监察机关移送起诉的案件,应当查明有无遗漏罪行和其他应当追究刑事责任的人。对于受贿罪中的谋利事项另构成渎职犯罪依法应当数罪并罚,监察机关只对受贿罪移送起诉,未认定渎职犯罪的,如果犯罪事实清楚、证据确实充分,经与监察机关充分沟通达成一致意见后，检察机关可以依法补充认定。该案中，鉴于帮助犯罪分子逃避处罚罪犯罪事实清楚、证据确实充分，经与监察机关充分沟通，检察机关依法对吴某某予以追诉。

（4）一人犯数罪分别由监察机关、公安机关调查、侦查终结后移送起诉的，检察机关可以协调监察机关、公安机关调查、侦查进度，依法并案处理漏罪。提前介入阶段，公安机关发现吴某某还存在涉嫌聚众斗殴犯罪线索，因其被留置无法讯问，希望与检察机关协商处理。经监察机关、检察机关、公安机关协商一致，根据《监察法》第 34 条及案件特殊情况，三机关达成协调调查、侦查工作意见，留置期间重点调查职务犯罪，公安机关不接触吴某某，职务犯罪证据充分移送审查起诉后，检察机关协助公安机关讯问吴某某，重点侦查聚众斗殴罪。监察机关、公安机关按照协调工作意见分别进行调查、侦查，先后移送审查起诉。检察机关依法并案审查，并于 2020 年 2 月 20 日对吴某某以受贿罪、帮助犯罪分子逃避处罚罪、聚众斗殴罪提起公诉。

【处理结果】

经与监察机关协商一致，检察机关增加认定吴某某构成帮助犯罪分子逃避处罚罪，以受贿罪、帮助犯罪分子逃避处罚罪、聚众斗殴罪对吴某某提起公诉。

法院经审理认为，被告人吴某某身为国家工作人员，利用职务便利为请托人谋取非法利益，收受请托人财物，数额较大，其行为已构成受贿罪；其作为有查禁犯罪活动职责的国家机关工作人员，向犯罪分子通风报信，提供便利，帮助犯罪分子逃避处罚，依法构成帮助犯罪分子逃避处罚罪；其明知他人聚众斗殴，仍积极参与，依法构成聚众斗殴罪。吴某某一人犯数罪，依法应予并罚。公诉机关指控被告人吴某某犯受贿罪、帮助犯罪分子逃避处罚罪、聚众斗殴罪的事实清楚，证据确实、充分，指控罪名成立。吴某某归案后如实供述了受贿犯罪事实及帮助犯罪分子逃避处罚的主要犯罪事实，并退缴了全部违法所得，依法予以从轻处罚。在聚众斗殴共同犯罪中，吴某某起次要作用，系从犯，其家属已支付被害人家属 20 万元钱款，依法予以从轻处罚，但其参与聚众斗殴时系公安民警，在量刑时作为从重处罚情节予以考虑。根据被告人吴某某犯罪的事实、性质、情节和对于社会的危害程度，依照法律规定,判决吴某某犯受贿罪,判处有期徒刑 1 年,并处罚金人民币 10 万元;犯帮助犯罪分子逃避处罚罪,判决有期徒刑 2 年 6 个月;犯聚众斗殴罪,判处有期徒刑 1 年 6 个月,决定执行有期徒刑 4 年 6 个月,并处罚金人民币 10 万元。退缴在案的被告人非法所得赃款依法没收并上缴国库。一审宣判后,吴某某不服,提出上诉,后在二审法院审理过程中申请撤回上诉,二审法院认为原判认定事实和适用法律正确,量刑适当,裁定准许上诉人吴某某撤回上诉。

(撰稿人:刘文钊　孙晓博)

27. 受贿罪中“制约关系”情形的审查认定

——张某某受贿案

【要旨】

受贿案件中，针对行为人利用他人职权为请托人谋取利益的情形，区分罪与非罪、此罪与彼罪的关键在于审查、认定行为人对于被利用的国家工作人员是否具有职务上的实际制约关系。针对不同职能单位、非隶属关系的国家工作人员之间，横向制约关系的审查和认定，应遵循主客观相一致原则，采取实质审查和判断标准。在综合案件主、客观证据的基础上，首先从法定职能、职责的设置上，分析是否存在一般意义上的职务、职权制约，然后根据案件具体情况，判断是否基于特定公务事项的处理产生了具体、直接的制约关系。

【基本案情】

被告人张某某，男，系某区检察院原反贪污贿赂局工作人员。

2009 年 5 月，某区检察院反贪局对位于该区的某国有企业原副总经理王某某涉嫌受贿一案，立案侦查。被告人张某某，系该案件的具体办案人员。办案期间，张某某与该企业及其相关领导接触、认识。2012 年 3 月，某电气设备公司销售经理吴某某，为向上述国有企业销售项目设备，请托被告人张某某帮忙。张某某应允，并向该国有企业的新任总经理李某某打招呼。李某某表示同意，并予以办理。之后，为感谢张某某在销售设备事项上提供的帮助，请托人吴某某以合同让利的方式，给予张某某钱款人民币 70 余万元。

【争议问题】

该案中，被告人张某某系通过他人的职权行为，为请托人谋取利益。审

查过程中,对于被告人是否构成“利用本人职务上的便利”,形成了两种不同的意见:

(1)张某某对于其打招呼的李某某,具有职务上的制约,属于利用本人职务上的便利。张某某作为区检察院反贪局工作人员,利用侦办该国企人员职务犯罪案件的职权便利,对于该企业及其相关领导,产生了实质上的职权制约。并且这种威慑和制约作用,对于该企业的新任领导李某某,具有延续性。

(2)张某某对于被打招呼的李某某,不具有职务上的制约,仅属于利用了本人的职务影响及工作联系。张某某作为涉该国企人员职务犯罪案件的原办案人,基于办案期间的职权便利,确实对该企业及时任相关领导形成了制约。但是,被打招呼的李某某,系该国有企业的新任总经理,并不涉及之前的具体案件,同时,李某某本身也未涉嫌违纪违法问题,故被告人张某某对其难以形成直接的职权制约。

【评析意见】

我国《刑法》第385条规定的受贿罪,在谋利要件方面要求行为人利用职务上的便利。根据2003年《全国法院审理经济犯罪案件工作座谈会纪要》的规定,“利用职务上的便利”包括了利用职务上有隶属、制约关系的其他国家工作人员的职权。即行为人基于职务上的隶属、制约而利用他人职权,实质上仍是利用了本人职务上的领导、管理或制约地位。与“隶属关系”相比,国家工作人员之间“制约关系”的审查、判定则更为复杂。

实践中,职务上的“制约关系”,既可能表现为单位内部或某一系统内上下级之间,各职能单位或部门的国家工作人员之间的约束关系,也可能表现为担任某种职务的国家工作人员在处理具体公共事务时,直接与有关单位或人员之间的约束关系。[①] 由于职务犯罪案件的敏感性、复杂性等特点,使不同案件中“职务上制约关系”的审查和界定,始终是一个关键点。实践中的分析判定常存在分歧,进而影响到个案中犯罪嫌疑人是否构罪,以及犯罪

---

① 参见熊选国、苗有水:《贪污受贿犯罪疑难问题解析之一　如何认定受贿罪构成要件》,载《中国监察》2013年第14期。

行为方式的定性之争。

一、厘清"横向制约关系"的具体情形

"制约关系",是指行为人虽然不直接领导、管理其他国家工作人员,但其职务范围内的权力能够派生出对其他国家工作人员的约束力。按照不同的区分标准,"制约关系"的界定有不同维度。所谓的纵向制约关系,可表现在某一系统或条线内,上级机关的普通工作人员对于下级机关工作人员可能存在的约束。相对应,横向制约的情形下,行为人系利用其职务、职权上的约束力和影响力,对于被利用的国家工作人员,并无单位及个人之间的上下级关系。从实质看,行为人利用有制约关系的其他国家工作人员的职权,与直接利用其本人的职务行为相比,都使本人通过职务可以支配、行使或影响的公权力,与其非法收受的财物之间形成了明确的对价关系,侵犯了受贿罪的法益,符合受贿罪的本质。

司法实践中,横向制约关系的判定更为复杂。一般可以分为以下两种情况:第一种情况是基于职务、职责、职能设置上的制约关系,即不同的职能部门或单位、非上下级关系的国家工作人员之间的制约。这种情况,可能发生在工商、税务、金融、司法等领域。例如,某工商行政管理部门领导向辖内的某国有企业领导打招呼,行为人与被利用的国家工作人员没有行政隶属关系,但其利用职责上的制约关系,进而对他人心理上形成一定的强制。第二种情况是具体事项上的制约关系,即基于某项特定公共事务的处理,使一般不具有制约关系的国家工作人员之间,具有了具体、直接的制约关系。例如,基于某起案件的办理、某项工程的施工等。

该案中,被告人行为性质的认定,关键在于判断被告人的职务对于相关国家工作人员是否存在所谓的"制约关系"。首先,被告人张某某的任职单位为区检察机关反贪部门,与辖区内的国有企业,从职能架构上看分属于不同的系统和条线,系不同的职能单位,显然不存在行政上的隶属关系。其次,由于行为人与其他国家工作人员,分别任职于不同的职能单位,且级别上也不具有明确的上下级之分,故被告人与被利用的国家工作人员之间的关系,属于横向制约关系的审查、认定范畴。需注意的是,对横向制约关系的审查,即判断行为人对于其他国家工作人员是否具有客观、直接的职务制约作用,还是仅为一般的工作联系或职务影响,应全面、实质地把握区分判断的标准,结合具体案情进行分析、认定。

二、准确把握“横向制约”与“职务影响或工作联系”的区分

从行为上看,直接受贿和斡旋受贿,都可能表现为通过第三人的职务行为为请托人谋利;但从犯罪构成的区别看,利用“职务上的便利”还是“职权或地位形成的便利条件”,区分的实质在于行为人对被利用的其他国家工作人员是否具有职务上的管理、制约关系。具体而言,直接受贿中,行为人基于职务上的隶属、制约关系,对被利用的国家工作人员形成了实际约束,使其在职务行为上不具有或不完全具有意志上的自由。而斡旋受贿中,行为人与被利用的国家工作人员不具有职务上的隶属、制约关系,其利用的是本人职权或者地位产生的影响和一定的工作联系;与制约关系相比,斡旋受贿中的职务要件,主要体现为国家公权力之间的影响和利用关系,行为人对其他国家工作人员的职务行为具有一定的影响力,而不是一种约束力。

对于制约关系的审查,特别是横向制约的情形,由于双方往往在不同的职能单位或部门,没有直接的领导、管理关系,因此这种职务上的制约须达到一定的强制程度,即行为人对具体实施职务行为的国家工作人员具有较强的心理制约作用,使对方按照行为人的要求实施。例如,某银行领导向其分管的区域条线内某开发区主任打招呼,帮助他人承揽工程项目,该开发区主任考虑辖区内某大型企业还需从银行获得贷款,遂按该银行领导的要求予以办理。该案中的贷款制约关系,就是一种直接、具体、带有强制性的横向制约关系。对比而言,斡旋受贿中的职务影响或工作联系,则是一种相对间接、潜在的,不带有明显强制性的关系,行为人基于其职权、地位,对其他国家工作人员产生一定的影响,但这种影响不是强制性的,制约程度较轻或无法产生真正的制约作用。

该案办理过程中,曾有意见认为,被告人张某某打招呼的对象为该国有企业的新任总经理李某某。鉴于涉该国企人员的案件已经办结,李某某未涉及原先案件的配合调查工作,其本身也未涉嫌违纪违法问题,故张某某难以对其产生职务上的制约。对此,分析如下:

第一,从机构职能、职责的设置上看,在 2018 年监察体制改革以前,检察机关反贪部门作为法律明确授权的侦查机关,负有对辖区内国家工作人员贪污、受贿等职务犯罪立案侦查的法定职能,依法开展专门调查,采取强制措施等工作。因此,基于机构职能的设置,原反贪局对于管辖区域内各职能部门、单位的国家工作人员具有依法监督及查办的职责。第二,从“制约关系”与“职权影响”的实际区分上看,李某某的证言证实,其在被告人张某某向其打招呼后,考虑到张某某曾参与办理过涉该企业人员的案件,同时该企业属于该区检察院的管辖范围内,为继续维护企业及相关人员的声誉,故不敢得罪李某某。综合案件情况,基于区检察院反贪部门的监督职能,被告人张某某利用其所任职务,及曾经参与侦办案件的具体职权,其对于被打招呼的李某某所产生的作用和影响,应不仅限于职权上的潜在影响或联系。

三、准确把握“一般制约”与“具体制约”的认定

如前所述,制约关系的情形,既包括了基于法定职权设置上的一般制约,也包括了处理某项公共事务过程中产生的具体制约。

针对该案存在的不同意见,承办人经审查采纳第一种意见。具体分析如下:

第一,张某某基于侦办案件的职务行为,对该国有企业及相关人员产生了具体的职权制约。从职务本身看,张某某身为普通办案人员,并非担任领导职务,其职权仅限于对具体案件的侦查办理,严格来讲,难以对辖区内的国家工作人员形成一般意义上的制约。但是,在侦办具体案件过程中,张某某作为办案人员开展调查、询问等工作,对于特定企业及相关人员随即产生了直接、具体的职权制约,该企业及相关人员有义务配合办案工作。

第二,这种职务行为产生的具体制约,对该企业及相关领导具有延续性、实质性的制约作用。该案书证及证言显示,张某某在侦办案件期间及之后,与该国有企业领导一直保持联系,并先后提出低价购车、帮助他人承揽项目、销售设备等要求,均得以实现。同时,被打招呼的对象、该企业新任总经理李某某的证言证实,由于张某某侦办过该企业人员犯罪案件,企业原总经理曾专门指示过,要对张某某在业务上有所关照。因此,张某某在办案过程中产生的职权制约,不仅体现于对该企业及时任领导的约束和制约,也体现在对后任领导具有延续性的制约和心理威慑作用。从客观、实质上看,这种具体的职权制约,其作用和影响不仅限于案件办理期间,而且能够延续到案结之后,对该企业及后续领导在作出决策等职务行为的意志方面,仍具有相当程度的约束和强制,故应认定具有职务上的制约作用。

【处理结果】

法院经审理认为,被告人张某某利用担任检察院工作人员、参与侦办案件的职务便利,为他人谋取利益,非法收受他人财物,构成受贿罪,依据《刑法》第 385 条第 1 款的规定,予以定罪处罚。

(撰稿人:郝晓敏　许月)

28. 玩忽职守罪中因果关系的认定

——王某涉嫌玩忽职守案

【要旨】

玩忽职守罪是结果犯，构成犯罪不仅要求给公共财产、国家和人民利益造成重大损失，更要求行为人的玩忽职守行为与上述损失之间具有因果关系。如何认定玩忽职守行为与危害结果之间的因果关系成为司法实践中颇有争议的问题。认定因果关系的学说有必然因果关系说、偶然因果关系说、因果关系中断说、监督过失说、相当因果关系说等，笔者认为，应当运用客观归责理论，将因果关系的认定分为两个层面，第一个层面为归因，侧重事实层面的考查，第二个层面为归责，侧重法律层面的考查。除此之外，其他因果关系说亦具有参考意义。

【基本案情】

被告人王某与李某均系某交警大队交警，负责处理交通事故。2015 年 4 月，在该交警大队辖区发生一起交通事故，事故造成一死一伤。经事后了解，实际肇事者系醉酒驾车。李某作为主办民警，负责该起交通事故的调查处理工作。在事故调查过程中，李某违反职责规定，将报警人电话告知事故车主，致使事故车主授意报警人提供虚假证言，允许事故车主进入停车场，致使肇事车辆实际驾驶人痕迹灭失。李某在调查事故过程中，单独一人给相关证人做了 8 份笔录。王某在没有参与询问的情况下，在上述 8 份笔录上签字。事后发现，该 8 份笔录系事故车主、肇事者、顶替者以及目击证人串通虚假作证所得。某鉴定机构作出鉴定意见，认定张某更符合事故中驾驶人的特征。交通大队认定张某负事故的全部责任。最终导致张某成功冒名顶罪。法院以交通肇事罪判处张某有期徒刑 1 年，据此，肇事车主骗取保险公司理赔款人民币90万元。法院以滥用职权罪判处李某有期徒刑2年。

【争议问题】

该案中李某构成滥用职权罪没有问题,争议焦点在于王某的行为是否构成玩忽职守罪。

第一种观点认为,王某的行为构成玩忽职守罪。王某在参与案件办理过程中,在未参与对该案相关证人询问工作的情况下,即在多份询问笔录上签字,严重不负责任,违反了调查取证至少由两名具有执法资格的民警进行的法律规定,不正确履行法律赋予的办案职责,导致交通肇事案冒名顶罪的事实未被发现,造成顶替者被追究刑事责任,保险公司支付保险金90万元的严重后果。王某的行为符合玩忽职守罪的构成要件。

第二种观点认为,王某的行为不构成玩忽职守罪。王某的签字行为致使8份证言笔录形式上具备合法性。但无论鉴定机构作出鉴定结论,还是法院作出刑事判决,上述8份笔录都不是唯一的认定依据。所以实际上系多因一果造成冒名顶罪以及保险公司被骗的后果,而在诸多原因中,王某的签字行为的情节显著轻微,危害不大,应根据《刑事诉讼法》第15条,不认为是犯罪。

第三种观点认为,王某的行为不构成玩忽职守罪。王某的签字行为与法院错判、保险公司赔偿之间具有事实上的因果关系,但不具有法律上的因果关系。

【评析意见】

笔者同意第三种观点,王某的行为不构成玩忽职守罪。分析如下:

1. 应当以客观归责理论衡量该案中的因果关系。

该案的焦点是王某的行为是否构成玩忽职守罪。王某的行为是其未参与询问证人而在8份证言笔录上签字的行为。危害结果是法院追究冒名顶罪者刑事责任,肇事车主骗取保险公司赔偿款。王某的行为与危害结果之间是否具有因果关系,关系到王某行为的罪与非罪。关于因果关系的认定,学界有必然因果关系说、偶然因果关系说、因果关系中断说、监督过失说、相当因果关系说等学说。必然因果关系说和偶然因果关系说同属条件说,其单纯注重因果关系的事实判断,忽视法律判断,容易扩大因果关系以及处罚范围。玩忽职守罪分为监督过失的玩忽职守和一般的玩忽职守，该案中王某的行为不属于典型的监督过失的玩忽职守行为，所以完全适用监督过失说亦不合理。依据相当性判断标准的不同，相当因果关系说分为主观说、客观说和折中说，相当因果关系说吸收了行为人的某些主观方面作为标准来判断因果关系，而行为与结果之间的因果关系本属于客观要素，主观决定客观，存在不妥。

笔者主张应当以客观归责理论来衡量该案中的因果关系。客观归责理论是20世纪70年代由德国刑法学者罗克辛提出，该理论包含归因和归责两个层次。客观归责理论在学理上是非常精确的命题，在司法实践中是解决无数争议的钥匙。客观归责理论应用于玩忽职守罪的因果关系认定，既摒弃了偶然因果关系说的简单化处理模式，又克服了相当因果关系说的概念模糊问题，实现了主客观构成要件之间的有机统一。

归因，区别于归责，侧重于事实层面的考查，即A和B之间如果是“有A才有B，无A则无B”的关系，那么二者构成事实上的因果关系。在判断因果关系时，应先判断事实上的因果关系后判断法律上的因果关系。[①] 在事实判断的过程中，应当遵循“从结果出发追寻原因”的思路，梳理导致结果发生的各种原因，究竟是哪个或哪些行为对结果的发生发挥了作用。在归因层面，王某的签字行为属于“多因一果”中的“一因”，其签字导致证言笔录在形式上具有合法性，而证言笔录既是鉴定机构出具鉴定意见的依据，又是法院审理案件的依据，反观之，如果王某不在证人笔录上签字，则证人笔录不具有程序上的合法性，进而不会作为鉴定和审判的依据，也就不会出现“错判”或者“错赔”的结果，符合“有A则有B，无A则无B”的必然因果关系模式。故王某行为与危害结果之间具有事实因果关系。而对于刑法中的因果关系，仅仅当作一个事实问题来把握难以完成因果关系在犯罪构成中所担当的使命。在事实因果关系的基础上，还应当从刑法角度加以考察，使之真正成为客观归咎的根据。[②]

归责，侧重法律层面的考查。归责本质决定了行为与结果之间到底是

---

① 参见刘犇：《玩忽职守案中法律上因果关系的认定》，载《中国检察官》2019年第24期。

② 参见陈兴良：《本体刑法学》，商务印书馆2001年版，第283页。

什么样的客观联系才有资格成为刑法上的因果关系。[①] 归责的考量分为三个步骤:第一步,行为人是否制造了一种刑法所不允许的危险状态;第二步,行为人是否实现了刑法所不允许的危险,且危害结果必须属于注意规范的保护目的范围之内;第三步,危险行为所引发的危害后果,是否在构成要件的效力范畴内。[②] 在归责层面,王某的行为制造了不被允许的危险,但并没有实现不被允许的危险,因为王某的行为并不具有结果回避可能性。玩忽职守罪的本质是对玩忽职守罪法益的侵害,所以,判断玩忽职守行为与结果之间的因果关系,必须立足于这一犯罪本质。玩忽职守罪保护的法益是国家机关工作人员的正当履职尽责行为。履职尽责何谓"正当",何谓"不正当",需要根据行政法律法规来认定。《公安机关执法细则》规定,行政案件调查取证不得少于2人。公安部第104号《道路交通事故处理程序规定》[③]第19条规定,除简易程序外,公安机关交通管理部门对道路交通事故进行调查时,交通警察不得少于2人。王某未按照上述规定履行职责,违反了法定的正当履职义务,侵犯了玩忽职守罪保护的法益,所以已制造了刑法所不允许的危险。但是,需要特别注意的是,即使王某按照规定参与询问证人,并在证言笔录上签字,其也不可能避免"冒名定罪"事实的发生。原因有二:一是王某本身不是该起事故的主办民警,其不具有全面了解案情,客观甄别事实的"地位";二是事故车主、肇事者、顶替者以及目击证人已经事先串通。在李某的纵容下,肇事车主已经清除了肇事车辆上的痕迹,而该情况王某并不知晓。取证的民警有义务告知证人要如实作证,但并没有义务保证证人证言内容的真实性。法院审查案件过程中,既不能过分采纳证人证言,也不能过分采纳鉴定意见。况且,证人证言属于主观证据,法院审查过程中,应结合其他客观证据来综合评判。所以,王某的行为既不存在结果回避的可能性,也不具有预见可能性,其当然不应当对危害结果承担刑事责任。

2. 相当因果关系说亦有参考意义。

相当因果关系说,是指根据一般生活经验,只有当危害行为导致危害结

---

① 参见董玉庭:《从客观因果流程到刑法因果关系》,载《中国法学》2019年第5期。

② 参见邢文升:《论介入因素对因果关系的判断及刑罚裁量的影响——基于指导案例第685号的分析》,载《法律适用》2019年第1期。

③ 该法于2017年修订,修订后的新规于2018年5月1日起施行。

果的发生被认为是相当的情况下,行为与结果之间才具有因果关系。依据相当性判断标准的不同,相当因果关系说分为主观说、客观说和折中说,主观说主张以行为人行为时主观认识到或者可能认识到的情况为标准,客观说主张以行为时存在的全部情况以及一般人可能预见的情况为标准,折中说主张以一般人可能预见的情况以及行为人特别预见的情况为标准。相比较上述三种学说,笔者以为,主观说吸收了行为人的某些主观方面作为标准来判断因果关系,而行为与结果之间的因果关系本属于客观要素,主观决定客观,存在不妥。折中说较为合理。经由社会生活经验判断的相当性,是一种可能性的概念或概率的概念,其要义是对一定时期反复出现的现象或类似现象的概括或抽象,它基本具有统计学意义上结论的相对确定性,这与自然科学所要求的结论的可证(辨)性相一致,从而赋予了相当因果关系说强烈的客观性。[①]

一般生活经验是比较抽象的概念,但因为该案的行为是取证行为,对于取证行为的考察,有利于我们对于"相当性"的评判。笔者认为,对于取证行为的考察,首先应当建立在对证据真实性的正确理解的基础上。从应然的角度,证据的真实性是证据的本质特征,但从实然的角度,有关人员收集的证据不一定是真实客观的。案件发生后,客观遗留物被人们的意识反映,这些事后通过语言、文字反映出的事实,都属于经验事实,因为反映过程具有复杂性,所以,人们的意识往往无法全面客观地反映事实。证据真实性上实然与应然之间的矛盾,导致了取证过程的复杂性。笔者以为,无论行政案件还是刑事案件,两人以上调查取证是为了相互监督,相互制约,防止徇私枉法。提取的证据如果是客观证据,取证的参与者应当对证据内容的真实性负责,例如物证、书证、扣押清单、现场勘查笔录,物证、书证需要与证据的原始状态相符,扣押清单、现场勘查笔录需要如实反映现场情况。如果存在弄虚作假、歪曲事实的情况,则取证的参与者需要承担相应的责任。但是,如果是主观证据,取证的参与者则不需要对证据内容的真实性负责,例如证人证言、被害人陈述、被告人陈述,因为取证本身具有对向性,证人、被害人、被告人是否如实供述,是取证人员无法掌握或者控制的。对于这类主观证据,

① 参见梁云宝:《积极的限缩:我国刑法因果关系发展之要义》,载《政法论坛》2019 年第 4 期。

将真实性的责任强加给取证人员,不仅过分加重了取证人员的责任和义务,而且会导致证据的鉴别和采信失去现实意义。在提取主观证据的场合,两人以上调查取证更多的是为了保证取证程序上的合法性,以及保护被取证对象的合法权益。所以该案中,王某既不属于特别知道证言虚假性的情形,也不属于一般人能知道证言虚假性的情形,王某的取证行为与冒名定罪之间不具有相当性。

3. 对于玩忽职守罪中的因果关系宜综合判断。

因果关系的判断是刑法中比较复杂的问题。各种学说分庭抗礼,孰对孰错难做定论。笔者认为,以客观规则理论为基础,兼采其他学说的合理之处,不失为明智之举。因为任何一种学说都有利有弊,要么会扩大处罚范围,要么会缩小处罚范围,抑或过程烦琐,不易被认可。其他学说的合理之处,譬如相当因果关系说中的相当性理论,因果关系中断说中的介入因素是否独立异常的理论,以及原因力大小判断理论。在此结合另外两个案例进行论述。

案例一:犯罪嫌疑人曹某系某派出所负责户籍窗口业务办理的民警。2008 年 4 月,在为辖区内郑某办理二代身份证时,未按有关要求对郑某甲的一代身份证、常住人口信息及照片进行比对核实,致使郑某甲冒用其兄郑某乙的身份信息换领到郑某乙二代身份证。2009 年 6 月,郑某甲(当时真实年龄为 18 周岁)使用该身份证申领到大型货车的驾驶证。而根据《机动车驾驶证申领和使用规定》的规定,申领大型货车的驾驶证需年满 21 周岁。同年 8 月,郑某甲驾驶一辆大型货车造成 3 人死亡的交通事故,郑某甲对该起事故负主要责任。

问题:曹某的玩忽职守行为与交通事故之间是否具有因果关系?曹某的行为是否构成玩忽职守罪?

评析:在这个案例中,郑某甲冒用其兄的身份信息领到二代身份证是其顺利取得大型货车驾驶证的必要条件,而之所以郑某甲能够冒领二代身份证,是因为曹某的不正确履职行为,所以,曹某的行为与交通事故的危害后果之间符合“有 A 则有 B,无 A 则无 B”的关系模式,故存在事实上的因果关系,并且,曹某的行为违背国家工作人员执行公务行为公正勤勉的义务,属于制造了所不允许的危险。曹某不认真履职客观上为郑某甲冒领二代身份证提供了便利条件,但是根据一般人可能的预见范围,其无法预见到郑某甲使用该身份证申领大型货车驾驶证。从原因力大小的角度分析,根据《机动车驾驶证申领和使用规定》,审批大货车驾驶证并非单单依据申请人的身份信息,错误身份信息对于郑某甲驾车造成重大交通事故的原因力较小。从介入因素异常性的角度分析,郑某甲通过驾校考试,申领到驾驶证属于独立异常的行为,申领行为本身对于造成交通肇事的结果发生作用力较大,审批大型货车驾驶证亦不属于曹某的职责管辖范围,核发二代身份证对肇事结果的原因力过小而不足以为刑法所评价。所以,曹某不认真履行职责并没有实现刑法所不允许的危险,曹某的行为与危害结果之间并不具备法律上的因果关系,故不构成玩忽职守罪。

案例二:A 市锅炉检验所检验员马某负责辖区内燃煤热水锅炉的检验监督工作。马某在对 B 公司燃煤热水锅炉检验过程中,发现该公司锅炉出厂资料中一些关键性技术参数不符合要求。但其接受了该公司的吃请,仍然向该公司出具检验合格的《锅炉使用登记证》。完成检验之后,B 公司擅自将常压热水锅炉改为承压锅炉使用,引起爆炸,导致数人伤亡。

问题:马某的玩忽职守行为与锅炉爆炸事故之间是否具有因果关系?马某的行为是否构成玩忽职守罪?

评析:上述案例中,马某作为检验员负有对热水锅炉检验监督的法定职责,但其疏于监督而将不符合技术参数的锅炉做了虚假记录,直接导致该锅炉投入使用。马某的疏于履行职责的行为与锅炉爆炸事故之间是否具有因果关系,关系到马某是否构成玩忽职守罪。从事实判断层面,马某的“乱作为”行为损害了正常的安全生产秩序,导致被检验对象带着法律所不允许的危险进入市场投入运行,一定程度上对公共安全构成威胁,马某的行为显然侵害了刑法所保护的法益,但是,爆炸事故相对于有关锅炉所可能发生的各种事故而言属于特定事故,导致该特定事故的原因在于锅炉业主擅自将常压热水锅炉更换为承压锅炉,马某疏于监督作出虚假记录的行为与最终的爆炸事故之间没有特定必然的联系,不符合“有 A 才有 B,无 A 则无 B”的关系。换言之,马某的职务行为并不涵盖阻止常压热水锅炉改为承压锅炉适用的内容,发生锅炉爆炸事故的事实显然超出了马某职务行为所保护的公共利益的范畴。此处,可以借鉴因果关系中断说中的独立异常行为理论,锅炉业主擅自将常压热水锅炉更换为承压锅炉,其主观上为故意,客观上更换行为不受马某行为的影响,相对于整个案情较为独立,且对爆炸后果的作用力极大,所以应当属于独立异常行为,马某行为与爆炸后果之间不存在因果关系。所以,马某的行为不构成玩忽职守罪。

(撰稿人:王世杰)

经济犯罪检察案例

29. 销售不符合安全标准食品罪主观故意的认定

——李某某销售不符合安全标准食品案

【要旨】

销售没有正规进货渠道及产地证明、购货凭证、动物检疫合格证明和产品检验合格报告的含有“瘦肉精”的肉类，构成销售有毒有害食品罪还是销售不符合安全标准的食品罪，取决于行为人是否明知肉类中含有“瘦肉精”。如果行为人进货的肉类原本就含有“瘦肉精”，本人无从知晓这一情况，应当认定行为人没有销售有毒有害食品的故意。行为人销售的肉类无产地证明、购货凭证、动物检疫合格证明和产品检验合格报告且经检疫不合格，在市场监管部门多次宣传、告知其应遵守索票索证制度的情况下，行为人仍销售无相关票证且含有“瘦肉精”肉类的，可以认定行为人具有销售不符合安全标准食品罪的主观故意。

【基本案情】

被告人李某某，男，42岁，天津市人。2016年10月至2017年11月，被告人李某某在天津市某农贸市场从事羊肉零售经营活动。在市场监管部门多次向其宣传、告知的情况下，被告人李某某所售羊肉仍无产地证明、购货凭证、动物检疫合格证明和产品检验合格报告。2017年11月9日，市场监督管理部门对被告人李某某所售羊肉进行抽检，并于2017年11月17日告知其抽检结果中检出盐酸克伦特罗（“瘦肉精”）成分，检验结论为不合格。同日再次对其所售羊肉进行抽检，于2017年11月21日告知其抽检结果仍检出盐酸克伦特罗（“瘦肉精”）成分，检验结论为不合格。涉案的20.5公斤羊肉已被市场监管部门扣押。

【争议问题】

对于李某某的行为适用何种罪名存在以下两种意见:

(1)认为被告人构成销售有毒有害食品罪,理由是:盐酸克伦特罗属于“有毒有害的非食品原料”。根据最高人民法院、最高人民检察院《关于办理非法生产、销售、使用禁止在饲料和动物饮用水中使用的药品等刑事案件具体应用法律若干问题的解释》第4条的规定,明知是使用盐酸克伦特罗等禁止在饲料和动物饮用水中使用的药品或者含有该类药品的饲料养殖的供人食用的动物,而销售其制品的,以生产销售有毒有害食品罪追究刑事责任。被告人李某某的行为属于销售含有毒有害的非食品原料(盐酸克伦特罗)的动物制品,应构成销售有毒有害食品罪。

(2)认为被告人构成销售不符合安全标准的食品罪,理由是:在市场监管部门多次向被告人李某某宣传、告知的情况下,其所销售的羊肉仍无产地证明、购货凭证、动物检疫合格证明和产品检验合格报告,且在2017年11月9日、11月17日,经过对其所售羊肉两次抽检,均检出盐酸克伦特罗(“瘦肉精”),检验结论为不合格。根据最高人民法院、最高人民检察院《关于办理危害食品安全刑事案件适用法律若干问题的解释》(以下简称《危害食品安全刑事案件解释》)第1条的规定:“生产、销售不符合食品安全标准的食品、具有下列情形之一的,应当认定为刑法第一百四十三条规定的‘足以造成严重食物中毒和其他严重食源性疾病’……(二)属于病死、死因不明或者检验检疫不合格的畜、禽、兽、水产动物及其肉类、肉类制品的”,被告人李某某的行为属于销售检验检疫不合格的肉类,构成销售不符合安全标准的食品罪。

【评析意见】

关于该案的法律适用,检察机关同意第二种意见,即涉案的羊肉属于“检验检疫不合格”的肉类,且足以造成严重食物中毒或者严重食源性疾病,被告人李某某构成销售不符合安全标准的食品罪。具体分析如下两个方面。

一、被告人李某某无销售有毒有害食品的主观明知

销售有毒有害食品罪要求行为人明知是有毒有害的非食品原料而故意

掺入或明知是掺有有毒有害的非食品原料的食品而故意销售,至于行为人对销售的有毒有害食品可能会造成的严重后果则是采取放任的心理态度,行为人的动机一般是节省原料,降低成本,牟取暴利,行为人的犯罪目的并非致人中毒或者造成疾患。[①]《刑法》第143条(生产销售不符合安全标准的食品罪)与第144条(生产销售有毒有害食品罪)属于法条竞合关系,从客观结果看,有毒有害的食品必然是不符合安全标准的食品,但是两个罪名对行为人主观认识的范围和程度要求不同。第144条明确规定"销售明知掺有有毒有害的非食品原料的食品"构成销售有毒有害食品罪的,行为人主观上必须达到"明知"的程度,即直接故意程度。从主观意识上讲,行为人对其所销售的食品中含有"有毒有害非食品原料"需要有明确的认识,行为人是希望这些含有"有毒有害非食品原料"食品能顺利销售出去变成自身追求的最大经济利润。司法实践中常见的情况是,不法分子为追求经济利润在动物饲养和屠宰过程中主动添加有毒有害非食品原料,如"瘦肉精"等,或明知所售食品中含有有毒有害非食品原料而仍予以销售。

就该案而言,被告人李某某只是普通牛羊肉销售者,所售羊肉主要是由案外人张某某提供,李某某本人辩称自己不知道所进货的羊肉里面含有"瘦肉精",是否含有"瘦肉精"自己也无法用肉眼分辨出来。另外,市场监管部门前几次执法行为都以宣传、告知的形式实施,无法使李某某知晓羊肉里含有"瘦肉精",直到最后两次才进行了"瘦肉精"的检测,而最后的两次检测中,第二次检测是在第一次检测不合格的结论得出的同日实施的,此时其当日的进货、销售行为已经实施,李某某是在不知晓第一次检测结论的情况下继续实施销售羊肉的行为。因此,无法认定被告人李某某对其销售的羊肉中含有"瘦肉精"的事实主观明知,进而不能认定被告人李某某构成销售有毒有害食品罪。

二、被告人李某某的行为符合销售不符合安全标准的食品罪的构成要件

销售不符合安全标准食品罪和销售有毒有害食品罪同属于食品方面的犯罪,在犯罪客体、主体以及主观方面都是相同的。两罪的界限主要体现在

---

① 参见张军主编:《刑法(分则)及配套规定新释新解》(第9版),人民法院出版社2016年版,第355页。

两个方面:一是行为方式和犯罪手段不同,前者在客观上表现为实施销售不符合安全标准的食品的行为。后者在客观上表现为实施在销售的食品中掺入有毒有害的非食品原料的行为。“有毒有害的非食品原料”是指对人体具有生理毒性,食用后会引起不良反应,损害机体健康的不能食用的原料。如制酒时加入工业酒精,在饮料中加入国家严禁使用的非食用色素等。[①] 如果掺入的物质有毒害性,但是其本身是食品原料,其毒害性是由于该食品原料被污染或者腐败变质引起的,造成严重危害结果的,按销售不符合安全标准食品罪论处。二是构成犯罪的标准不同,前者属于危险犯,即行为人销售不符合安全标准的食品,须达到“足以造成严重食物中毒事故或者其他严重食源性疾患”的程度,才构成犯罪;后者属于行为犯,即只要行为人实施了在销售的食品中掺入有毒有害的非食品原料或者销售明知是掺入有毒有害的非食品原料的食品的行为,即构成犯罪既遂。三是犯罪对象不同,前者的犯罪对象范围较为广泛,包括食品卫生法禁止生产经营的一切不符合卫生安全标准的食品;后者的犯罪对象仅限于有毒有害食品。

“索证索票”制度即销售商必须建立并执行进货检查验收制度,审验供货商的经营资质,验明产品合格证明和产品标识,建立产品进货台账,如实记录产品名称、规格、数量、供货商的联系方式、进货渠道等内容,并且要建立产品销售台账,如实记录批发销售的产品品种、规格、数量、流向等,销售商应当向供货商按照商品生产批次索要符合法定条件的检验报告。“索证索票”是食品经营者应当履行的法定责任,我国食品安全法等相关法律也规定了动物及动物产品的经营者具有索证索票的义务,也明确规定了动物产品的经营者、销售者需要查验、索取动物检疫合格证明。诸如,《食品安全法》第 53 条规定,食品经营者采购食品,应当查验供货者的许可证和食品出厂检验合格证或者其他合格证明。《动物防疫法》规定,经营和运输的动物产品,应当附有检疫证明、检疫标志。同时,“索证索票”可以有效避免风险,《食品安全法》第 136 条规定,食品经营者履行了本法规定的进货查验等义务,有充分证据证明其不知道所采购的食品不符合食品安全标准,并能如实说明其进货来源的,可以免于处罚。该案中执法检查记录显示,2016 年 7 月

---

① 参见何帆编著:《刑法注释书》(第 2 版),中国民主法制出版社 2021 年版,第 304 页。

7 日、7 月 27 日、11 月 9 日，市场监管部门多次对被告人李某某经营的摊位进执法检查，明确告知被告人李某某“所售牛羊肉及相关产品需提供产地证明、购货凭证、动物检疫合格证、产品检验合格报告这四种证明的至少一种；禁止经营未按规定进行检疫或者检疫不合格的牛羊肉及其制品”。

从主观上看，在市场监管部门多次向被告人李某某宣传、告知的情况下，被告人李某某所销售的羊肉仍无法提供产地证明、购货凭证、动物检疫合格证明和产品检验合格报告等材料，说明被告人李某某在明知销售的无动物检疫合格证明的羊肉不能保证食品的安全，消费者食用后可能会引起严重危害后果的情形下，仍采取听之任之的态度，可以判定其主观上具有放任的间接故意。这一认定结论也符合天津市食品安全委员会办公室等九部门《关于办理食品药品领域违法犯罪案件若干问题的意见》中，关于认定行为人具有实施食品药品领域违法犯罪行为的主观故意的规定。从客观方面看，在 2016 年 11 月 9 日、11 月 17 日市场监管部门的两次抽检中，从被告人李某某出售的羊肉中均检出“瘦肉精”，检验结论为不合格，按照《危害食品安全刑事案件解释》第 1 条第 2 项：“生产、销售不符合食品安全标准的食品，具有下列情形之一的，应当认为‘足以造成严重食物中毒事故或者其他严重食源性疾病’……（二）属于病死、死因不明或者检验检疫不合格的畜、禽、兽、水产动物及其肉类、肉类制品的”，该案被告人李某某的行为属于销售检验检疫不合格的肉类，足以造成严重食物中毒事故或者其他严重食源性疾病。综上，被告人李某某的行为构成销售不符合安全标准食品罪。

综上，被告人李某某作为居民居住区的羊肉零售从业人员，应该认识到销售肉类必须具备产地证明、购货凭证、动物检疫合格证明、产品检验合格中至少一种，但是其却违背职业特定义务，利用从事肉类经营的职业便利，在顾客流量大、辐射面广的地点，销售无法提供产地证明、购货凭证、动物检疫合格证明和产品检验合格报告的动物肉制品，严重损害人民群众健康权，其实施的销售含盐酸克伦特罗（“瘦肉精”）成分羊肉的行为已构成销售不符合安全标准的食品罪。为彰显严打食品药品领域违法犯罪行为的力度，预防再次犯罪，保护公共利益和社会秩序，应依法禁止其在一定期限从事相关职业活动。

【处理结果】

法院经审理认为,被告人李某某构成销售不符合安全标准的食品罪,判处有期徒刑1年,并处罚金人民币10,000元,禁止在3年内从事肉类经营活动。

(撰稿人:韩少冲)

30. P2P 债权转让模式非法吸收公众存款疑难问题

——王某甲、王某乙非法吸收公众存款案

【要旨】

审查 P2P 债权转让模式的非法吸收公众存款案，应着力审查吸收资金的具体去向，并由此判断犯罪嫌疑人是否实际支配和控制集资，进而判断是否形成资金池，是否有自融和变相自融资金的行为。此外，犯罪嫌疑人主观故意、非法性认识是此类案件审查的重点之一，应着重把握犯罪嫌疑人的从业履历、专业背景、从事相关行业年限、所处层级等综合判断。

【基本案情】

犯罪嫌疑人王某甲，男，原系天津某投资咨询有限公司业务经理；犯罪嫌疑人王某乙，男，原系天津某投资咨询有限公司股东。

2013 年 9 月，天津某投资咨询有限公司在天津市某区成立，注册资金 200 万元。张某甲（另案处理）、李某某及犯罪嫌疑人王某乙分别控股 40%、30%、30%，张某甲为公司的法定代表人兼任经理，犯罪嫌疑人王某甲为公司业务经理。公司经营范围为投资咨询服务、企业管理咨询服务、商务咨询服务、工艺品销售。而其实际主要业务为以债权转让方式向社会公众借贷资金，赚取利息差额，获得牟利，上述经营方式并未获得有关部门依法批准。

2014 年 3 月至 4 月，该公司与某制药厂签订借款协议，王某甲以个人名义分别向该制药厂法定代表人张某乙出借 500 万元（月息为 1%）、600 万元（月息 1.5%），共计 1100 万元。2014 年 4 月至 2016 年 12 月，张某甲、王某乙商定对张某乙债权进行拆分，以债权转让的形式，通过制作宣传海报、宣传手册、车体广告等形式向社会公众宣传，以高额利息向社会不特定对象吸收存款，制作还款计划书，承诺到期还本付息。2014 年 5 月、6 月，在张某乙

借得上述款项出逃国外后,犯罪嫌疑人依旧以张某乙为借款人,进行债权转让及向客户还本付息,后资金链断裂。上述由王某甲具体负责操作,其与被害人均签订了《投资理财咨询与服务协议》及《债权转让及受让协议》,共涉及被害人30余名,吸收存款共计1200余万元。

公安机关于2017年1月19日立案,同日将犯罪嫌疑人王某甲、王某乙刑事拘留。2017年2月17日公安机关以非法吸收公众存款罪对两名犯罪嫌疑人提请批准逮捕。经审查,检察机关认为两名犯罪嫌疑人构成非法吸收公众存款罪的事实清楚,证据充分,有社会危险性。故于同年2月24日以非法吸收公众存款罪对其批准逮捕。

2017年5月24日,公安机关将该案移送审查起诉,经审查,于2017年7月8日退回补充侦查,同年8月7日补充侦查完毕,2017年9月22日二次退回补充侦查,同年10月19日补充侦查完毕,移送检察机关审查起诉。同年11月16日,检察机关以非法吸收公众存款罪对犯罪嫌疑人王某甲、王某乙提起公诉。2018年9月12日人民法院以非法吸收公众存款罪判处被告人王某甲、王某乙各有期徒刑8年,并处罚金人民币20万元。

【争议问题】

P2P借贷平台属于金融创新的范畴,目前缺少明确的法律规制。实践中,犯罪嫌疑人往往会辩解国家政策支持P2P,不具有非法性,缺乏非法性认识。此外,P2P借贷平台异化为多种形式,其中的债权转让模式具有较强的迷惑性,公司以自有资金放贷形成债权,继而将债权包装成理财产品进行销售,其和民间借贷如何区分是一大难点。该案审查过程中,争议问题主要在于该公司的经营模式是否符合非法吸收公众存款罪构成要件,以及犯罪嫌疑人非法性认识问题。

围绕上述争议问题,主要形成以下两种不同意见。

第一种意见认为:关于非法性认识,两犯罪嫌疑人关于该公司进行了注册登记,有营业执照,犯罪嫌疑人之前没有相关的金融专业背景,犯罪嫌疑人对此种债权转让模式是否具有违法性缺乏主观认知,因而难以认定其有非法性认识。此外,两犯罪嫌疑人的公司经营行为违反金融管理法规,应受行政法规的处罚,但其行为本质上属于合法的债权转让行为。首先,参照

《网络借贷信息中介机构业务活动管理暂行办法》第10条负面清单中不得实施自融或变相自融、直接或间接归集资金、发放贷款、线下宣传、融资项目期限拆分和开展类资产证券化业务等的规定，涉案天津某投资咨询有限公司未经金融监管部门批准即超越经营范围从事高息揽储、赚取息差等行为，扰乱了金融秩序，具有行政处罚性。其次，犯罪嫌疑人王某甲先进行放贷后作为债权人将债权转让给公司P2P平台，然后由张某甲和王某乙以公司名义拆分债权并进行转让。公司受让债权属于第一次债权转让，对受让债权进行拆分转让为第二次债权转让，在民法规范上并无不妥，如此就形成了所谓的P2P，点对点的融资行为，不符合非法集资中的社会性特点，即不是面向社会不特定人的吸收存款，而是促成民间借贷的行为。因此从现有证据来看，该案不构成非法吸收公众存款罪，应作出不捕决定。

第二种意见认为：两犯罪嫌疑人的行为符合非法吸收公众存款罪的构成要件。两犯罪嫌疑人对公司非法吸收公众存款有主观明知，对公司以债权转让模式销售理财产品是明知的。而此种债权转让模式存在资金拆分、期限错配的情形，针对一个大额的债权进行拆分后再进行债权转让和匹配，表面上看是一对一，但实质上是一对多，由众多投资者对该债权转让项目进行投资，符合社会性特点。犯罪嫌疑人将吸收的存款用于还本付息和放贷等用途，实质上是形成了资金池，违反了国家禁止性规定。此外，犯罪嫌疑人王某甲2014年1月担任天津某投资咨询有限公司业务经理，接受法定代表人张某甲的委托处理公司债权转让及借款等事宜。其对公司通过债权转让的方式，以高息吸收公众存款是明知的，同时其通过发放宣传单等方式向不特定的社会公众进行宣传，向到店咨询的不特定人介绍所谓的理财产品，继而签订相关协议，使大量社会资金进入其账户。犯罪嫌疑人王某乙系天津某投资咨询有限公司股东，参与公司筹建，和其他股东共同商定公司经营模式，尤其在明知张某乙债务成为坏账之后，仍然和公司法定代表人商定继续对张某乙的债权进行拆分，形成债权池，以债权转让方式非法吸收存款。王某乙还参与了部分宣传行为，由此可以认定二人涉嫌非法吸收公众存款罪。

【评析意见】

P2P债权转让模式的非法吸收公众存款行为和传统的非法吸收公众存

款有所不同,其模式上具有新颖性、迷惑性等的特点,由此关于该种模式下是否符合非法吸收公众存款罪的特征以及非法性认识问题产生了上述分歧。结合该案,具体评析如下。

一、准确把握 P2P 债权转让模式的非法吸收公众存款行为

1. 该模式是披着民间借贷的合法外衣实施吸收公众存款的违法行为

从形式上看,投资人通过购买理财产品、受让债权实现预期收益。具体而言,公司经营模式是犯罪嫌疑人通过提前放贷,对张某乙享有债权,后以公司投资项目的名义将债权转让给投资人,投资人将投资款项支付给由犯罪嫌疑人实际控制的账户中后获得债权对价,投资人成为债权受让人,享有利息收益。最终由于借款人张某乙无法偿还 1200 余万元款项导致资金链断裂,债权无法实现。

从实质上看,是两名犯罪嫌疑人通过转让债权吸收投资人的投资款。该案中原债权人均为两名犯罪嫌疑人实际控制的公司,由张某甲和王某乙与投资人签订债权转让合同,此种模式为专业放贷人模式,该模式下放贷人一般与公司有高度关联或为公司内部人员,而两名犯罪嫌疑人分别为公司的业务经理和股东,两人对投资业务的决策具有决定权,且之后的投资款绝大部分都进入犯罪嫌疑人王某甲账户,再转由张某甲进行资金兑付。因此,从形式上看,此种债权转让模式规避了社会性特点,但实质上是针对大额债权进行资金拆分、期限错配,是社会不特定的人对该债权转让项目进行的投资,是多对一,因而符合非法集资社会性的特点。

2. 该模式具备归集资金的行为,公司通过与投资者签订理财合同实现对投资金额的实际管控,形成资金池

参照《网络借贷信息中介机构业务活动管理暂行办法》第 10 条负面清单中不得实施自融或变相自融、直接或间接归集资金、发放贷款、线下宣传、融资项目期限拆分和开展类资产证券化业务等的规定,参照最高人民检察院《关于办理涉互联网金融犯罪案件有关问题座谈会纪要》中关于不得拆分融资项目期限、实行债权转让等的规定。该公司通过债权匹配归集资金形成资金池,有自融或变相自融的行为。由于存在债权金额和期限拆分现象,加之债务人张某乙负债出逃,债权行使难以得到充分保障,投资人债权事实上难以得到实现,从不能兑付投资人本息后由公司来垫付投资款亦可予以

印证,由此犯罪嫌疑人是以难以实现的债权进行债权转让。综上,犯罪嫌疑人有自融或变相自融、归集资金的行为。

另外,犯罪嫌疑人及同案犯张某甲的供述也证实,“用于放贷的资金总共有两部分,其中一部分是民间集资的资金,还有一部分是公司三个股东以个人的名义出钱”。两犯罪嫌疑人以公司名义向社会吸收存款,为扩大集资群体,用吸收的资金进行放贷及资金兑付,因为资金链断裂而导致无法对投资人进行兑付。因而其事实上的经营模式属于先归集资金再放贷,进而实质上形成了资金沉淀,因而属于变相的非法集资。此外,大量的资金涌入王某甲的个人账户,极易产生被挪用或侵占的风险。

二、应着重从审查营业执照、任职履历及对公司运行模式等方面判断是否具有非法性认识,从而准确把握主观故意

涉案公司虽然有营业执照,但未经金融主管部门的批准,因而在客观上具有非法性,原则上就可以认定行为人具有非法吸收公众存款的主观故意。但犯罪嫌疑人往往会辩解称 P2P 是国家政策支持的,且公司证照齐全,没有认识到公司经营活动是非法的,辩称不知道相关的法规,缺乏主观故意。此种情况一般可理解为法规认识错误,不阻却责任。但根据最高人民检察院《关于办理涉互联网金融犯罪案件有关问题座谈会纪要》规定:在证明犯罪嫌疑人主观故意时,可以收集运用犯罪嫌疑人的任职情况、职业经历、专业背景、培训经历、此前任职单位或本人曾因从事同类行为受到处罚等证据。还可以收集运用以下证据进一步印证犯罪嫌疑人知道或应当知道的相关证据:自己或要求下属与投资人签订虚假的亲友关系确认书,频繁更换宣传用语逃避监管等。承办人结合案件情况,从以下几个方面认定犯罪嫌疑人具有非法吸收公众存款的主观故意。

1. 重点审查营业执照等材料。涉案公司营业执照经营范围为投资咨询服务、企业管理咨询服务、商务咨询服务、工艺品销售(依法经批准的项目,经相关批准后方可开展经营活动)。上述营业执照经营范围均没有从事金融业务、吸收存款、销售理财产品等的内容。因而,两名犯罪嫌疑人从事的吸收存款业务超出了营业执照的范围,属于超范围经营,且未经金融监管部门的批准。犯罪嫌疑人均认真看过营业执照,因而对超范围经营是明知的。

2. 着重审查犯罪嫌疑人从事该行业年限及任职等的情况。根据犯罪嫌疑人王某甲、王某乙的供述,公司"从 2014 年到 2016 年当中,陆续从三十多个个人投资者那借款九百多万元"。可知其有两年左右从事金融投资业务的经历,其从业经历表明其应当认识到金融行业应当经有关部门批准方可开展经营活动。而两名犯罪嫌疑人作为公司经理和股东,应对集资参与人的投资款的安全性负责,主观上应有较高的注意义务,其应当审查公司是否具备从事吸收公众存款的资质,但并未审查,主观上存在放任故意。

3. 着重审查犯罪嫌疑人的公司运行模式等的认知情况。对 P2P 领域非法集资,犯罪嫌疑人主观上不仅应认识到投资款到公司,还应认识到投资款是否归公司实际控制和支配,了解投资款的去向等,从而认定其没有事实认识错误。结合该案,两犯罪嫌疑人对公司的运行模式、对集资参与人的集资款的去向有一定的认识,其供述称集资款到王某甲等个人账户后用于放贷了,因而犯罪嫌疑人认识到集资款归公司实际控制并形成了资金池。此外,犯罪嫌疑人在认识到大额债权难以收回的情况,仍然进行债权分割,销售理财,吸收存款,因而其对事实认识没有错误,由此亦可认定犯罪嫌疑人具有非法吸收公众存款的主观故意。

【处理结果】

检察机关经过审查后批准逮捕了犯罪嫌疑人王某甲、王某乙,后法院经过审理认为,王某甲、王某乙非法吸收公众存款,扰乱金融秩序,数额巨大,其行为应认定为非法吸收公众存款罪。判决王某甲、王某乙均犯非法吸收公众存款罪,判处有期徒刑 8 年,并处罚金人民币 20 万元。

(撰稿人:马乐明)

31. “如实代开”普通发票行为应构成虚开发票罪

——郭某某虚开发票案

【要旨】

行为人具有实际经营业务,但因交易对方无法提供发票而让他人“如实代开”普通发票的行为构成虚开发票罪。虚开发票罪与虚开增值税发票罪在构成要件上存在本质上的区别,二者不能简单地理解为犯罪对象上的差异。不宜将以骗取国家税款为目的,造成国家税款损失作为虚开发票罪的构成要件。对于民营企业开票难、其外雇农民工实际发生的经营成本、该笔款项的用途及犯罪嫌疑人主动补缴税款等情形应当综合考虑,以有效保护民营企业。

【基本案情】

犯罪嫌疑人郭某某,男,43 岁,天津市人,系天津市某景观工程有限公司实际经营人。2017 年 1 月 17 日,天津市某景观工程有限公司因雇佣的农民工无法提供发票,该公司实际经营人郭某某为了虚列经营成本,减少应纳税款,在没有实际业务往来的情况下,通过制作虚假资金流的方式,从天津某劳务服务有限公司处购买天津市增值税普通发票一张,价税合计 60 万元,后将 60 万元用于发放农民工工资,并将该笔发票入账列为经营成本。2019 年 6 月,经天津市第四稽查局通知要求自查,天津市某景观工程有限公司补缴企业所得税税款及滞纳金 29,325 元。

【争议问题】

对于行为人具有实际经营业务,但因交易对方无法提供发票而让他人“如实代开”普通发票的行为的定性有两种意见:

(1)“如实代开”普通发票的行为不构成犯罪。根据虚开增值税专用发票罪中的相关案例及复函,构成虚开增值税发票罪需要以骗取国家税款为目的,并造成国家税款损失或具有造成国家税款损失的危险。例如行为人利用他人的名义从事经营活动,并以他人名义开具增值税专用发票的,即便行为人与该他人之间不存在挂靠关系,但如行为人进行了实际经营活动,主观上并无骗取抵扣税款的故意,客观上也未造成国家增值税款损失的,不宜认定为虚开增值税专用发票,而虚开增值税专用发票罪与虚开发票罪除了发票种类有所区别,其他的执法标准应该是近似或者相同的。因此举重以明轻,不具有骗取国家税款的目的,也没有造成国家税款损失的虚开普通发票的行为,不构成虚开发票罪。

(2)“如实代开”普通发票的行为构成虚开普通发票罪。虚开发票罪不需要以骗取国家税款为目的,只要实施了虚开发票行为,达到了情节严重的标准即构成此罪。

【评析意见】

该案中犯罪嫌疑人郭某某虽然具有部分真实交易,但在交易对方未开具发票的情况下自行寻找第三方以虚假资金流等方式开具增值税普通发票入账并用以减少应纳税额的行为已符合虚开发票罪的构成要件,其故意虚开发票的行为构成虚开发票罪。具体理由如下所述。

一、虚开增值税专用发票罪与虚开发票罪具有本质上的区别

第一,从刑法条文的字面表述来看,《刑法》第 205 条虚开增值税专用发票罪、用于骗取出口退税、抵扣税款发票罪属于选择性罪名,其条文中规定:“虚开增值税专用发票或者虚开用于骗取出口退税、抵扣税款的其他发票的,处三年以下有期徒刑或者拘役。”虽然未明文规定虚开增值税专用发票属于目的犯,需要行为人主观上具有骗取税款的目的,且客观上骗取了国家税款,但从刑法条文及其与虚开用于骗取出口退税、抵扣税款的其他发票构成选择性罪名的彼此协调来看,这一点应当是理所当然的,事实上这也已经由司法解释性文件、指导性案例予以明确。相对地,《刑法》第 205 条之一虚开发票罪则仅规定为虚开《刑法》第 205 条规定以外的其他发票,情节严重的。《关于公安机关管辖的刑事案件立案追诉标准的规定(二)的补充规定》

第2条仅规定虚开发票100份或者虚开金额累计40万元以上等行为应予立案追诉，因此无法从刑法条文上得出虚开发票罪与虚开增值税发票罪都需要具有骗取税款的目的及客观上骗取税款的行为。

第二，从刑法的立法沿革来看，1997年《刑法》中虚开增值税专用发票罪第2款规定："有前款行为骗取国家税款，数额特别巨大，情节特别严重，给国家利益造成特别重大损失的，处无期徒刑或者死刑，并处没收财产。"虽然该条经由《刑法修正案（八）》第32条予以删除，但这是从减少死刑罪名，贯彻少杀慎杀的刑事政策角度出发的，其骗取国家税款的特点依然保留。而虚开发票罪则由《刑法修正案（八）》第33条增设，在《刑法修正案（八）》解读中有意见指出："虚假发票的泛滥为逃税、骗税、财务造假、贪污贿赂、挥霍公款、洗钱等违法犯罪的发生提供了便利，严重扰乱市场经济秩序，助长腐败蔓延，败坏社会风气，具有严重的社会危害性。"[①]可以看出，虚开发票罪的立法目的更在于打击由发票犯罪引起的经济秩序混乱，以及由此导致的种种其他相关犯罪，其不仅局限于偷税、漏税，还与非法经营、贪污受贿、走私贩私等案件关系重大。因此仅仅将骗取国家税款目的和造成国家税款损失作为虚开发票罪的构成要件无疑不当地拔高了入罪要件，有违立法目的。

第三，从保护法益的侧重角度来看。虽然两罪同属于第三章第六节危害税收征管罪中的罪名，但其从上述的区别来看，其保护法益侧重明显有所不同。一般认为虚开增值税专用发票罪保护的法益既包括国家发票管理秩序，也包括国家税收管理制度，并更加侧重于保护国家税收管理制度。但虚开发票罪则更侧重于保护国家发票管理秩序。例如多开交易金额用于报销的行为虽然没有造成国家税款损失，但其行为违反了国家发票管理法规，严重危害了市场经济发展，具有滋生新的犯罪的可能，也应当予以打击。也有学者指出："虚开增值税专用发票，但没有骗取国家税款危险的，应当认定虚开发票罪。"[②]

第四，从行为对象本身的属性来看，增值税专用发票既作为纳税人反映

---

① 黄太云：《〈刑法修正案（八）〉解读（三）》，载《人民检察》2011年第8期。

② 张明楷：《刑法学》（下）（第5版），法律出版社2019年版，第871页；陈兴良：《虚开增值税专用发票罪：性质与界定》，载《政法论坛》2021年第4期。

经济活动的重要会计凭证,又是兼记销货方纳税义务和购货方进项税额的合法证明,是增值税计算和管理中重要的合法的专用发票。而发票则是指在购销商品、提供或者接受服务以及从事其他经营活动中,开具、收取的收付款凭证。二者在形式上的主要区别在于是否具有抵扣联。因此不难看出,增值税专用发票直接与国家税收相挂钩,而普通发票则仅仅作为个人或企业入账所用的涉税材料,不具有抵扣税款的功能,无法凭票直接骗取国家税款。换言之,发票是纳税的依据,但有发票不一定有税收,例如免税商品服务等。

第五,从法定刑的配置上来看,虚开增值税专用发票罪规定了 3 年以下有期徒刑、3 年以上 10 年以下有期徒刑、10 年以上有期徒刑或者无期徒刑三档刑罚,而虚开发票罪则仅有 2 年以下有期徒刑、2 年以上 7 年以下有期徒刑两档刑罚。二者法定刑相差悬殊,由此可见,虚开普通发票罪的危害性远远低于虚开增值税专用发票罪。其区分标准正是是否以骗取国家税款为目的,是否造成国家税款损失。否则都具有骗取国家税款的目的,客观上造成国家税款损失的行为,仅因犯罪行为指向的对象不同就产生如此悬殊的刑罚差异,有违罪责刑相适应原则。

综上,不宜以骗取国家税款为目的,造成国家税款损失作为虚开发票罪的构成要件。虚开增值税专用发票罪与虚开发票罪存在本质上的区别,对于虚开增值税专用发票中的相关规定不宜直接参照适用虚开发票罪。

二、犯罪嫌疑人郭某某实施了虚开发票的行为

首先,犯罪嫌疑人郭某某及天津某景观工程有限公司与该案中开票方天津某劳务服务有限公司不存在真实交易。犯罪嫌疑人郭某某虽然具有外雇农民工的实际经营成本,但该成本并非发生在天津某景观工程有限公司与天津某劳务服务有限公司之间。其虚列交易对象名目,采取制造虚假资金流,签订虚假合同的方式开具发票,从事实上来说无疑属于虚开发票的行为,符合虚开发票罪的构成要件。

其次,犯罪嫌疑人郭某某在能够开具正规合法发票的情况下实施了虚开发票的行为。虽然犯罪嫌疑人郭某某辩称,因工人无法提供发票故不得已虚开发票。但事实上关于临时工、农民工劳务报酬同样存在办法处理。《发票管理办法》第 16 条规定:需要临时使用发票的单位和个人,可以凭购销商品、提供或者接受服务以及从事其他经营活动的书面证明、经办人身份证明,直接向经营地税务机关申请代开发票。国家税务总局《关于纳税人申请代开增值税发票办理流程的公告》明确规定了自然人申请代开发票的流程。因此犯罪嫌疑人郭某某的行为属于在提供劳务方能够合法提供发票的情况下仍旧找第三方让其虚开发票的行为。

三、犯罪嫌疑人郭某某的行为客观上造成了国家税款损失

虽然前述已经讨论了虚开发票罪中不宜以造成国家税款损失作为构成要件,但为了明确行为人的行为性质及危害后果,有必要对该点予以明确。《发票管理办法》第20条中明确规定:"销售商品、提供服务以及其他从事经营活动的单位和个人,对外发生经营业务收取款项,收款方应当向付款方开具发票。"发票作为企业涉税材料,虽不能直接用于抵扣税款,但其入账后作为企业经营成本,间接影响了企业所得税的缴纳数额。

该案中犯罪嫌疑人郭某某采用外雇农民工的方式开展经营活动。根据法律规定,一切经营款项均应开具相应发票作为纳税材料,对于没有发票的经营成本,无法在企业应纳税额计算时予以扣除。社会实践活动中,由于保险等用工成本的区别,没有独立开票资质的个体农民工用工成本显著低于能够开具发票的正规劳务公司用工成本,犯罪嫌疑人基于成本等其他因素的考量,在外雇较难开票但用工成本较低的农民工时,对于部分无法开票入账的实际经营成本,应当进行相应的考量权衡,并由企业自行承担其经营策略带来的相应影响。犯罪嫌疑人既未能正式雇佣员工,也未能由税务局代开发票并承担相应税收,而是通过由第三方虚开发票的方式将该部分本无法入账的作为经营成本入账以减少应纳税额,最终达到了少纳企业所得税款的效果。其区别于多开发票金额以用于报销的情况,实际上造成了国家税款的损失。犯罪嫌疑人补缴企业所得税款及滞纳金也印证了该点。

四、对于外雇农民工实际发生的经营成本、该笔款项的用途及犯罪嫌疑人主动补缴税款等情形应当酌情考虑

一方面,在生产活动中,部分行业取得上游发票,尤其是外雇个体农民工取得发票确实存在相应困难。另一方面,通过税务机关代开的方式取得合法发票,该部分经营成本实际上也能得以扣减。因此犯罪嫌疑人郭某某在具有实际经营成本,由于暂不能取得发票而无法发放工资,进而引发工人闹事的情况下,通过虚开发票以虚增成本的主观恶性及社会危害性显著低于没有经营成本而虚开发票的情况,并且该部分成本确实用于发放农民工工资。同时其在2019年6月在接到自查通知时即主动缴纳税款及滞纳金,为贯彻宽严相济的刑事政策,推进“六稳”“六保”工作,应当对该情形予以酌情考虑。

【处理结果】

检察机关经审查认定,郭某某虚开发票情节严重,依法构成虚开发票罪。该案中涉案企业符合相关民营企业认定标准,郭某某系首次虚开发票,其立案前已主动补缴税款及滞纳金,犯罪后能够自动投案并如实供述,依法构成自首,自愿签署认罪认罚具结书。综合考虑上述情节,郭某某犯罪情节确实轻微,最终检察机关对其作出相对不起诉决定。

(撰稿人:胡子昕　李颖)

32. “供述价格”和“市场中间价格”的采信问题

——崔某某、池某某、宋某某假冒注册案

【要旨】

认定尚未销售的侵犯知识产权刑事案件的“非法经营数额”时，制假售假者的“供述价格”必须有其他证据相互印证，且符合常理才能采信，否则须以价格认定机构出具的“市场中间价格”计算。

【基本案情】

被告人崔某某，男，38 岁，天津人；被告人池某某，女，河北人，47 岁；被告人宋某某，女，48 岁。

2020 年 11 月至 2021 年 1 月 19 日，被告人崔某某购买假酒包材，雇佣被告人池某某、宋某某，在天津市北辰区双口镇双口一村一无名仓库内制作假酒。具体犯罪行为可以分为以下两个部分：

（1）崔某某以 220 元每箱的价格销售国窖 1573 白酒 3 箱 18 瓶，共计人民币 660 元。（2）未销售的假冒他人注册商标的白酒包括：38 度国窖 1573 白酒 126 瓶、52 度七代五粮液白酒 66 瓶、52 度八代五粮液白酒 36 瓶、53 度茅台酒 66 瓶、52 度帝王风范白酒 76 瓶、39 度帝王风范白酒 92 瓶、42 度海之蓝白酒 150 瓶。按上述 220 元一箱（6 瓶）的实际销售价格计算，未销售的国窖 1573 白酒价值为人民币 4620 元；其余未销售的侵权产品，经价格认定按照被假冒白酒的真品“市场中间价格”认定为人民币 269，126 元。

上述销售、未销售侵权产品非法经营数额共计人民币 274，406 元。

【争议问题】

针对被扣押的未销售的侵权产品的“非法经营数额”，存在两种价格：一为“供述价格”,即被告人供述的商品销售价格,供述都是趋利避害的,所以在被问到实际销售价格时,往往将价格说得很低,且在实践中部分“以假卖假、知假买假”交易中,产品价格确实远低于真品价格;二为价格认定机构出具的“市场中间价格”,该价格往往远高于“供述价格”。

该案中,被告人崔某某作为制假售假者,供述称每箱酒实际销售价格极低,一般为150元至550元一箱。其中以220元每箱的价格销售国窖1573白酒有买家证言印证。此外,被告人崔某某无法提供更多销售侵权产品的线索。该案形成了以下两种意见:

(1)未销售的国窖1573白酒以220元一箱的价格计算“非法经营数额”,其余白酒以“市场中间价格”计算“非法经营数额”。这是实务中常见的定案思路。最高人民法院、最高人民检察院《关于办理侵犯知识产权刑事案件具体应用法律若干问题的解释》第12条规定:“本解释所称‘非法经营数额’是指行为人在实施侵犯知识产权行为过程中,制造、储存、运输、销售侵权产品的价值。已销售的侵权产品的价值,按照实际销售的价格计算。制造、储存、运输和未销售的侵权产品的价值,按照标价或者已经查清的侵权产品的实际销售平均价格计算。侵权产品没有标价或者无法查清其实际销售价格的,按照被侵权产品的市场中间价格计算。”该解释从3个层面依次递进地划分了“非法经营数额”的计算标准:首先是已销售的按照实际售价计算;其次是未销售的按照标价或者已销售价格计算;最后是按照被侵权产品的市场中间价计算。根据实务观点,①在行为人以假卖假,消费者知假买假的情况下,销售价格往往低于正品价格,未销售的价值计算,首先考虑标价,其次是已经查清的侵权产品的实际销售价格,最后是“市场中间价格”。前一种方法无法确定时,才适用后一种方法进行计算。

(2)因被告人的供述与辩解具备一定合理性,且与证言部分印证,无法排除辩解的真实性、合理性,应当采信其“供述价格”。该案中,被告人以低价销售高档白酒,消费者往往“知假买假”。此时,应当谨慎适用“市场中间价格”。该观点的依据如下:其一,基于法益侵害视角,“知假买假”型销售的

① 参见最高人民法院刑事审判第二庭编著:《知识产权刑事案件办案指南》,法律出版社2015年版,第61页。

商品与正品无可比性，法益侵害性较小，按正品市场中间价认定数额不合理。具体而言，假冒注册商标罪侵犯的主要是权利人的商标权，设置商标权的目的主要在于保护商标持有人的合法权利，尤其是经济利益和企业名誉这两类。消费者明知是假冒注册商标的商品而去购买，在此类情形下，被侵权产品的市场份额损失实际上处于不确定状态，甚至没有任何市场份额的损失。消费者以明显低于市场正常价格购买的假冒注册商标的商品，其应当知晓所购商品非正品，所以即便商品出现质量问题，也不会要求该品牌赔偿，更不会引发市场对该品牌商品质量的担忧。其二，基于罪刑适应视角，实践中绝大多数侵权产品的销售价格低于真品价格，尤其假冒的名牌箱包、白酒远远低于真品价格。对于尚未销售的侵权产品，在存在“以假卖假、知假买假”可能性的情况下，仅由于查不清部分产品实际销售价格，只能以真品价格认定非法经营数额，导致侵权产品已经销售并实际危害社会的犯罪数额低于定罪的“非法经营数额”，会导致罪刑不适应。

【评析意见】

承办人认为，应该适用第一种观点，具体分析如下。

第一，该类犯罪证明模式特殊。在普通刑事案件中，被告人“供述价格”更低且具有合理性，控方需要依靠举证“排除合理怀疑”。如无其他证据，基于存疑利于被告人的考量，则应当采信更低的“供述价格”。但侵犯知识产权类犯罪案件有所不同，如果价格无法查明，出现一种“存疑”状态，则以价格认定的“市场中间价格”认定。有学者指出，该类案件确立一种特别证明模式，“已售侵权商品标价或者实际销售平均价”“被侵权产品市场中间价”为适用顺序的待售侵权商品货值金额的认定规则，实质增加了制假售假行为人在刑事诉讼中的诉讼义务，如果行为人没有配合司法机关提供其商品标价或查明已售侵权商品的实际销售平均价，就将面临以被侵权产品市场中间价来计算其犯罪数额的不利后果。[①]

第二，采信“供述价格”需要在案证据满足一定条件。根据证据情况，采

---

① 参见邓洪涛、阮齐林：《论销售假冒注册商标商品之犯罪数额》，载《人民检察》2016 年第 17 期。

信“供述价格”可以分为以下情况:其一,在没有客观证据只有言词证据的情况下,要求能够找到购买侵权产品的下家,其证言同制假售假行为人的供述一致,可以采信“供述价格”;其二,在没有客观证据且没有下家的情况下,案件存在多名制假售假行为人在没有串供可能条件下,各制假售假行为人的供述的销售价格基本一致,[①]可以采信“供述价格”。甚至有地区在实践中掌握如下标准,当商铺中有三名以上售假者(包括店主及店员)时,他们的供述如果能互相印证,且在没有串供的可能下,所述销售价格大致相当,那么可以将其供述的平均价格作为数额认定的标准。[②] 综上,若制假售假行为人的供述与辩解可以相互印证,或者能够与证人证言等证据相互印证,且符合常理和逻辑时,即使“供述价格”明显低于吊牌标价或被侵权产品“市场中间价格”的,也应当以有利于制假售假行为人的、能够相互印证的“供述价格”计算“非法经营数额”。[③] 在无法与其他证据印证的情况下,便不能采信“供述价格”。在田某泉、胡某慧销售假冒注册商标的商品案中,[④]涉案的钥匙扣等9种侵权世博会纪念品因送货单上所载内容与证人证言、有关书证及被告人供述在涉及多种侵权商品的名称与价格方面基本吻合,在证明部分涉案侵权商品实际销售价格方面能够形成相互印证的关系可以作为定案的根据,因此以“供述价格”定案。而鉴于除钥匙扣等9种侵权商品能够查清实际销售平均价格外的其他15种涉案侵权商品既无标价又未实际销售,故对于其他15种涉案侵权商品的价值按“市场中间价格”计算“非法经营数额”。“非法经营数额”认定的核心在于商品价格,被告人提出更低的“供述价格”,必须在与其他证据印证时,才能成为定案依据,用于计算“非法经营数额”;反之,如果仅有“供述价格”,缺乏其他证据支持,则不能采信“供述价格”定案。

---

① 参见刘惠、王拓、邱志英等:《侵犯知识产权犯罪数额探析》,载《中国检察官》2012年第9期。

② 参见上海市长宁区检察院课题组:《销售假冒注册商标的商品犯罪数额认定的问题研究》,载《犯罪研究》2016年第2期。

③ 参见北京市海淀区人民检察院编著:《知识产权犯罪案件办理指南》,中国检察出版社2015年版,第37页。

④ 参见最高人民法院刑事审判第二庭编著:《知识产权刑事案件办案指南》,法律出版社2015年版,第52~62页。

第三，如何判断"无法查清"？如果查清部分"供述价格"真实，那么全案将如何处理？"无法查清"的对象是价格，"查清"就是指查明一种商品的实际销售价格并以此定案。根据上述"供述价格"的采信规则，可以得出"供述价格＋其他证据印证＝实际销售价格"的初步结论。每一种"供述价格"，必要得到证据印证，才能成为定案依据，才属于"查清"。相反，没有其他证据印证，只有"供述价格"，就是"无法查清"。某一种商品的"供述价格"有证据支持，不当然得出行为人提出的所有"供述价格"都真实的结论。如果查清某种商品"供述价格"真实，那么该商品以此价格计算；其他商品的"供述价格"若无法达到"印证"标准，属于"无法查清"之状态，根据前述该类案件的特别证明模式，应以"市场中间价格"定案。入选最高人民法院《知识产权刑事案件办案指南》的田某泉、胡某慧销售假冒注册商标的商品案实质上就是采用该种定案思路。

第四，只有"供述价格"，则属于"无法查清"，应以"市场中间价格"定案，虽然犯罪数额可能高于真实销售价格，但如果降低"供述价格"采信标准，将导致司法实践对此类犯罪活动打击困难。公安部经济犯罪侦查局处长郎俊义、张国栋认为，①正品化计价无疑对犯罪分子具有巨大震慑作用。基于我国现阶段消费能力和水平，在相当多的情况下，消费者之所以购买假货主要是"假货"便宜，"知假买假"现象仍然广泛存在，甚至在某些地方还成了当地的"支柱产业"。近些年来，侵犯知识产权犯罪高发、频发，涉及的领域从生产资料到生活资料、从虚拟经济到实体经济、从物质产品到精神产品，甚至达到了"无处不假、无货不假"的地步，其中一个重要原因就是取证标准高、刑罚偏轻、犯罪分子重操旧业等现象突出。正品化计价有利于应对犯罪高发形势，遏制犯罪的蔓延态势。

综上，该案国窖 1573 白酒的"供述价格"有证据支持，不当然得出行为人提出的所有侵权产品的"供述价格"都真实。如果查清国窖 1573 白酒"供述价格"真实，那么该商品以此 220 元一箱的价格计算"非法经营数额"；其他侵权商品的"供述价格"若无法达到"印证"标准，属于"无法查清"之状

① 参见郎俊义、张国栋：《试论知识产权刑事保护领域侵权产品正品化计价问题》，载《中国应用法学》2020 年第 4 期。

态,根据前述该类案件的特别证明模式,应以“市场中间价格”定案。

【处理结果】

法院经审理认为,被告人崔某某、池某某、宋某某构成假冒注册商标罪,起诉的事实、起诉的罪名、量刑建议均被采纳,被告人均认罪认罚,未提出上诉。

(撰稿人:郭膳溥　张硕)

33. 多名被骗人案件中被害人及犯罪性质如何认定

——邵某合同诈骗案

【要旨】

法律关系复杂的诈骗类案件中,被骗者与财产利益实际受损者错综难辨,明晰诈骗类案件特别是合同诈骗中各方当事人的法律关系,通过实质损失要件正确区分被骗人与被害人,确定犯罪行为侵害的法益及直接受损害主体,有助于区分易混淆罪名,准确定性犯罪行为。

【基本案情】

被告人邵某系原某保险公司天津分公司(系国有公司,以下简称保险公司)个险部经理。2014 年 2 月 27 日,邵某在无偿还能力的情况下,以"冲业绩"为由,让贾某将 500 万元转入保险公司对公账户,并许诺定期归还。为获取贾某的信任,邵某向贾某出具保险公司投保单一份、退款协议一份(公章印文系邵某伪造)。后邵某为尽快占有并使用该笔资金,因与焦某关系亲密,遂虚构贾某同意焦某使用其转入保险公司的 500 万元的借款声明书及贾某与焦某系父子关系的证明,使焦某在形式上能够使用该 500 万元进行投保,后邵某用焦某的名义使用该 500 万元投保了两份理财险。

两份保险合同生效后,被告人邵某谎称以利用保险公司钱款投保后再退保、钱款退回再返还保险公司的方式"冲业绩",指使焦某持两份保险合同于 2014 年 3 月分别办理保单借款业务和退保手续,所借资金及退保金额共计 475 万余元。焦某通过转账方式将 475 万元余元转给邵某,后邵某将该笔资金全部用于偿还个人债务。

2014 年 5 月,贾某对保险公司提起民事诉讼,请求法院判令保险公司立即返还其本人 500 万元并支付违约金。经二审终审,判决保险公司返还贾某

500万元,已执行。2017年3月,保险公司以不当得利为由对焦某提起民事诉讼,要求焦某返还两份保险合同借款及退保款项共计475万余元。一审判决支持保险公司的诉讼请求。后焦某报案,该案进入刑事诉讼程序,执行程序中止。

2020年6月,被告人邵某被公安机关抓获归案。

【争议问题】

围绕案件定性及该案被害人的认定存在四种不同意见。

一、被告人邵某的行为构成诈骗罪,被害人是贾某

邵某明知自己无偿还能力,仍通过允诺到期归还并出具虚假退款协议的方式让贾某将500万元打入保险公司账户,其以非法占有为目的,虚构事实、隐瞒真相,使贾某基于错误认识处分自己的财物,其行为构成诈骗罪。

二、被告人邵某的行为构成贪污罪,被害人(单位)是保险公司

邵某明知自己无偿还能力,仍骗取475万余元,其主观上具有非法占有的故意;客观上,其利用在保险公司工作的职务便利,使用贾某打入保险公司账户中的500万元投保后,指使他人通过办理保单借款和退保的方式将属于保险公司的475万余元占为己有,最终无法偿还,给国有财产造成巨大损失,其行为构成贪污罪。

三、被告人邵某的行为构成诈骗罪,被害人是焦某

邵某明知自己无偿还能力,对焦某谎称用保险公司钱款"冲业绩",并用焦某的名义投保了两份保险合同,后让焦某办理保单借款和退保,保险公司将保单借款和退保金额全部打入焦某的银行账户,焦某实际占有该笔钱款后基于错误认识将全部资金转给邵某。尽管焦某没有非法占有该笔资金的故意,但保险公司仍可以不当得利为由要求焦某返还所有资金,最终受损者是焦某。

四、被告人邵某的行为构成合同诈骗罪,被害人(单位)是保险公司

邵某在无偿还能力的情况下,骗取475万余元,其非法占有该笔钱款的主观故意明显;客观上其通过伪造公司印章出具退款协议书、借款声明书、虚构贾某与焦某系父子关系的证明,并以焦某的名义投保了两份保险,使保险公司陷入错误认识,支付了保单借款及退保资金,主客观方面均符合合同诈骗罪的构成要件。

【评析意见】

结合案件审查情况,笔者同意第四种意见,认为保险公司是该案的被害人(单位),被告人邵某的行为构成合同诈骗罪。

一、贾某、焦某均不是该案被害人

被告人邵某伪造保险公司印章向贾某出具了虚假的退款协议书,但是邵某并未让贾某直接给其个人账户转账,而是让贾某将500万元打入保险公司对公账户。贾某将该笔钱款打入保险公司对公账户后,根据金钱占有即所有的原则,保险公司已实际支配该笔资金。由于保险公司和贾某之间并未形成有效的合同法律关系,保险公司对于贾某打入其对公账户的该笔钱款属于不当得利,贾某可主张保险公司返还,其财产利益最终不会遭受损失,因此贾某不是被害人。

被告人邵某事先告知焦某其想利用保险公司钱款投保后再退保、钱款退回再返还保险公司的方式"冲业绩"。邵某以焦某名义投保后,让焦某帮其办理保单借款和退保并将所有资金通过转账方式转给其本人。焦某不知该笔资金真实来源,亦不知晓邵某欲非法占有该笔资金,其主观上无非法占有的故意。邵某利用不知情第三人实施犯罪,属于间接正犯。因间接正犯必须对被利用者所造成的法益侵害结果承担责任,[①]所以最终的责任应由邵某承担。根据先刑后民的原则,保险公司无法要求焦某返还该笔资金,故焦某不会遭受财产利益损失,亦不是该案的被害人。

二、被告人邵某的行为不构成诈骗罪

合同诈骗罪是诈骗罪的一种特殊形式,二者都要求行为主体具有非法占有他人财物的主观故意,主要区别在于行为人是否利用合同进行诈骗,是否侵犯了市场经济秩序。该案中,被告人邵某之所以能够成功骗取保险公司的475万余元,正是因为其通过伪造贾某和焦某的父子关系证明,以焦某名义投保两份保险合同并生效后,又令焦某通过正常流程办理保单借款和退保,最终实现其非法占有他人财物的犯罪目的。即保险公司陷入错误认

---

① 参见张明楷:《刑法学》(第5版),法律出版社2016年版,第401~406页。

识的关键原因系邵某用他人名义和保险公司签订保险合同过程中虚构了事实、隐瞒了真相。邵某利用签订、履行、解除合同实施诈骗,侵犯了市场经济秩序,保护单一财产法益的诈骗罪并不能对其行为进行全面评价。

三、被告人邵某的行为不构成贪污罪

在该案中,区分合同诈骗罪与贪污罪的关键在于被告人邵某是否利用了"职务上的便利"。贪污罪中"职务上的便利"是指行为人利用职务上主管、管理、经手公共财物的权力及方便条件。如果行为人只是利用在本单位工作,熟悉作案环境等条件则不属于利用职务上的便利。邵某系国有保险公司的职工,本次作案其并没有利用其职务上的便利,而是因其在保险公司工作,熟悉投保、退保手续及保单借款等业务办理流程,自己或者指使他人与被害单位保险公司签订、履行、解除合同,实施犯罪行为,故其行为不构成贪污罪。

四、被告人邵某的行为构成合同诈骗罪

1. 被告人邵某主观上具有非法占有的故意

我国《刑法》第224条规定,合同诈骗罪是以非法占有为目的,在签订、履行合同过程中,骗取对方当事人财物,数额较大的行为。根据最高人民法院发布的黄某奋合同诈骗案、刘某基合同诈骗案等指导性案例可知,认定合同诈骗中的非法占有故意可从以下几方面进行分析:(1)行为人是否具有签订、履行合同的条件,是否创造虚假条件;(2)行为人在签订和履行合同过程中有无履约能力;(3)行为人在签订和履行合同过程中有无诈骗行为;(4)行为人对取得财物的处置情况,是否有挥霍、挪用及携款潜逃等行为。

该案中,邵某在作案前对外已欠下巨额债务,早已入不敷出,仍通过虚构贾某和焦某系父子关系证明的方式,顺利通过保险公司的合同审查环节,为以焦某名义和保险公司签订保险合同创造了条件。在办理保单借款和退保过程中,邵某对焦某和保险公司继续隐瞒了这一事实,取得财产后邵某将全部资金用于偿还个人债务,导致保险公司遭受财产损失。上述行为足以认定其主观上具有非法占有的故意。

2. 被告人邵某客观上实施了多种欺骗行为

首先,邵某以"冲业绩"为由向贾某个人借款,并以许诺定期归还和出具印有虚假公章退款协议的方式骗取贾某信任,后让贾某将500万元打入保险公司对公账户;其次,邵某通过冒用贾某的名义向保险公司出具借款声明书、伪造贾某和焦某系父子关系证明的方式,欺骗保险公司并通过保险公司合同审查,从而使两份保单生效,其行为符合《刑法》第 224 条第 1 款第 1 项规定的“冒用他人名义签订合同”;最后,邵某以“冲业绩”为名,欺骗焦某去办理保单借款和退保。邵某欺骗对象包括贾某、焦某和保险公司三者,而其犯罪目的得以实现的关键环节是欺骗保险公司相信贾某与焦某系父子关系。

3. 被告人邵某的行为侵犯的是合同诈骗罪保护的复杂法益

刑法的目的是保护法益,禁止犯罪人违法获取利益;犯罪的本质乃是侵犯法益。[①] 准确认定侵犯的法益能更好地对犯罪行为予以定性。如前所述,该案从形式上看,似乎焦某和贾某都是被害人,但是就实质而言,保险公司是该案遭受财产利益侵害的对象,且最终损失由保险公司承担,故该案的被害人(单位)是保险公司,焦某和贾某只是“被骗人”而非被害人。邵某冒用他人名义与保险公司签订保险合同,并利用保单借款和退保的方式骗取保险公司的财产,违背了市场经济的诚信原则,既扰乱了保险市场经济秩序,又侵犯了保险公司的财产利益。

4. 被告人邵某伪造公司印章的行为系手段行为,不再单独评价

在犯罪行为可分为手段行为与目的行为时,如手段行为与目的行为分别触犯不同罪名,便成立牵连犯。[②] 邵某在骗取保险公司财产过程中,实施了伪造公司印章的行为独立成罪,但因伪造公司印章行为与合同诈骗行为属于手段行为和目的行为的牵连关系,根据牵连犯从一重处罚的原则,该案应以合同诈骗罪追究其刑事责任,不应再单独评价其伪造公司印章的行为,不以伪造公司印章罪和合同诈骗罪数罪并罚。

综上,当合同诈骗罪案件中涉及多名被骗人的时候,应拨开形式的“迷雾”,找准实质上的被害人,即找准遭受犯罪行为侵害并由此直接承担物质损失或精神损害的自然人或其他主体。[③] 多数情况下,准确认定被害人是正

---

① 参见张明楷:《法益初论》,中国政法大学出版社 2000 年版,第 269 ~ 341 页。

② 参见张明楷:《刑法学》(第 5 版),法律出版社 2016 年版,第 490 ~ 491 页。

③ 参见时方:《经济犯罪中的被害人研究》,中国检察出版社 2019 年版,第 36 页。

确处理刑事案件的突破口。对于侵害财产法益的犯罪,被害人包括该财产的所有人及事实上的使用人、管理人。① 该案中,从形式上看,邵某欺骗了贾某、焦某、保险公司三方当事人。但是通过实质审查,因保险公司对贾某的500万元属于不当得利,贾某可以要求保险公司返还。而焦某属于被利用的不知情方,其实施的行为应由指使者邵某负责,所以保险公司无法要求焦某返还财产,故最终遭受损失的是保险公司,即保险公司是该案的被害人(单位),从而认定邵某的行为构成合同诈骗罪。

【处理结果】

人民法院经审理认为,被告人邵某以非法占有为目的,在签订、履行合同过程中,骗取被害单位财物,数额特别巨大,其行为构成合同诈骗罪,判处有期徒刑12年,并处罚金30万元;责令被告人邵某退赔被害单位保险公司经济损失共计475万余元。

(撰稿人:谢丰　刘铭)

① 参见林钰雄:《刑事诉讼法》(下册),中国人民大学出版社2005年版,第29~31页。

34. 非典型合同诈骗案中主观意图认定的五个标准

——夏某某涉嫌合同诈骗案

【要旨】

当前合同诈骗类案件呈现多样化趋势，合同瑕疵、合同部分履行、多方合同等非典型合同诈骗案件频发，单纯以是否具有虚构事实、隐瞒真相行为不足以充分证实构成合同诈骗，因此对于犯罪嫌疑人主观意图的认定成为区分罪与非罪的关键，而非典型合同诈骗案件中犯罪嫌疑人对其主观意图的部分辩解往往具有合理性。本文结合案例认为对于非典型合同诈骗中主观意图的认定必须把握事实始末，从合同目的、履行可能性、标的物状态、履行行为、违约后补救行为五个方面综合考量。

【基本案情】

自2007年开始，犯罪嫌疑人夏某某所经营的A公司承租B公司位于本市和平区某商厦小商铺，最后一份合同期限为2014年1月1日至12月31日，后双方针对续租事宜进行商谈。

2015年5月24日，犯罪嫌疑人夏某某伪造A公司与B公司的续租协议，虚构A公司2015年1月1日至2017年12月31日承租上述小商铺的事实，与被害人张某某针对该小商铺签订租赁合同，约定租赁期限为2015年7月1日至2016年6月30日，且约定2015年5月27日交房，后被害人张某某向犯罪嫌疑人夏某某支付房租17万元。犯罪嫌疑人夏某某未按期交房，后双方于2015年6月5日签订补充协议，约定同年6月15日交房或退款，犯罪嫌疑人夏某某仍未履行约定。双方再次约定同年6月22日由犯罪嫌疑人夏某某退还被害人张某某房租款项。

2015年6月20日至同年7月3日，犯罪嫌疑人夏某某因涉嫌合同诈骗罪被刑事拘留。因无法与犯罪嫌疑人夏某某取得联系,被害人张某某报案。2015 年 7 月 4 日,犯罪嫌疑人夏某某与张某某取得联系,继续针对还款事宜进行协商。2015 年 9 月 2 日,犯罪嫌疑人夏某某退还被害人张某某各项损失共计人民币 18 万元。

【争议问题】

该案犯罪嫌疑人夏某某实施了虚构事实、隐瞒真相的违法行为,这一点是确定的,在其未与 B 公司签订续租协议时,私自伪造了假的续租合同提供给被害人张某某,使被害人张某某陷入错误的认识,从而交付了钱款,其行为符合合同诈骗罪客观构成要件,但现有证据是否能够证实犯罪嫌疑人夏某某具有非法占有的目的成为该案定性的争议焦点。

【评析意见】

犯罪目的是目的犯的犯罪构成要素之一,属于一种主观违法要素,作为一种主观要素,它不同于犯罪行为、犯罪结果等可以看得见的客观违法要素,更多的时候,这种主观目的隐藏于犯罪行为人的内心深处,要认定这种犯罪目的,很多时候只能借助间接的证明方法,即通过犯罪行为人的外在行为来证明其具有犯罪目的。

“占有是指人对物的事实上的管领,也即实际控制的权能。它属于物的所有权中的一项权能。非法占有是不依据法律或者所有人的意思而与所有人发生分离。”①

刑法意义上的非法占有与民法意义上的非法占有是有区别的,民法上不考虑行为人主观方面的意图,行为人的主观意图并不影响民事行为本身的效力,而刑法上的非法占有则依据主客观相一致的原则。

非典型合同诈骗案审查过程中,绝大部分犯罪行为人对其非法占有的主观目的持否认态度,在现实办案中,“存在虚构事实、隐瞒真相等欺骗行为即可推定具有非法占有目的,存在合同履行行为即可推定不具有非法占有目的”的标准不足以准确判断犯罪嫌疑人的主观意图。司法实践中,需要根

① 张俊浩主编:《民法学原理》,中国政法大学出版社 1991 年版,第 389 页。

据客观事实认定行为人的非法占有目的，或者根据客观事实推定行为人具有非法占有目的。

犯罪行为是在行为人的主观心理支配下实施的，合同诈骗罪中犯罪嫌疑人非法占有的主观故意，是通过对客观事实的考察，综合考虑嫌疑人在签订合同时有无履约能力、签订合同时提供担保的真实性、签订合同后有无履约的实际行为或者是否有为了履约而进行的积极努力、未履约的真实原因是客观不能还是主观不欲、对取得的财物是挥霍、偿还债务还是为履约做相应支付、案发后是逃匿推脱搪塞还是积极沟通、努力筹措钱财偿付等多个方面进行判断。具体到该案，在认定夏某某是否具有非法占有目的时，主要考虑从合同目的、履行可能性、标的物状态、履行行为、违约后行为五个方面综合考量。

第一，合同目的"行不行"。合同诈骗形成的基础是合同行为，合同行为作为经济行为，一般其目的具有明显的利益导向性和逻辑性。如煤炭公司订立的合同一般与煤炭产业相关，而不会与其他公司订立化妆品合同，这就是利益导向性。如A地区的服装生产厂家为开拓B地区市场，才会与B地区的商场签订商铺租赁合同，其合同目的的产生必然先于合同订立，这就是合同目的的逻辑性。该案中夏某某的A公司主要经营物流业务，其之前承租B公司的商店用于经营，后又因经营模式发生变动，为追求利益将商店转租给张某某，虽然具有客观欺骗行为，但应当认定其合同订立目的具有利益导向性和逻辑性。

第二，是否具有履行可能性。履行可能性不仅包括合同订立时的履行可能性，还包括预期履行可能性，同时对于履行可能性的认定应当结合具体合同内容予以认定。合同订立时的履行可能性一般作为否定条件来使用，如合同订立时约定A方将太阳系毁灭则B方即支付报酬，合同内容违背自然规律不具有履行可能性；合同订立时约定A公司按每公斤1元价格向B公司收购黄金，合同成本明显过低不具有履行可能性；此外还有合同标的灭失或不存在、合同约定时间或流程明显不合理导致不具有履行可能性等。预期履行可能性是指合同订立时，合同履行的先决条件尚未完成，但在可预期的时间内先决条件能够实现，故不影响合同的最终完成。当前经济社会中基于预期履行可能性而订立的购销合同、生产加工合同、租赁合同越来越多。该案中夏某某将B公司的商店转租给张某某,虽然合同订立时无法立即履行,但有证据证明夏某某能够与B公司达成续租合同从而转租给张某某,即具有预期履行可能性。

第三,标的物状态能不能"行"。对于标的物状态因素的认定是指考虑合同标的物在合同订立前到案发时的整个过程中所处的持续性状态。如果标的物状态极不稳定或在合同订立时即隐瞒标的物存续时间明显低于合同履行要求,导致合同订立时即可以推定标的物状态无法使合同完成,或者在合同履行中标的物状态突然发生变化、灭失情况使合同无法完成而一方隐瞒该情况继续实施合同的,可以此推定该合同方具有非法占有目的。该案中夏某某承租的B公司商铺在夏某某与张某某履行合同过程中一直处于空置状态,即标的物状态一直能够满足合同履行。

第四,有没有持续性的实际履行行为。对于合同诈骗案中履行行为的判断,不仅要考虑履行行为是否具有实际性,还要考虑履行行为是否具有持续性。如M公司与N公司签订奶粉生产合同,奶粉产地要求必须在澳大利亚,而M公司出具其与英国境内某牧场的合作合同以证明其具有履行行为,则应认定该履行行为不具有实际性。如G公司与Q公司签订金额为10亿元的醇基燃料委托投资合同,期限为两年,G公司仅在合同签订后一年零八个月时向某醇基燃料生产厂家投资100万元,则该履行行为从时间上不具有持续履行状态,从金额上不具有履行诚意,应当认定该履行行为仅是掩饰G公司非法占有目的的行为,不具有履行持续性和实际性。在现实合同诈骗案件中像G公司这种为掩饰非法占有目的而部分履行合同的行为大量存在,必须从其履行时间节点、履行比例,结合合同目的、履行可能性等条件综合分析其是否具有实际履行诚意,不能单纯地以具有履行行为(不考虑履行比例、履行时间节点)来否定非法占有目的。该案中夏某某在与张某某订立转租合同后,一直在与B公司商谈承租事宜,并一直保持与张某某的联系,结合其他因素考虑,可以认定夏某某的履行行为具有实际性和持续性。

第五,违约后是否有补救行为。补救行为的存在虽然不能直接反映合同行为的合理性,但可以间接反映履行方的主观意图,在合同履行出现违约情况时,履行方积极采取补救措施,即使最终无法完全弥补受损方损失,也应认为履行方不具有非法占有目的。而在合同诈骗案中具有非法占有目的的合同履行方，在其违约后一般不会采取任何补救措施。“在实践中，合同纠纷双方可能为了减轻自身责任提出诸多抗辩事由，但只要其抗辩事由是真实存在的，就不能简单地认为其逃避违约责任。”[①]该案中，夏某某在无法与B公司谈妥续租情况下构成违约，而其违约后先后与张某某两次签订补充协议，并最终赔偿张某某房租17万元、补偿1万元，以此违约后的补救行为可以间接反映夏某某不具有非法占有目的。

上述“五行标准”中，合同目的、履行可能性直接反映主观意图，如果合同目的或履行可能性不行，则可直接认定具有非法占有目的。标的物状态、持续性的实际履行行为作为肯定性条件间接反映主观意图，如果标的物状态不合适、不具有持续性的实际履行行为则可以反映具有非法占有目的。违约后的补救行为作为否定性条件间接反映主观意图，如果具有违约后补救行为则可以反映不具有非法占有目的。

就该案而言，犯罪嫌疑人夏某某非法占有目的难以判定：第一，犯罪嫌疑人夏某某自2007年就开始与B公司合作，承租涉案房屋至2014年12月31日；最后一份合同的时间是2014年1月1日至同年12月31日，且后续在案发期间，夏某某一直在与B公司商谈续租事宜，证人陈某某能够证明当时是自己与夏某某在商谈，提出可以签订续租协议，有两个条件，即夏某某补交2014年房租与新品牌要通过B公司的审核。第二，涉案房屋在案发期间始终没有租赁给他人，一直处于放置的状态。第三，夏某某是A公司法定代表人，案发期间A公司属于经营状态，且夏某某提供了两份A公司与其他公司签订的合同，证明A公司在案发期间有钱款进账。第四，犯罪嫌疑人夏某某之所以在2015年6月19日突然无法联系，理由在于：其于2015年6月20日至7月3日涉嫌合同诈骗被刑事拘留，有相关拘留材料证明，并非故意逃避。第五，夏某某被释放后马上与被害人张某某取得联系商量还款事宜，有被害人张某某的证言证明此事。第六，2015年9月2日，夏某某全额归还张某某17万元的房租，并支付1万元的补偿。第七，2015年12月，夏某某与B公司谈成续租事宜，双方签订续租合同，夏某某继续承租涉案房屋。第八，在审查起诉阶段听取被害人意见时，被害人张某某表示当时主要是因为联

① 李英才：《论合同诈骗罪的非法占有目的》，载《政法论坛》2002年第5期。

系不上夏某某才报案,等后续纵观该案的全部经过,其本人觉得夏某某并非诈骗,虽然被害人的感觉并非判断案件性质的标准,但作为被害人,张某某对于犯罪嫌疑人夏某某前后的表现应属于直接感知,对于判断夏某某是否具有非法占有的目的具有一定的参考价值。

【处理结果】

检方认为,现有证据无法证明犯罪嫌疑人夏某某具有非法占有的目的,故无法认定其构成诈骗罪或者合同诈骗罪,并将该案退回公安机关补充侦查,补充侦查期间公安机关将该案撤回。

(撰稿人:郑学娇　朱焕章)

35.“游戏托”电信诈骗案入刑问题

——刘某某、杨某某等37人诈骗案

【要旨】

一段时期以来,具有“游戏托”公司化性质的电信诈骗犯罪集团案件在全国各地多发。在司法实践中,行为人的真实身份是网络游戏公司的游戏推广人员,其在网络游戏中扮演单身女性角色,以“奔现交友”“恋爱结婚”等理由诱骗男性玩家对其游戏账号进行高额充值,从而赚取提成返现。该类型案件属于新型案件,针对上述人员的行为是否需用刑法打击存在理论争议,主要体现为被害人是否陷入错误认识及是否具有财产损失问题。从承诺效力的判断上可以认定被害人承诺系出于错误认识,以诈骗罪目的失败论角度认定被害人存在财产损失,进而确定以刑法手段打击“游戏托”诈骗行为具有以预防为目的的处罚必要性。

【基本案情】

被告人刘某某,男,28岁,辽宁人。被告人,杨某某,男,26岁,辽宁人。2018年2月23日,被告人刘某某在辽宁省盘锦市兴隆台区注册成立并实际经营盘锦某网络科技有限公司,从事游戏推广经营活动。2018年8月,刘某某通过邓某某(另案处理)与江苏某网络科技有限公司约定代理推广上述公司未在文化监管部门备案的《梦入凡情》《鸣剑风云》《梦昆仑》《仙侣世界》等网络游戏,收取游戏玩家在上述游戏中充值总额的70%作为提成返利。被告人杨某某等四十余人先后通过招聘等方式进入盘锦某网络科技有限公司,以底薪加业务提成的方式获利。其间,杨某某担任该公司风神部主管,姚某某担任该公司林天部主管,文某某、赵某某、蔡某某分别担任业务小组长,王某某负责公司招聘,刘某某负责游戏技术支持。被告人高某某、郭某某等四十余人具体实施犯罪,形成了以刘某某为首要分子,以杨某某、姚某某为骨干成员,其余被告人为一般成员的诈骗犯罪集团。

2018 年 8 月至 2019 年 4 月 2 日,杨某某、姚某某在刘某某的授意下,带领部门内业务员推广《梦入凡情》《仙侣世界》《鸣剑风云》等网络游戏。上述被告人虚构年轻女性身份,在自己或公司配发的微信账号上使用年轻女性头像及昵称,利用刘某某等人提供的"话术单",以年轻女性身份通过《王者荣耀》《QQ 飞车》等热门游戏发送寻求男性游戏玩家组建游戏情侣的消息,添加被害人微信后发送相关游戏链接,引诱被害人下载游戏后与被告人组建游戏情侣,并假意与被害人发展恋爱关系,通过发送虚假的机票订单信息截图、共享位置截图等方式持续骗取被害人的信任,诱骗被害人通过支付宝及微信支付等方式向游戏账号充值获利。其中,部分被告人以给付见面诚意金、报销飞机票等理由,短时间内多次向被害人索要钱款后向其游戏账号充值获利。经统计,上述被告人及涉案人员共计骗取他人人民币 1,924,551.67 元。案发后,上述被告人被公安机关抓获归案,部分涉案财物被依法扣押。

【争议问题】

对于刘某某、杨某某等 37 人的行为如何定性形成三种不同的意见:

(1)被害人对其充值的行为是明知的,其没有陷入错误认识,被告人不构成犯罪,仅属于不正当竞争行为。

(2)被害人充值后钱款变成游戏"元宝"进入自己游戏账户,其没有财产损失,被告人的行为不构成犯罪,仅属于欺诈性消费行为。

(3)被告人的行为具有非法占有的故意,被害人陷入错误认识处分了财产,具有财产损失,被告人行为符合诈骗罪的构成要件。

【评析意见】

一、承诺阻却违法性——采用全面无效说和本质错误说

被害人承诺是指被害人同意他人侵害自身法益的情况。应该说,男网友基于处 CP、奔现恋爱、结婚等目的与"游戏托"共同进行游戏,无论是主观上还是客观上均存在对于游戏账号进行充值的认可,其实质上属于一种财产处分的"承诺"行为。法理上一般认为,被害人的承诺可以阻却部分行为

的违法性。“如果从宪法保护个人行动自由的角度出发，认为承诺涉及放弃身体、自由的法益或处分自己的财产，不管这样的承诺是理性或是非理性的，都应该被理解为个人人格自由的行使与展现，因此可以阻却不法性。”[①]在“游戏托”案件中，被害人基于处“游戏 CP”“奔现恋爱”、结婚等目的对游戏账号进行充值，是基于以放弃其自身利益（支付充值）去维持或者换取另外一个利益（“奔现恋爱”、结婚等可期待的诱惑），而这一情形，显然属于承诺的一种表现形式。“法益所有人的承诺之所以有可能对于行为人实施的侵害行为的不法评价产生阻却作用，其主要思想基础源于个人的自我决定权与行为自由。也就是说，在一定条件下，法益所有人基于其内在利益的抉择而自愿决定放弃某个法益以维持或追求另外一个利益，由于其所放弃的属个人法益，在不影响他人利益的前提下，法律原则上应当允许。”[②]

承诺是否具有法律效力是对其承诺行为的核心评价。要使承诺有效并进而阻却违法性，承诺人所作出的承诺必须是在非受到强制、胁迫且基于真实意思表示而作出。但是，比较有争议的问题是，承诺人如果受到欺骗而作出的承诺，是否当然属于无效的承诺？对于被害人因受欺骗而作出承诺是否具有法律效力，理论界存在不同观点。德、日刑法界对此有过激烈的讨论，三种比较主流的观点，即完全无意思瑕疵理论（全面无效论）、本质错误说（重大错误说、决定动机错误说）和法益关联性理论（法益错误论）。

综合上述有关三种承诺效力的观点，对照“游戏托”诈骗行为，可以得出如下结论。在“游戏托”案中，被害人受到“游戏托”的欺骗而作出游戏充值的承诺，结合全面错误说和本质错误说，在此类案件中，“游戏托”的欺骗已经使被害人形成了关于对等给付、所追求的目的（奔现交友、恋爱结婚等）的错误认识，此错误事关关键事实。因为被害人的支付行为基于这一错误，如果没有该错误，就不会自愿实施充值行为。因而被害人关于游戏账户充值的错误想象属于重大瑕疵，其决定性的动机是错误的，因此导致被害人承诺的无效，进而肯定“游戏托”行为具有犯罪属性。从这个角度而言，无论“游

---

① 王皇玉：《强制手段与被害人受欺骗的同意：以强制性交猥亵罪为中心》，载《台大法学论丛》2013 年第 2 期。

② 吴耀宗：《被害人受骗之承诺》，载《月旦法学教室》2013 年第 4 期。

戏托”是否向男性网友游戏账户提供“游戏元宝”,都会因为被害人承诺的无效而具有构成诈骗罪的可能。否定“错误”承诺的效力,而排除“游戏托”案的犯罪性,不利于普遍正义的实现。

二、财产损失的实质化理解——诈骗罪中目的失败论

财产损失是诈骗罪成立的构成要件要素之一。在通常的诈骗中,被害人是因陷入错误认识而处分财产,因而对自己的财产损失并不“明知”。对于“游戏托”类型案件中,被害人被诱骗向自己的游戏账户进行充值,换回“游戏元宝(游戏元宝不能再交换)”能否认定被害人存在财产损失?

财产犯罪的法益,并不单指被侵害的财产本身,其既包括财产,也包括财产性利益,这已成为刑法学界公认的观点。如同财产具有“使用价值”和“交换价值”一样,财产利益包括“使用利益”及“交换利益”两种类型。“事物之所以具有价值,是因为能够被个人的主观利用目的所投射,当得知该事物能够满足自己的某种需求时,则该事物即存在使用价值,即物品能够满足人们某种需要的效用。”①“交换利益”又被称为“经济利益”,“交换利益”表现为一种只有在货币已经确立的时候才存在的抽象利益,且“只是在揭露欺诈行为等时才在法律上区别于价格”。② 财产权人所享有的交换利益是否受到损害,不能仅作形式上的判断,而必须观察整个交换过程,以此判断财产权人所享有的财产“整体价值”是否有所减损。这个过程应是财产权人能以其自己的意愿,根据一定的价值规律进行交换,以达到自己的目的。③

由于交换利益与财产权人的主观需求有关,因而交换利益是否损失的判断,应当结合财产权人主观需求、目的是否得以实现或者是否具有实现的可能性加以判断。张明楷教授认为,价值判断有大体的公认标准,可以使人产生错误,从社会关系的复杂化以及刑法对现实的适应性来考察,应承认就价值判断可以进行欺骗,这不违反我国刑法的规定。在“游戏托”类型案件中,受害人就所交付财产的用途、财产的接受者存在法益关系的认识错误

---

① 张天一:《对财产犯罪中“财产概念”之再建构(下)——以“支配关系”所形成之财产概念》,载《月旦法学杂志》2009 年第 2 期。

② 参见《马克思恩格斯全集》(第 31 卷),人民出版社 1998 年版,第 180 页。

③ 参见张天一:《对财产犯罪中“财产概念”之再建构(上)——以“支配关系”所形成之财产概念》,载《月旦法学杂志》2009 年第 1 期。

时，即使受骗者没有期待反对给付，也应认为存在财产损失，对方的行为应成立诈骗罪。诈骗罪中财产损失的认定与诈骗罪的特点是制造并利用受骗者的认识错误侵犯被害人的财产，如果能够肯定受骗者因为行为人的欺骗行为产生了法益关系错误，进而处分了财产，就此造成了财产损失。在财产法益中，法益处分行为的社会意义的错误，就是法益关系的错误。通过财产的给付而得到的不仅是经济利益，还包含社会目的得以实现，这就是法益处分的社会意义问题。据此，对财产的转移被害者没有“法益关系的错误”的场合，交付的结果是有交付权限的被害者所接受的，不能追究欺骗行为人对被害人“转移财产”的责任；反过来，基于“法益关系的错误”转移财产的场合，则由于被害者不接受转移财产的结果，加上这又是行为人的欺诈所引起的，当然要追究他对自己引起对方不正当转移财产的行为的责任。换言之，如果受骗者的财产交换失败、处分财产的目的没有实现，就意味着存在财产损失。[①] 该案中，无论被害人如何处分自己的财产，其处分财产的目的（与游戏托恋爱、结婚）都无法实现。可以看出，通过交换利益以及财产损失的实质解释，较好地解决了“游戏托”诈骗案在财产损失理解与认定上的理论。

三、实现刑罚的预防目的、提高刑法适应性

刑罚的重要目的之一为预防和减少犯罪，既警醒具有犯罪潜在危险者避免犯罪，又告示已经犯罪者基于刑罚威慑力量不能再次犯罪。司法人员要时刻考虑自己的司法活动是否符合刑法目的，从而有利于将刑法目的贯穿于刑事司法活动的始终。罪刑法定原则是刑法的基本原则，然而其本身并不否定刑法应具备与社会发展相洽的刑罚适应性和刑罚规则效力。刑法的适应性，就是指相对固定、简单和有限的刑法规范如何满足纷繁复杂、变动不居的社会生活需要。这既是一个重要的理论问题，同时也是一个极具实践意义的问题。无论是立法者还是司法者都必须揭示法律制度的来源、社会力量如何评价或转化为法律以及法律制度如何犯罪用于社会生活。由于法律通常滞后于社会情势的频繁变迁，刑法的立法目的只是通过固定的方式维护现存的社会秩序，的确会凸显出一种忠实、保守的倾向。因此，司法者在适用法律时，尤其是面对法律规则与社会事实的“摩擦”地带，必须充

---

① 参见林东茂：《诈欺罪的财产损害》，载《“中央警察大学”法学论集》1998 年第 3 期。

分考虑社会生活的复杂性和变化可能。司法者在作出裁决时,除了必须依法裁判之外,也应当善于利用法律本身所具有的灵活性机制,充分考虑案件的具体情况,在法律的"格式化"与案件的"非格式化"之间寻求最佳的解决方案,在每一起案件中尽量寻求一般正义与个别正义、形式公平与实质公平的合理平衡。刑法只有运用到现实生活中才具有意义,判决书、起诉书是对刑法活生生的解读,刑法的内容越被一般人理解,刑法就越能发挥一般预防的作用。

"游戏托"电信诈骗行为已经严重影响网络空间和他人的财产权,刑法如果坐视不理,此类公司化运营的电信诈骗集团将会不断发展,严重蚕食网络环境。从形式上看,"游戏托"行为与传统诈骗罪构成要件虽然存在不尽一致的地方,这实际上是逻辑与实在之间的冲突在刑法领域的再现。因此,以刑法手段打击"游戏托"诈骗行为具有以预防为目的的处罚必要性。

【处理结果】

法院经审理认为,被告人刘某某注册成立并实际经营某科技公司,雇佣并指挥其余被告人从事游戏推广经营活动,在前期的推广过程中采用虚构年轻女性身份,在自己或公司配发的微信账号上使用年轻女性头像及昵称,来吸引男性玩家下载并进行游戏,该行为确系一种营销手段,甚至一种行业潜规则。但是在此过程中,被告人刘某某等人逐渐形成了一套完整的诈骗手段,即以上述手段为诱饵,利用被告人刘某某等人提供的"话术单",以年轻女性身份通过在游戏中以寻求组建情侣、发展现实中的恋爱关系,甚至发送虚假的机票订单信息截图、共享位置截图等方式持续骗取被害人的信任,诱骗被害人通过支付宝及微信支付等方式向游戏账号充值以给付见面诚意金、报销飞机票等理由,短时间内多次向被害人索要钱款后向其游戏账号充值获利。该行为属于以虚构的事实,骗取被害人钱款,应当以诈骗罪对被告人刘某某以及其余被告人定罪处罚。被告人刘某某、杨某某等37人均被判处有期徒刑1年9个月以上的刑罚,其中被告人刘某某被判处有期徒刑13年,被告人杨某某被判处有期徒刑10年。2020年12月28日,被告人刘某某上诉,审判机关维持了一审判决。

(撰稿人:孙超　于冲)

36. 非法控制计算机信息系统罪中“非法控制”的认定

——钟某某、颜某某、宋某某等30人非法控制计算机信息系统案

【要旨】

在认定非法控制计算机信息系统罪时,对于“非法控制”的认定应当具有相当程度,即获取的应当是计算机信息系统管理员权限,而不是普通用户权限。从危害程度上来说,获取计算机信息系统管理员权限对计算机信息系统安全造成威胁,而普通用户权限有限,只是进行普通的操作,不能认定为“非法控制”。本罪保护的法益是计算机信息系统安全,只有非法获取了计算机信息系统的管理权限才能认定为“非法控制”。在普通用户权限下的非法操作,属于互联网“灰色地带”,应由行政法律规范纳入调整范围,从社会危害性上达不到刑法惩罚性,不应纳入刑法调整范围。

【基本案情】

2020年以来,犯罪嫌疑人钟某某、颜某某、黄某某等人以某灵(厦门)有限公司等公司(以下简称厦门公司)名义注册上架快应用浏览器,并编写JS唤醒代码,通过各种渠道寻找手机wap流量网站等进行合作,通过在网站嵌入JS唤醒代码,当手机用户在登录该网站时,JS代码在未经用户允许的情况下,强制用户手机自动唤醒并打开该公司开发的快应用浏览器,自动跳转到广告页面,从而达到暗刷广告获利的目的。技术公司—渠道商—站长之间通过CNZZ网站统计浏览量,基本采用日结“广告费”方式。通过调查取证、勘查提取代码、提取被控制人手机唤醒过程,现已查明涉案的公司、人员涉及厦门、四川、陕西、江苏、北京、广东、湖南、河北、天津等多个省市,确定了4个互联网网站有嵌入JS唤醒代码,具备唤醒“快应用浏览器”的事实。

经过进一步调查,2020年4月至2021年4月,犯罪嫌疑人钟某某、颜某

某、黄某某等人合伙经营厦门公司,组织、研发"火云"浏览器等快应用和具有控制手机、快应用功能的"JS"代码,并通过宋某某、董某某等业务人员、洪某某等渠道商推广给网站站长,孙某某、周某某等网站站长将上述JS代码植入其经营的尚之潮、第一句子网等网站,推广、控制用户手机暗刷广告。上述犯罪嫌疑人非法所得3万元至90万元不等。后公安机关将涉嫌非法控制计算机信息系统罪的研发商、渠道商、网站站长等30名犯罪嫌疑人抓获。

【争议问题】

对于犯罪嫌疑人的行为如何定性形成了两种不同的意见:

一种观点认为,钟某某等犯罪嫌疑人的行为构成非法控制计算机信息系统罪。犯罪嫌疑人违法国家规定,侵入《刑法》第285条第1款规定以外的计算机信息系统,对用户手机的计算机信息系统实施非法控制,构成非法控制计算机信息系统罪。

另一种观点认为,钟某某等犯罪嫌疑人的行为不构成非法控制计算机信息系统罪。根据该案证据,钟某某等人行为是否达到非法控制计算机信息系统的程度无法确认,犯罪嫌疑人违法所得无法确认,控制计算机信息系统的台数无法确认,不能认定犯罪嫌疑人的行为构成非法控制计算机信息系统罪。

【评析意见】

犯罪嫌疑人的行为不构成非法控制计算机信息系统罪,理由如下。

一、犯罪嫌疑人的行为是否达到非法控制计算机信息系统的程度无法确认

《刑法》第285条第2款规定,违反国家规定,侵入前款规定以外的计算机信息系统或者采用其他技术手段,获取该计算机信息系统中存储、处理或者传输的数据,或者对该计算机信息系统实施非法控制,情节严重的,构成非法获取计算机信息系统数据罪或非法控制计算机信息系统罪。该罪属于空白罪状,并未规定什么行为、达到什么程度才算"非法控制",且针对何为"非法控制",目前并没有明确、清晰的法律和技术层面的解释。

根据相关司法解释,理解该案JS代码及快应用程序是否可认定具有侵入、非法控制功能。最高人民法院、最高人民检察院《关于办理危害计算机信息系统安全刑事案件应用法律若干问题的解释》(法释〔2011〕19号)第2

条规定,“具有下列情形之一的程序、工具,应当认定为刑法第二百八十五条第三款规定的‘专门用于侵入、非法控制计算机信息系统的程序、工具’:(一)具有避开或者突破计算机信息系统安全保护措施,未经授权或者超越授权获取计算机信息系统数据的功能的;(二)具有避开或者突破计算机信息系统安全保护措施,对计算机信息系统实施控制的;(三)其他专门设计用于侵入、非法控制计算机信息系统、非法获取计算机信息系统数据的程序、工具”。根据上述司法解释,认定“非法控制”的程序、工具需要“具有避开或者突破计算机信息系统安全保护措施”。但何种程度才能构成上述条件?该案对 JS 代码进行了司法鉴定,司法鉴定是诉讼活动中鉴定人运用科学技术或专门知识对诉讼设计的专门性问题进行鉴别、判断并提供鉴定意见的活动。检察官、法官难以事事精通,需要借助专业人员进行判断认定,而该案司法鉴定意见只是简单描述手机用户浏览过程中的反应,并未深入分析该 JS 代码的程序性功能、作用等特征,也未给出是否“具有避开或者突破计算机信息系统安全保护措施”的鉴定结论,该鉴定结论未体现出专业性,因此无法认定该 JS 代码具有“非法控制”功能。

根据司法裁判案例及最高人民检察院、最高人民法院指导案例,《刑法》第 285 条中的“控制”不应与日常中的“控制”意思相同,而应当是计算机信息系统安全层面的“非法控制”。从判例和指导案例上看,认定非法控制计算机的手段种类主要分 3 种:一是爆破类,通过暴力破解或者撞库获取管理员级账号、密码后进行修改数据、配置进行控制;二是木马类,通过木马程序进行控制;三是混合类,暴力破解他人管理权限后植入木马实施控制。司法判例、指导案例认定“非法控制”是需要具有相当程度的,也就是说必须获取的是计算机信息系统管理员权限,而不是普通用户权限。从危害程度来说,获取计算机信息系统管理员权限对计算机信息系统安全造成威胁,而普通用户权限有限,相当于普通人拿到手机、电脑后的直接操作,这显然不能认定为计算机类犯罪中的“非法控制”。本罪保护的法益是计算机信息系统安全,只有非法获取了计算机信息系统的管理权限才能认定为“非法控制”,非法在普通用户权限下的操作,不会产生实质性计算机系统安全危害,属于互联网“灰色地带”,应由行政法律规范纳入调整范围,从社会危害性上达不到刑法惩罚性,不应纳入刑法调整范围。该案中,也并未有证据证实 JS 代码及快应用程序能够获取用户手机的管理员权限,从程度上暂不能认定为刑法意义上的“非法控制”。而且从工业和信息化部整治手机 APP 小程序、广告弹窗等互联网不规范行为来看,也是将其作为行政事项处理,尚未需要对其进行刑事法律制裁。

“非法控制”在不同语境下,含义是不同的。法律是对社会领域的规范,法律规制该领域需要借鉴该领域的专业术语,但专业技术方面又缺少兼具刑事法律知识的人员,因此导致在此方面存在司法盲区。定罪量刑的法应当尽可能地清晰而不是模糊不清,因为模糊不清的法无法给公民形成对未来的合理指引,不具有法律的指引功能,同时不具有裁判功能,因为司法机关都不知道该怎么用,一旦不知道该怎么用,就会乱用,就会选择性执法,这就是为什么法律一定要明确。明确性虽然是相对的,但是应当尽量朝着明确性的标准去前进。权力机关天然具有扩张权力的冲动性,面对不确定法律执行时需要权力机关保持克制,避免非法控制计算机犯罪“口袋化”,甚至冤假错案。

厦门公司核心技术人员、JS 代码的开发者黄某某辩解称其编写的 JS 代码是在官方提供的文档基础上加入了网站访问量、网站投诉量统计等辅助功能编写而成,在唤醒快应用时是否有提示是由官方文档、手机厂商和手机浏览器决定的,其无法控制在唤醒快应用时是否具有提示。对此,检察机关向公安机关提出:(1)针对涉案 JS 代码做技术鉴定,进行分段解析,找出所谓的“官方文档”字段,对“官方文档”字段单独进行功能鉴定,鉴定其是否具有唤醒快应用功能,确认在唤醒过程中是否有对用户的提示。公安机关回复此鉴定因技术原因无法完成。(2)进行侦查实验,让黄某某现场演示如何从快应用官方平台中找出“官方文档”,“官方文档”具有什么作用,其添加了哪些辅助功能。公安机关回复此侦查实验因无法将黄某某从看守所提出,无法完成。(3)调取华为、OPPO 等手机厂商证言,证实黄某某辩解的真伪、公安机关回复手机厂商技术人员不配合,相关证言无法调取。

二、犯罪嫌疑人违法所得无法确认

《刑法》第 285 条规定,违反国家规定,侵入国家事务、国防建设、尖端科学技术领域的计算机信息系统的,处 3 年以下有期徒刑或者拘役(非法侵入计算机信息系统罪)。违法国家规定,侵入前款规定以外的计算机信息系统或者采用其他技术手段,获取该计算机信息系统中存储、处理或者传输的数据,或者对该计算机信息系统实施非法控制,情节严重的,处三年以下有期徒刑或者拘役,并处或者单处罚金;情节特别严重的,处三年以上七年以下有期徒刑,并处罚金。(非法获取计算机信息系统罪、非法控制计算机信息系统罪)

2011 年最高人民法院、最高人民检察院《关于办理危害计算机信息系统安全刑事案件应用法律若干问题的解释》规定,非法控制计算机信息系统 20 台以上的,违法所得 5000 元以上或者造成经济损失 1 万元以上的,认定为非法控制计算机信息系统情节严重,数量或数额达上述 5 倍以上的,认定为情节特别严重。

该案证据显示,犯罪嫌疑人计算报酬的依据是 CNZZ 网站对涉案 JS 代码唤醒用户数量和用户点击数量的统计,但该统计既包含了未经提示直接唤醒用户手机快应用的部分,也包含了经用户同意后唤醒手机快应用的部分,在案证据无法区分以上两种情况,依据有利于犯罪嫌疑人的原则,涉案犯罪嫌疑人的违法所得无法计算。

三、控制计算机信息系统的台数无法确认

现已取证的 20 名被控制手机用户证言真实性存疑,根据取证时间、人员地点等特征,不能排除是公安机关安排访问并取证的情况,真实性存疑。鉴于上述情况,检察建议公安机关依据 CNZZ 网站统计访问过涉案网站的天津市武清区网民 IP 地址,查找可能存在的被控制手机用户,但公安机关回复,因 IP 端口无法确定,无法查找。此外,检察机关发现某些手机品牌的某些型号,如在 OPPO 牌 S7 手机的设置中,存在“网页调用快应用链接”是否允许的选项,默认是开启的,但用户可以手动关闭。此情况是否表明用户使用手机,就默许了未经用户许可可以直接唤醒快应用程序规则,有待商榷。

【处理结果】

2021 年 5 月 28 日,检察机关经检察委员会讨论,认为根据现有证据无法认定犯罪嫌疑人的行为构成非法控制计算机信息系统罪,作出不批准逮捕的决定。

(撰稿人:陈征)

37. 大量贩卖手机卡行为的刑法认定

——刘某某、李某帮助信息网络犯罪活动案

【要旨】

贩卖手机卡已经发展成诈骗犯罪的重要“黑灰”产业,具有刑事当罚性。在客观方面,帮助信息网络犯罪活动罪的立法定位为网络犯罪堵截性罪名,构成要件中“帮助行为”的解释应当体现延展性,大量贩卖手机卡的行为可认定为帮助信息网络犯罪活动罪中的“帮助行为”;贩卡数量大、次数多或造成严重危害后果的,应当认定为帮助信息网络犯罪活动罪中的“情节严重”。在主观方面,与诈骗犯罪无事先通谋的职业贩卡人,可综合售卡次数、张数、交易方式、交易价格等依法认定帮助信息网络犯罪活动罪的主观明知。对少量、偶为的出售手机卡行为,应慎重使用刑法规制,避免打击范围的过度扩张。

【基本案情】

被告人刘某某,男,41 岁,天津市人;被告人李某,男,39 岁,河北省人。2019 年 12 月,刘某某通过微信群得知昵称为“八哥”(中国台湾地区人,具体身份不详,未到案)的人收购实名制手机卡。为获取利益,刘某某使用本人身份信息开办多张手机卡,以每张 100 元的价格使用虚假身份邮寄售卖给“八哥”。后“八哥”告知刘某某要大量收购手机卡,于是刘某某通过微信群找到长期售卖实名制手机卡的李某,告知其需要购买大量实名制手机卡并销往台湾地区。李某除使用本人身份信息开办多张手机卡外,通过微信群指使多人办理实名制手机卡(要求关闭漫游功能)并予以收购。刘某某以每张 120 元的价格从李某处收购约 1500 张手机卡,再以每张 150 元的价格使用虚假身份邮寄售卖给“八哥”。

2020年4月，境外犯罪分子利用刘某某、李某售卖的多张实名制手机卡与境内被害人取得联系，冒充公检法人员，实施电信诈骗行为，骗取三名被害人钱款共计600余万元，并导致一名被害人自杀死亡。刘某某、李某已被抓获归案，境外犯罪分子尚未到案。

【争议问题】

针对案件中刘某某、李某的行为性质，存在三种不同的认定意见。

第一种观点认为，刘某某、李某的行为构成诈骗罪（共犯）。理由是：刘某某、李某有理由认识到手机卡可能被用来实施诈骗犯罪，仍采取隐匿手段贩卖手机卡牟利，其行为客观上为电信诈骗提供了帮助，应当以诈骗罪共犯论处。

第二种观点认为，刘某某、李某的行为构成帮助信息网络犯罪活动罪。理由是：刘某某、李某能够概括认识到手机卡被用于实施信息网络犯罪，其通过贩卖手机卡提供帮助的行为，为电信诈骗犯罪提供了技术支持，应当认定为帮助信息网络犯罪活动罪。

第三种观点认为，刘某某、李某的行为不构成犯罪。理由是：第一，刘某某、李某到案后辩解不知道手机卡被用于实施诈骗犯罪，难以推定两人主观上“明知”手机卡可能被用于犯罪活动；第二，提供手机卡行为不能归类为帮助信息网络犯罪活动罪中的技术支持和帮助行为，且帮助信息网络犯罪活动罪在技术支持层面的主要规制对象为网络服务提供商，两人不是该罪适格主体。

【评析意见】

笔者同意第二种意见，刘某某、李某应构成帮助信息网络犯罪活动罪。

一、此类行为具备刑事当罚性，应当做入罪评价

当前网络犯罪形势严峻，与之关联的“黑灰”产业链也日渐成熟。其中，手机卡贩卖行业已经迅速发展成为电信网络诈骗等网络犯罪的重要上游“产业链”，出现了大量“职业贩卡人”。一方面，贩卖手机卡的行为技术门槛低、实施便利，以“兼职”为名即可吸引到相当一部分不明真相的“卡主”去办卡，出价几十元就有机会收购到大量手机卡。另一方面，随着手机实名制的推行和违法犯罪分子反侦查能力的提升,大量违法犯罪活动中需要使用他人手机卡逃避侦查,对他人手机卡的需求旺盛。巨大的潜在“存量”市场对接旺盛的需求,如果不当机立断从严打击,将会成为滋生犯罪的重要“帮凶”和“温床”。

从网络犯罪的惩治现状看,电信网络诈骗的跨境发展趋势明显。大量案件中核心犯罪集团位于境外,面临抓获难、取证难的现状,侦破和惩处难度较大。该案中,手机卡销往境外后用于实施诈骗犯罪,发案后侦查机关由实名办卡人追踪到收购贩卖者。但由于网络犯罪上下游间分工精细,手机卡贩卖者与“上线”买家及核心犯罪集团虽然共处同一利益链条,但实质性关联薄弱。境外犯罪集团短期难以到案,使对核心诈骗行为的犯罪侦查陷入停滞。核心诈骗犯罪集团在“祭出”终端“帮助者”后,仍然逍遥法外,类似的“壁虎断尾”效应在实践中屡见不鲜。如何处理这些首先进入司法程序的终端“帮助者”,成为司法机关面临的棘手问题。将这一现实难题提升到刑事政策层面审视,坚持“生态清源”、斩断“黑灰”产业链为下游犯罪“断血”,是当前惩治网络犯罪的必由之路。特别是在网络犯罪产业化、层级化日趋明显的背景下,贩卖手机卡行为逐步发展成为网络犯罪的上游产业链,现实危害性已经较为突出,具有刑事规制的必要性。

二、关于主观“明知”的认定

该案中刘某某、李某到案后,均辩解不知道所贩卖手机卡被用于实施犯罪。认定犯罪的首要难题在于判断两人是否具有主观明知。结合案情分析,笔者认为刘某某、李某属于“职业贩卡人”,结合行业背景可以推定其对手机卡被用于违法犯罪活动具有概括的明知。

手机卡实名管理制度已推行多年,贩卖手机卡行为本身即具有行政违法性。《电信条例》《电话用户真实身份信息登记规定》《电话用户真实身份信息登记实施规范》对实名制手机卡的管理、使用有明确规定。百度检索“出售手机卡”“卖手机卡”等词条,检索内容多为此类情况可能涉嫌犯罪的提示性新闻,间或出现 QQ 号等隐晦渠道的交易方式。该案中的刘某某曾多次大量贩卖手机卡,李某更是长期贩卖手机卡牟利,两人在交易过程中手法娴熟,“化名联系”“假名邮寄”“关闭漫游”,交易方式隐晦,体现出较强的反侦查意识和能力。其贩卡行为已经体现出明显的“职业特征”,有理由推定其具有“行业明知”，能够认识到所售手机卡可能被用于实施违法犯罪活动。当然，“行业明知”属于“概括的明知”，具体是否符合诈骗罪共犯或者帮助信息网络犯罪活动罪的主观方面条件，还需要结合案情具体分析。

三、该案行为应当评价为帮助信息网络犯罪活动罪

从帮助信息网络犯罪活动罪的立法背景看，其重要目的在于及时调整和扩大刑法规制范围，突破帮助行为在犯罪中的从属地位，[①]从而回应网络语境下共同犯罪的惩处难题。这一罪名对实行行为的从属性要求较低，即使下游犯罪没有达到“情节严重”的程度，帮助行为自身的情节严重程度也可独立评价、单独入罪。根据《关于办理非法利用信息网络、帮助信息网络犯罪活动等刑事案件适用法律若干问题的解释》（以下简称《帮助信息网络犯罪活动解释》）第 13 条规定，只要被帮助对象实施的犯罪行为可以确认，实行犯尚未到案、尚未判决不影响该罪的认定。从类案规制角度看，这很好地解决了实践中在多发的实行犯未到案情况下对帮助行为的惩治难题，对于有效打击网络犯罪帮助行为具有积极意义。在该案中诈骗行为的实行犯尚未到案，适用帮助信息网络犯罪活动罪评价两人行为，在证据层面阻力更小，也更加符合刑法对网络犯罪“黑灰”产业链的打击思路。

帮助信息网络犯罪活动罪在主观方面要求行为人“明知他人利用信息网络实施犯罪”。从该案来看，刘某某、李某对手机卡被用于实施信息网络犯罪具有主观明知。上文已述及，二人均属于“职业贩卡人”，一次交易的手机卡就多达千余张，远超正常生活所需，在联络、邮寄等环节均采用了非常规的隐匿方式，单张手机卡的价格也明显畸高，已经达到《帮助信息网络犯罪活动解释》中推定的“明知”标准，可以依法认定。

提供手机卡的行为可以认定为帮助信息网络犯罪活动罪中“通讯传输”的技术支持。有反对观点认为，该罪中的通讯传输应当限定于 VPN、VOIP 等信息传输的通路，类似网络通路通常是由网络服务提供商所提供的技术支持。提供手机卡虽然客观上也起到帮助犯罪分子对外联络的作用，但是不宜纳入“通讯传输”的技术支持范畴。笔者认为以上观点有待商榷。首先，该罪在刑法中属开放式表述，“等技术支持”“等帮助”的表述表明，六种

---

① 参见于志刚：《网络犯罪与中国刑法应对》，载《中国社会科学》2010 年第 3 期。

被列明的行为类型也仅是提示性列举。[①] 在网络犯罪日益蔓延的现状下,帮助行为也日趋多样化,过于机械、保守的字面解释显然有违立法本意。其次,大量贩卖手机卡的行为仍在"通讯传输"的语义射程范围内。虽然提到电信诈骗中的"通讯传输"技术支持,最典型的代表为 VOIP、VPN 等传输通路,但通讯传输功能也是手机卡的基本功能,以大量他人手机卡为工具实施电信诈骗,实际上也实现了隐匿自身身份及位置、完成"一对多"通讯传输的目标功能,从功能意义上讲,与 VOIP、VPN 等常见通讯传输手段并无二致。最后,由于该罪中的技术支持行为一般是由网络服务提供者实施,实践中存在一种误读,即认为该罪的适格主体应当为网络服务提供者。从法条字面表述可知,帮助信息网络犯罪活动并不属于网络服务提供者的身份犯。[②] 从"中国裁判文书网"检索的判例情况看,大量普通人实施的贩卖银行卡、"对公账户八件套"等支付结算帮助行为被评价为该罪,相当一部分普通人实施的出租、架设"多卡宝"、租房并接入 GOIP 设备等行为均被认定为该罪中的"提供技术支持",可见即便是"技术支持"也不限于网络服务提供商。尽管该罪最典型的适用对象是网络服务提供者,但类似刘某某、李某这样大量贩卖手机卡的"黑灰"产业"从业者",也能成为该罪的适格主体。

四、该案不宜认定诈骗罪共犯,不存在法条竞合问题

根据《刑法》规定,如果一行为同时构成帮助信息网络犯罪活动罪与其他犯罪,依照处罚较重的规定定罪处罚。因此该案中还应当解决是否构成诈骗罪共犯、是否存在法条竞合的问题。

该案中,认为刘某某、李某构成诈骗罪共犯的依据主要源于相关司法解释规定。《关于办理诈骗刑事案件具体应用法律若干问题的解释》(以下简称《诈骗解释》)中规定:"明知他人实施诈骗犯罪,为其提供信用卡、手机卡、通讯工具、通信传输通道、网络技术支持、费用结算等帮助的,以共同犯罪论处。"最高人民法院、最高人民检察院、公安部《关于办理电信网络诈骗等刑事案件适用法律若干问题的意见》(以下简称《电信诈骗意见一》)中规定,明知他人实施电信网络诈骗,为其提供互联网接入、服务器托管、通讯传输等

---

① 参见王华伟:《网络语境中帮助行为正犯化的批判解读》,载《法学评论》2019 年第 4 期。

② 参见王华伟:《网络语境中帮助行为正犯化的批判解读》,载《法学评论》2019 年第 4 期。

技术支持,或提供支付结算帮助的,以诈骗罪共犯论处。

笔者认为,将两人行为认定为诈骗共犯在构成要件、证据裁判和罪刑均衡方面均存在障碍:

司法解释将共犯犯意联络要求由共谋降低到“明知”的做法,在理论界仍颇具争议。根据通说,传统诈骗犯罪在主观方面只能是直接故意,因为诈骗罪必须具有非法占有目的,而犯罪目的仅存在于直接故意犯罪中,[①]司法解释做法无疑极大地降低了共犯主观犯意的认定标准。有观点认为,这种司法拟制将没有共同犯罪故意的单方帮助行为拟制为共同诈骗犯罪,僭越了刑事立法权。[②] 通过司法解释降低网络共犯的入罪门槛,是为了堵截帮助犯的刑事处罚漏洞、不得已而为之的无奈之举。有鉴于此,有观点明确表明了限缩适用帮助犯的立场,认为主观上仅有“明知”,对于后续信息网络犯罪未实际参与的,原则上宜以帮助信息网络犯罪活动罪论处。只有在帮助行为不能独立入罪前提下,才考虑将“明知型”帮助行为认定诈骗罪共犯。[③] 笔者赞同这一观点。在该案中,刘某某、李某并非犯罪集团成员,二人与“八哥”的交易也是“一锤子买卖”,其相互之间及与犯罪集团不存在长期或多次的稳定“销售”关系,二人与诈骗犯罪属于明显的上下游关系,适用帮助信息网络犯罪活动罪处罚,更符合网络犯罪的刑事规制思路。

从刑法理论看,帮助犯的可罚性来源于实行行为的法益侵害后果。从实践层面看,帮助犯的认定应当建立在证据确实、充分的实行行为基础之上。《电信诈骗意见一》中规定,如果在逃犯罪嫌疑人不影响在案嫌疑人的犯罪事实认定的,对在案嫌疑人可先行追究刑事责任。但就该案看,下游诈骗犯罪的具体实施者位于境外,短期内难以到案,现有的直接证据仅为被害人陈述等言词证据,不能完整还原实行行为的具体过程,在案客观证据也较为薄弱,仅有被害人转账记录,核心犯罪集团的分工及诈骗行为实施过程均未查清,证据链条尚未闭合。在尚未查明诈骗犯罪主要事实的情况下,将两人认定为诈骗罪共犯,有违证据裁判规则,也暗含证据变化的风险。

---

① 参见张明楷:《诈骗罪与金融诈骗罪研究》,清华大学出版社 2006 年版,第 276 页。

② 参见周明:《“热”与“冷”:帮助信息网络犯罪活动罪的司法适用图景——基于 72 份刑事裁判文书的实证分析》,载《法律适用》2019 年第 15 期。

③ 参见喻海松:《新型信息网络犯罪司法适用探微》,载《中国应用法学》2019 年第 6 期。

此外,如果将刘某某、李某评价为诈骗罪共犯,在量刑方面存在现实难题。刘某某、李某的行为实质上属于诈骗的“上游行为”,两人既不具有非法占有目的,也未参与犯罪所得分赃。但该案中,由于其是能够追溯到的最上游层级,在认定犯罪数额时,无论按照犯罪总额说、参与数额说还是分担数额说,两人均应在全案数额内承担刑事责任,还要对一名被害人自杀的后果负责。在实行犯未到案,全案犯罪嫌疑人地位、作用未合理界分的前提下,由二人承担所有犯罪后果,容易出现量刑失衡,产生罪责刑不相适的后果。

综上,刘某某、李某在明知手机卡可能用于实施信息网络犯罪活动的情况下实施了手机卡贩卖行为,所售手机卡被诈骗集团利用,骗取三名被害人钱款共计600余万元,并导致一名被害人自杀死亡,已经达到最高人民法院、最高人民检察院《关于办理非法利用信息网络帮助信息网络犯罪活动等刑事案件适用法律若干问题的解释》中规定的“情节严重”标准,以帮助信息网络犯罪活动罪定罪处罚是适当的。

最后需要特别说明的是,在类似案件的处理中,有必要综合考量贩卖手机卡的数量、次数、时间跨度、营利情况等问题,认定行为人是否为“职业贩卡人”。对于不具有“职业性”特征的少量开卡并出售行为,或者偶为的贩卖少量手机卡行为,仍应慎重使用刑法规制,以保持刑法的谦抑性,避免打击范围的过度扩张。

【处理结果】

法院经审理认为,被告人刘某某、李某明知他人利用信息网络实施违法犯罪行为,为其逃避监管、规避调查,提供实名手机卡,情节严重,依法构成帮助信息网络犯罪活动罪。

(撰稿人:侯倩　林晓萌)

38. 提供银行卡后又帮助实施转账的行为如何定性

——蔡某某帮助信息网络犯罪活动，罗某某、吴某某掩饰、隐瞒犯罪所得案

【要旨】

在新发展阶段，信息网络犯罪在主体、主观方面、客体行为上均呈现不同于以往同罪名犯罪的新特点。为他人提供银行卡后又帮助实施转账的行为，不仅是帮助信息网络犯罪活动的行为，同时因为给司法机关追缴犯罪所得及收益活动造成了妨害，在能够准确认定上游犯罪的完成形态的情况下，考虑以掩饰、隐瞒犯罪所得罪追究行为人的刑事责任更为适宜，此外，应充分考虑行为人的明知程度，与构成上游犯罪的共犯作区分，使得罪责刑相适应。

【基本案情】

被告人蔡某某，男，24 岁，广东人；被告人罗某某，男，23 岁，广东人；被告人吴某某，男，34 岁，广东人。

2020 年年中，被告人吴某某与他人约定，由吴某某为他人实施信息网络犯罪提供银行卡账户并帮助转账，吴某某获取流水的 8‰作为佣金。吴某某明知银行卡可能被用于实施电信诈骗犯罪，仍以给网络赌博的钱洗钱为由，找到当时做银行卡生意的被告人罗某某合作，两人约定由罗某某找人找卡，把人和卡带到吴某某指定的地方，交通费、房费由吴某某报销，由罗某某操作转账，8‰的佣金罗某某分 5‰，吴某某分 3‰。

2020 年 12 月 21 日，罗某某找到其好友被告人蔡某某，以提供银行卡给网络赌博的钱洗钱为由，许诺以好处，带蔡某某在其住处附近的建设银行城西支行办理了一张卡号为 6217×××××××× 的建设银行卡并于当晚带

蔡某某一起去惠州市找吴某某。2020 年 12 月 23 日早晨,蔡某某在惠州市某大酒店将该建设银行卡和绑定银行卡的手机交给罗某某,后吴某某、罗某某将该建设银行卡账户信息在"飞机"软件群中提供给上线使用。上线使用该建设银行卡后在"飞机"软件群里通知罗某某、吴某某需要转账的账号和数额,罗某某、吴某某按照上线要求在 15 分钟内把钱从该建设银行卡转到指定的账户中,然后再把转账成功的截图发到"飞机"软件群里。两人交替实施转账行为直至当天下午该建设银行卡被银行冻结。

经查,2020 年 12 月 23 日,该建设银行卡被犯罪分子用于网络诈骗,致使赵某甲、赵某乙、李某某三人将被骗资金共计人民币 229,000 元转入该建设银行卡,罗某某、吴某某通过转账的方式帮助他人转移赃款共计人民币 194,757.54 元。

【争议问题】

该案中,蔡某某的行为定性不存在争议,罗某某、吴某某因主观上的明知程度及客观上提供银行卡后又帮助转账的行为,与刑法上数个罪名构成要件类似,在司法实践中存在如下争议:

1. 吴某某明知他人需要银行卡可能用于实施电信诈骗犯罪,仍提供银行卡进行支付结算帮助的行为,是否构成诈骗罪的共犯。

2. 罗某某、吴某某帮助实施转账的行为,构成掩饰、隐瞒犯罪所得罪还是仅构成帮助信息网络犯罪活动罪。

由此形成了三种不同的意见:

(1)吴某某的行为,构成诈骗罪的共犯。依据有二:一是 2011 年最高人民法院、最高人民检察院《关于办理诈骗刑事案件具体应用法律若干问题的解释》第 7 条规定:"明知他人实施诈骗犯罪,为其提供信用卡、手机卡、通讯工具、通讯传输通道、网络技术支持、费用结算等帮助的,以共同犯罪论处";二是 2016 年最高人民法院、最高人民检察院、公安部《关于办理电信网络诈骗等刑事案件适用法律若干问题的意见》(以下简称《电信诈骗意见一》)中第四部分第 3 条规定:"明知他人实施电信网络诈骗犯罪,具有下列情形之一的,以共同犯罪论处……1. 提供信用卡、资金支付结算账户、手机卡、通讯工具的。"

(2)罗某某、吴某某帮助实施转账的行为,仅构成帮助信息网络犯罪活动罪。理由有二:一是《电信诈骗意见一》中第三部分第 5 条规定:"明知是电信网络诈骗犯罪所得及其产生的收益,以下列方式之一予以转账、套现、取现的,依照刑法第三百一十二条第一款的规定,以掩饰、隐瞒犯罪所得、犯罪所得收益罪追究刑事责任……4. 为他人提供非本人身份证明开设的信用卡、资金支付结算账户后,又帮助他人转账、套现、取现的";以及 2021 年最高人民法院、最高人民检察院、公安部《关于办理电信网络诈骗等刑事案件适用法律若干问题的意见(二)》(以下简称《电信诈骗意见二》)中第 11 条规定:"明知是电信网络诈骗犯罪所得及其产生的收益,以下列方式之一予以转账、套现、取现,符合刑法第三百一十二条第一款规定的,以掩饰、隐瞒犯罪所得、犯罪所得收益罪追究刑事责任……(三)协助转换或者转移财物,收取明显高于市场的'手续费'的。"根据以上两条,对提供银行卡后又帮助转账的行为,认定掩饰、隐瞒犯罪所得罪需要主观明知具体到上游犯罪是电信诈骗犯罪,且明知转账的钱款是电信诈骗犯罪所得,如不能认定,则不能构成掩饰、隐瞒犯罪所得罪,仅应认定为帮助信息网络犯罪活动罪。该案中,公安机关就是依据上述理由,在移送审查起诉时认为罗某某主观明知不足,只构成帮助信息网络犯罪活动罪。

二是认定掩饰、隐瞒犯罪所得罪应充分考虑上游犯罪的犯罪形态。该案中,罗某某、吴某某实施转账行为时,上游犯罪尚未既遂,因为处理诈骗类犯罪,司法实践中采取的是控制说,依据是 2003 年《全国法院审理经济犯罪案件工作座谈会纪要(一)》贪污罪既遂与未遂的认定:"贪污罪是一种以非法占有为目的的财产性职务犯罪,与盗窃、诈骗、抢夺等侵犯财产罪一样,应以行为人是否实际控制财物作为区分贪污罪既遂与未遂的标准。"据此,提供银行卡后,上游犯罪分子通过诈骗手段骗得财物后,被害人将钱款打入第三方账户,诈骗犯罪尚未既遂,此时帮助上游犯罪分子实施的转账行为,不能认定为掩饰、隐瞒犯罪所得的行为,若不构成诈骗罪的共犯,则应构成帮助信息网络犯罪活动罪。

(3)罗某某、吴某某的行为,构成掩饰、隐瞒犯罪所得罪。两人明知他人可能实施信息网络犯罪,仍通过转账的方式帮助他人转移财物,非法收取高额的佣金,可以推定明知系犯罪所得;两人帮助实施转账的行为,在为他人提供银行卡行为的基础上又触犯了新的法益，给司法机关追缴犯罪所得及收益活动造成了妨害，符合掩饰、隐瞒犯罪所得罪的主客观构成要件。

【评析意见】

我们同意第三种意见。理由如下：

1. 吴某某的行为不构成诈骗罪的共犯。关于《刑法修正案（九）》中增加帮助信息网络犯罪活动罪这一罪名的立法背景和实践意义在这里不再赘述，值得注意的是《关于办理诈骗刑事案件具体应用法律若干问题的解释》为2011年出台，《电信诈骗意见一》为2016年出台，此时帮助信息网络犯罪活动罪这一罪名尚未在司法实践中大量使用。通过检索“中国裁判文书网”，该罪名自诞生以来，一审裁判的数量2016年为8件，2017年为31件，2019年为147件，2020年为3004件，2021年至今裁判数量已经超过6000件，原因在于2019年最高人民法院、最高人民检察院《关于办理非法利用信息网络、帮助信息网络犯罪活动等刑事案件适用法律若干问题的解释》出台后，才为司法实践中应用帮助信息网络犯罪活动罪惩治犯罪提供具体的法律依据，虽然该罪名本质上是以传统共同犯罪理论为根据增设的，但既然从2019年以后司法实践开始大量使用这一罪名，就有必要重新审视该罪名与诈骗罪共犯的区别。

在提供银行卡进行支付结算帮助的行为中，两罪在客观行为上存在重合，所以应当以行为人的明知程度作为区分诈骗共犯和帮助信息网络犯罪活动罪的重要标准。在司法实践中，对行为人“明知”的认定一般分为确定的明知和概括的明知。

确定的明知，是指行为人对诈骗团伙的人员体系、组织架构、行为手段、操作流程、主要内容等一项或数项内容存在较为详细的了解，介入诈骗犯罪的程度较深，为诈骗犯罪实行行为起到实质上的保障作用，与整个诈骗犯罪不存在明显的分割，那么无论是事前通谋，还是事中参与，只要是行为人的明知达到了确定的明知，就应认定为诈骗罪共犯。

概括的明知，是指行为人主观上对他人是不是或者会不会利用信息网络实施犯罪以及具体实施什么犯罪处于一种不确定的状态，行为人虽然对上游诈骗犯罪的主观认知较为模糊，不能确定，但对自己提供的银行卡会被用于犯罪的认识较为明确，至于提供的银行卡什么时候会被用于犯罪、会用于什么犯罪、银行卡在整个犯罪中会起什么作用并不确定，主观上对其上游犯罪采取一种放任态度。对于这种概括的明知，应认定为帮助信息网络犯罪活动罪较为适宜，也符合该罪的立法本意。

该案中，单就吴某某为他人提供银行卡的行为，虽明知他人可能实施电信诈骗犯罪，但只是概括的明知，相比电信诈骗的共犯，认定为帮助信息网络犯罪活动更为适宜。

2. 不应片面适用意见条款。掩饰、隐瞒犯罪所得罪是妨害司法罪，掩饰、隐瞒的行为给司法机关追缴犯罪所得及收益活动造成了妨害，侵害的法益是司法秩序。换言之，行为人的行为，只要使司法机关增加了查处上游犯罪的难度或者挽回公私财务难度的，均有可能适用该罪名。笔者很喜欢日本刑法学家西田典之的观点：刑法是一门应用法学，它的生命力在于为刑事司法实践服务并与之密切结合，刑法理论应该靠朴实的语言来表达精深的理论体系。结合掩饰、隐瞒犯罪所得罪的法条，应当认为，明知系犯罪所得，仍然帮助转移的行为，就首先考虑成立该罪名。

《电信诈骗意见一》《电信诈骗意见二》明确明知是电信网络诈骗犯罪所得及其产生的收益，帮助转移的，构成掩饰、隐瞒犯罪所得罪。上述条款的意思是指具备该种情形，直接可以认定为掩饰、隐瞒犯罪所得罪，是用来具体指导司法实践的，但绝不代表实施了所列举方式的行为，只有满足主观上明知是电信网络诈骗的所得，才能构成该罪，这样理解就具有片面性，缩小了该罪名的应有的适用范围。

3. 该案中上游诈骗犯罪已经既遂。认定掩饰、隐瞒犯罪所得罪确实要充分考虑上游犯罪的犯罪形态，在刑法理论中，对于诈骗行为的犯罪形态认定标准大体分为失控说和控制说。失控说是指只要在电信诈骗中，当被害人的汇款行为完成后，无论加害人是否实际控制了存款，都应认定为既遂。控制说是指电信诈骗行为实施完毕即犯罪既遂的节点在于行为人控制了被害人的钱款，即被害人将钱款汇至行为人控制的账户，若被害人只是将钱款打入第三方账户，还不能成立既遂。当然，还有“失控加控制说”，认为应以被害人是否失去对财物的控制，并且该财物是否已置于行为人的实际控制之下为标准，被害人失去控制并且行为人实际控制的为既遂，但其本质上还是一种控制说。

根据2016年《电信诈骗意见一》中第二部分第4条规定:“实施电信网络诈骗犯罪,犯罪嫌疑人、被告人实际骗得财物的,以诈骗罪(既遂)定罪处罚”。特别是根据2018年最高人民检察院《检察机关办理电信网络诈骗案件指引》第二部分中“(二)犯罪形态的审查”:“电信网络诈骗应以被害人失去对被骗钱款的实际控制为既遂认定标准。一般情形下,诈骗款项转出后即时到账构成既遂”可以得出结论,在最新的司法实践观点中,电信诈骗类犯罪的既遂标准已经转变为失控说。该标准将复杂的问题简单化,更符合当前打击新型电信网络诈骗犯罪及其关联犯罪的形势,更有利于司法机关追诉犯罪。该案中,罗某某、吴某某的行为可以认定是通过转账的方式转移已经既遂的诈骗所得钱款。

4.罗某某、吴某某帮助转账的行为,主观上可以认定明知系犯罪所得。2009年最高人民法院《关于审理洗钱等刑事案件具体应用法律若干问题的解释》关于推定明知系犯罪所得的条款已经提供了足够的依据,其中第1条第2款的规定:“具有下列情形之一的,可以认定被告人明知系犯罪所得及其收益……(一)知道他人从事犯罪活动,协助转换或者转移财物的;(二)没有正当理由,通过非法途径协助转换或者转移财物的……(四)没有正当理由,协助转换或者转移财物,收取明显高于市场的‘手续费’的。”该案中,罗某某、吴某某明知他人实施信息网络犯罪活动,仍非法使用他人名下银行卡协助转移赃款,且非法收取高额的“手续费”作为佣金,足以认定两人明知系犯罪所得。

综上,罗某某、吴某某提供银行卡的行为,构成帮助信息网络犯罪活动罪,同时两人又以转账的手段帮助转移犯罪所得,构成掩饰、隐瞒犯罪所得罪,无论是按照想象竞合犯处理,还是根据《刑法》第287条之二第3款,以处罚较重的罪定罪处罚,均应构成掩饰、隐瞒犯罪所得罪,且两人事先有共谋,事中共同参与转账,构成共同犯罪。

上述理由也是检察机关审查后改变公安机关对罗某某行为定性的原因。

【处理结果】

法院经审理认为:被告人蔡某某、罗某某、吴某某明知他人可能实施信息网络犯罪,仍为他人提供银行卡进行支付结算帮助,情节严重;被告人罗某某、吴某某为他人提供非本人身份证明开设的银行卡后,明知是犯罪所得,仍通过转账的方式帮助他人转移赃款,致使上游诈骗犯罪无法及时查处,被骗人财物无法挽回,情节严重。依法判决:(1)被告人蔡某某犯帮助信息网络犯罪活动罪,判处拘役5个月,并处罚金人民币1万元;(2)被告人罗某某犯掩饰、隐瞒犯罪所得罪,判处有期徒刑3年,并处罚金人民币2万元;(3)被告人吴某某犯掩饰、隐瞒犯罪所得罪,判处有期徒刑3年,并处罚金人民币2万元。三名被告人均未上诉,一审判决已生效。

(撰稿人:郝爽)

民事检察案例

39. 承包人雇员提供劳务受损中的发包人责任问题

——佟某、付某尧与甲公司等提供劳务者受害责任纠纷民事抗诉案

【要旨】

企业只有取得建筑业企业资质后，才能在资质许可的范围内从事建筑施工活动。企业营业执照上与建筑工程相关的经营范围，系后置许可经营项目，属于先照后证的范畴，不能证明企业具有相应的建筑业企业资质。建筑工程的发包方未对承包方的建筑业企业资质进行审查，便将工程发包给不具有相应资质或者安全生产条件的单位，系未尽到其法定义务，对承包方雇员在从事雇佣活动中因安全生产事故遭受的人身损害具有过错，应与雇主承担连带赔偿责任。

【基本案情】

2017 年 4 月 22 日，天津市甲机械制造有限公司（以下简称甲公司）与天津市乙建筑安装工程有限公司（以下简称乙公司）签订《建筑工程承包协议》，协议约定甲公司将厂房建筑工程承包给乙公司，承包人不得转包，工程款 350,000 元，验收合格后付清。涉案工程施工过程中，王某安在现场进行日常管理，并结算日常费用。王某安于 2017 年 4 月至 7 月多次向甲公司出具涉案工程款的收条。2017 年 9 月 15 日，甲公司与乙公司签订付款证明一份，载明涉案工程款已结清。

2017 年 8 月初，付某甲经其工友李某东介绍，到施工地点甲公司院内提供劳务，从事焊接钢结构钢架工作。2017 年 8 月 20 日，付某甲在焊接钢结构过程中从钢结构约 8 米处坠落致伤。据李某东及徐某某陈述，付某甲及其工友的劳务费并未支付，施工过程中雇主仅提供安全帽供工人佩戴，没有其

他高空作业的防护措施。付某甲受伤后被送至天津市某区医院(以下简称某医院)住院治疗196天,于2018年3月4日死亡。付某甲与佟某系父女关系,付某尧与付某甲系父子关系。2017年11月1日,付某甲起诉至天津市某区人民法院,付某甲死亡后,佟某、付某尧作为其继承人参加诉讼,请求甲公司、乙公司、王某安承担连带赔偿经济损失共计1,990,554.56元。

天津市某区人民法院一审认为,甲公司将工程发包给乙公司后,付某甲经李某东介绍进入工程现场提供劳务。在付某甲受伤后,王某安到现场支付部分医疗费,王某安在工程施工期间进行日常管理,以其个人名义收取工程款并向甲公司出具收条。现有证据足以确定王某安与付某甲形成了劳务关系,付某甲为提供劳务一方,王某安为接受劳务一方。个人之间形成劳务关系,提供劳务一方因劳务自己受到侵害的,根据双方各自的过错承担相应的责任。该案中,王某安应当就付某甲在提供劳务过程中受到的损害,依据己方过错承担相应的赔偿责任。审查事发当日的情况,付某甲在明知连续阴雨增加施工危险的前提下,仍然攀爬至8米左右的高空,没有尽到合理的注意义务,对自身损失的产生存在一定的过错,王某安作为接受劳务一方,并未尽到提供安全施工条件的管理义务,存在一定的过错,综合案情,确定付某甲与王某安的过错责任比例为3:7。因付某甲死亡产生的经济损失合计1,368,133.90元,王某安承担70%,王某安应当赔偿佟某、付某尧各项损失共计957,693.73元,扣除王某安为付某甲垫付的医疗费6246.29元,王某安应向佟某、付某尧赔偿各项损失的数额为951,447.44元。

关于乙公司是否应当就付某甲死亡产生的赔偿承担连带责任一节,乙公司作为工程的承包方,将工程交由自然人王某安实际施工,应当知道王某安没有相应的资质和安全生产条件,应当依法对王某安所承担的民事赔偿承担连带清偿责任。

关于甲公司是否应当就付某甲死亡产生的赔偿责任承担连带责任一节,甲公司与乙公司签订了书面合同,明确约定禁止转包,尽到了发包方的注意义务,现有证据不能确定甲公司知道或者应当知道乙公司不具有建筑行业从业资质的情形,故甲公司不应承担赔偿责任,对佟某、付某尧要求甲公司承担连带赔偿责任的诉讼请求不予支持。

综上,判决:王某安赔偿佟某、付某尧因付某死亡所产生的各项损失合计951,447.44元,乙公司承担连带责任,甲公司不承担责任,驳回佟某、付某尧的其他诉讼请求。

佟某、付某尧不服一审判决,向天津市某中级人民法院提起上诉。该院二审认为,关于甲公司是否应当承担连带赔偿责任的问题。乙公司的经营范围中包含有钢结构制造安装工程。甲公司与乙公司签订的案涉《建筑工程承包协议》系双方真实意思表示,并不违反法律规定。佟某、付某尧就甲公司应当承担连带责任的事实并未举证证明,因此,佟某、付某尧的该项主张理由依据不足,不予支持。判决:驳回上诉,维持原判。佟某、付某尧申请再审,法院驳回再审申请。

佟某、付某尧不服法院判决,向检察机关申请监督。

检察机关经审查认为,终审判决认为佟某、付某尧未举证证明甲公司应当承担连带责任,判决驳回佟某、付某尧要求甲公司承担连带责任的诉讼请求,属于认定的基本事实缺乏证据证明,适用法律确有错误,于2020年3月23日向天津市高级人民法院提出抗诉。理由如下:(1)甲公司未取得规划及施工许可,涉案工程属于违法建筑。(2)乙公司不具有建设涉案工程的建筑业企业资质。(3)甲公司将违法建设的涉案工程发包给不具有建筑业企业资质的乙公司,两者之间签订的《建筑工程承包协议》因违反法律规定而无效。(4)甲公司仅审查了乙公司营业执照,未审查其建筑业企业资质,便将违法建设的涉案工程发包给乙公司,未尽到审查义务,违反了法律规定,具有重大过错。综上,甲公司将违法建设的涉案工程发包给不具有建筑业企业资质的乙公司,且乙公司在签订合同过程中未能提供建筑业企业资质,甲公司知道或者应当知道乙公司没有相应资质。涉案工程施工过程中,王某安在现场进行日常管理,仅提供安全帽供工人佩戴,没有其他高空作业的防护措施,导致付某甲在焊接钢结构过程中从约8米处坠落致伤的安全生产事故。由于付某甲提供劳务的施工地点在甲公司院内,王某安以其个人名义向甲公司收取工程款并出具收条。甲公司也知道或应当知道涉案工程由不具有相应资质和安全生产条件的自然人王某安实际施工。故根据最高人民法院《关于审理人身损害赔偿案件适用法律若干问题的解释》[1]第11条第2

---

① 该解释于2020年12月23日修订。下同。

款之规定,甲公司应当对付某的死亡承担连带责任。

【评析意见】

一、准确认定涉案企业的建筑业企业资质,营业执照上载明的经营范围不能作为认定建筑业企业资质的依据

由于建筑工程涉及公共安全,建筑工程质量是其生命线,而建筑企业的建筑施工能力与建筑工程质量息息相关。为了维护公共利益,保证建筑工程质量安全,我国《建筑法》对建筑市场主体规定了较为严格的准入条件,对建筑企业实行资质强制管理制度。根据《建筑法》及相关规定,企业应当按照其拥有的资产、主要人员、已完成的工程业绩和技术装备等条件向住房和城乡建设主管部门申请建筑业企业资质,经审查合格,并取得资质证书后,方可在资质许可的范围内从事建筑施工活动。该案中,乙公司作为涉案工程的施工方,应当取得相应的建筑业企业资质。在诉讼过程中,法院仅审查了乙公司营业执照上的经营范围,并未对其是否取得住房和城乡建设主管部门核发的建筑业企业资质进行审查。就此,检察机关赴天津市住房和城乡建设委员会、宁河区市场监督管理局等单位调查核实,相关证据可以证明乙公司未取得住房和城乡建设主管部门核发的建筑业企业资质,其经营范围中"房屋建筑工程、钢结构制造安装工程"两项无须取得照前审批手续。

所谓经营范围,是指企业从事经营活动的业务范围。基于国家对经济活动管制的需要,早期英国普通法上确立了越权行为无效的原则,并被许多国家所继受,即要求企业必须在其登记的经营范围内从事经营活动,在经营范围外从事的经营活动被认定为无效。[①] 如我国《民法通则》[②]第42条"企业法人应当在核准登记的经营范围内从事经营"之规定。越权行为无效原则早期在稳定交易秩序方面发挥了积极作用,但随着交易活动的日趋频繁及市场经济的进一步发展,越权行为无效原则极大地限制了企业的经营活动,也损害了交易相对方的利益,不利于交易安全的保护。为了保护交易

① 参见赵旭东主编:《公司法学》(第2版),高等教育出版社2006年版,第197页。

② 《民法典》自2021年1月1日起施行,《民法通则》同时废止。

安全，提高交易效率，赋予企业更大的经营自由，各国纷纷对越权行为无效原则进行修正，抛弃了绝对无效的规定，但违反国家限制经营、特许经营以及法律、行政法规禁止经营规定的除外。而2005年修订的《公司法》则取消了"公司应当在核准登记的经营范围内从事经营活动"之规定。[①]

就经营范围对企业经营活动的影响而言，除须经许可经营的项目外，企业的超范围经营并不会影响其经营活动的效力。与之相对应的是，企业的经营范围分为许可经营项目和一般经营项目。而许可经营项目又分为前置许可经营项目和后置许可经营项目，前置许可经营项目是指法律、行政法规或者国务院决定规定在登记前须经批准的经营项目，对前置许可经营项目，只有报经有关部门批准，才可以向企业登记机关申请登记为经营范围；后置许可经营项目则是指依法经企业登记机关核准登记后，应当报经有关部门批准方可开展经营活动的经营项目。前置许可经营项目以外的经营项目，经企业申请，便可登记为其经营范围。为了激发市场主体活力，降低市场主体准入的门槛，近年来，我国大力推动商事登记制度改革，不断清理工商前置审批项目，由先证后照改为先照后证。[②]

根据国家工商总局发布的《工商登记前置审批事项目录》，建筑工程不属于前置许可经营项目，可以根据企业的申请登记为其经营范围，但企业必须在之后取得建筑业企业资质，才能从事相应的建筑施工活动，即属于先照后证的范畴。因此企业营业执照上登记的"房屋建筑工程、钢结构制造安装工程"等与建筑工程相关的经营范围，不能证明其具有相应的建筑业企业资质。该案中，乙公司营业执照上的经营范围虽然有"房屋建筑工程、钢结构制造安装工程"的内容，但在经营范围后也标注有"依法经批准的项目，经相关部门批准后方可开展经营活动的"的内容。因此，乙公司只有经住房和城乡建设主管部门批准，取得建筑业企业资质后，才能从事建筑施工活动。

---

① 2018年《公司法》修订，关于公司的经营范围的规定参见第12条。

② 参见宋华琳：《加强事中事后监督　推动市场监督体系的改革与创新》，载《中国工商管理研究》2015年第11期。

二、准确适用最高人民法院《关于审理人身损害赔偿案件适用法律若干问题的解释》第11条第2款关于发包人连带责任的规定,维护受害人的合法权益

最高人民法院《关于审理人身损害赔偿案件适用法律若干问题的解释》第11条第2款规定:"雇员在从事雇佣活动中因安全生产事故遭受人身损害,发包人、分包人知道或者应当知道接受发包或者分包业务的雇主没有相应资质或者安全生产条件的,应当与雇主承担连带赔偿责任",如果发包人知道或者应当知道接受发包业务的雇主没有相应资质或者安全生产条件,那么发包人与直接造成雇员受害结果的雇主具有共同过错,从而构成共同侵权,应对雇员承担连带赔偿责任。[①] 对发包人而言,将建设工程等生产经营项目发包给相应资质或者安全生产条件的承包人,是其法定义务,《安全生产法》和《建筑法》对此均有明确规定。如《安全生产法》第100条"生产经营单位将生产经营项目、场所、设备发包或者出租给不具备安全生产条件或者相应资质的单位或者个人的,责令限期改正,没收违法所得……导致发生生产安全事故给他人造成损害的,与承包方、承租方承担连带赔偿责任"之规定,[②]《建筑法》第22条"建筑工程实行招标发包的,发包单位应当将建筑工程发包给依法中标的承包单位。建筑工程实行直接发包的,发包单位应当将建筑工程发包给具有相应资质条件的承包单位"之规定。

在司法实践中,发包方往往主张自己已对承包方的资质或安全生产条件进行了审查,尽到了其注意义务,并不知道或者应当知道承包方不具有相应资质或安全生产条件。因此司法实践中的争议问题往往在于发包方是否尽到了其注意义务,是否属于知道或者应当知道承包方不具有资质或安全生产条件。关于注意义务,一般采取善意管理人的注意义务标准,即通常合理人的注意义务标准,以行为人应具所属职业,某种社会活动的成员,或某年龄层通常所具的智识能力为标准,此属于客观化标准的范畴。同时还需考虑危险或侵害的严重性,以及行为的效益。[③] 行为的危险性越高,所导致

① 参见最高人民法院民事审判第一庭编著:《最高人民法院人身损害赔偿司法解释的理解与适用》,人民法院出版社2004年版,第184页。

② 该法于2021年6月修订,新法自2021年9月1日起施行,相关规定参见第103条。

③ 参见王泽鉴:《侵权行为》(第3版),北京大学出版社2016年版,第299、300页。

的侵害越重时,注意义务也相对提高。行为的效益越高,能以相对小的合理费用,避免相对大的损失时,注意义务也相对提高。在雇员从事雇佣活动中因安全生产事故遭受人身损害的情形,往往是因为雇主不具有相应的生产资质,不能提供相应的安全生产条件,增加了雇员从事雇佣活动的危险,最终导致了安全生产事故和雇员人身损害的发生。对发包方而言,只要其未将生产经营项目发包给不具有资质或安全生产条件的承包方,往往就能避免此种安全生产事故的发生。因此,应当赋予发包方较高的注意义务,除了审查承包方的营业执照,还需审查承包方是否取得了主管机关核发的相关资质证书,确定其是否具有相应的安全生产条件。

该案中,甲公司主张其对乙公司的施工资质进行了审查,乙公司营业执照上的经营范围有“房屋建筑工程、钢结构制造安装工程”的内容,甲公司已尽到了注意义务,无须承担赔偿责任。如前文所述,乙公司营业执照上经营范围中“房屋建筑工程、钢结构制造安装工程”的内容,不能证明其具有相应的建筑业企业资质。甲公司仅审查了乙公司营业执照,未审查其建筑业企业资质,便将违法建设的涉案工程发包给乙公司,未尽到其注意义务,违反了法律规定,具有重大过错。同时涉案工程施工过程中,王某安仅提供安全帽供工人佩戴,没有其他高空作业的防护措施,导致付某甲在焊接钢结构过程中从约8米处坠落致伤的安全生产事故。如果甲公司履行了其注意义务,要求乙公司在签订合同时提供其建筑业企业资质,并按法律规定将涉案工程发包给具有相应资质条件的承包单位,在一定意义上便可以避免导致付某甲死亡的安全生产事故的发生。因此,在该案中,甲公司与乙公司、王某安具有共同过错,应当对付某甲的死亡承担连带赔偿责任。

【处理结果】

法院再审认为,乙公司不具有建筑业企业资质,甲公司是在知道或者应当知道乙公司没有相应资质的情况下将涉案工程发包给了乙公司,甲公司亦应知道或应当知道涉案工程由不具有相应资质和安全生产条件的自然人王某安实际施工,故应对付某的死亡承担连带责任。判决撤销一审、二审判决有关甲公司不承担民事赔偿责任的判项,改判甲公司承担连带责任。

(撰稿人:匡俊)

40. 职务行为与代理行为的区分与认定[①]

——吴某乙与万某公司房屋买卖合同纠纷民事抗诉案

【要旨】

雇员以法人的名义作出签订合同等法律行为,按照“特定身份隐含着特定授权”的观点,应当直接认定为职务行为,将行为效果直接归属于法人等被代理人,与表见代理相区分。雇员以自己名义作出法律行为,则不构成职务行为,该行为直接约束雇员个人。关于无权代理的效果归属,在被代理人不认可对代理人作出授权的场合,如果被代理人存在收取定金、履行合同等行为,可以认定其行为属于追认,构成容忍代理,直接适用最高人民法院《关于适用〈中华人民共和国合同法〉若干问题的解释(二)》(以下简称《合同法解释二》)第12条规定,不适用《合同法》第49条规定的表见代理。最高人民法院《关于适用〈中华人民共和国担保法〉若干问题的解释》(以下简称《担保法解释》)中规定的立约定金可以不具备《担保法》规定的违约定金的书面形式要件,当事人一方举证证明对方在磋商签订合同过程中收取定金的,可认定为立约定金,依法适用定金罚则。

【基本案情】

吴保甲(在签订合同时又用化名“吴迪”)是创某中介公司员工,申请人吴某乙通过吴保甲购买万某公司的预售商品房,签订了《天津市商品房预订协议》。诉讼中,吴某乙、万某公司各提供一份预订协议,吴某乙提供协议的预定期间为2013年11月15日至11月25日,该预订协议甲方处没有万某公司的签章,只签有“吴迪”二字。万某公司提供的协议在乙方处没有吴某

---

① 本案审理及判决均在《民法典》实施前,案件分析引用的法条及司法解释适用本案。

乙的签字,甲方处万某公司的签字人为“吴保甲”。两份协议均载明:“吴某乙预定万某公司开发建设的某酒店式公寓,建筑面积90.18平方米,单价每平米6350元,房款总价572,643元。预订人应按本协议的约定与出卖人签署《天津市商品房买卖合同》并支付款项,否则出卖人有权直接解除本预订协议。在预定期间,出卖人不得将预定商品房出卖给他人,否则应双倍返还预订人定金,若在此预定期间,预订人不与出卖人签署合同,预订人不得要求返还定金,出卖人有权将预定商品房另行出售给第三人。本协议自双方签字盖章且预订人支付定金之日生效。”万某公司认可收取了吴某乙的定金10,000元。2014年2月23日,万某公司给吴某乙发送签约通知,该通知载明:“时至今日,您仍未与我公司签署正式商品房买卖合同,我公司可将签约期延长至2014年2月28日,如到期仍未签约,公司将正式解除商品房预定协议。”之后双方未签订《天津市商品房买卖合同》,万某公司未退还吴某乙定金10,000元。

2018年1月2日,吴某乙诉至一审法院,请求判令:万某公司双倍退还定金20,400元;赔偿经济损失180,000元。一审法院认为,案件争议焦点为:万某公司是否应当双倍返还吴某乙定金;吴某乙主张的经济损失有无依据。双方出具的《天津市商品房预订协议》均约定了生效条件,两份预订协议均未生效,对双方当事人不具有合同约束力。鉴于双方均认可了《天津市商品房预订协议》和万某公司同意延长吴某乙签约期限的事实,双方之间实际上形成事实上的商品房预约订购合同关系。吴某乙主张交付万某公司10,200元的定金,但收款确认单上未载明200元是定金,认定吴某乙向万某公司仅交付定金10,000元。双方未签订《天津市商品房买卖合同》的责任不在万某公司,吴某乙主张万某公司双倍返还定金20,400元和经济损失的诉讼请求不予支持,判决万某公司返还吴某定金10,000元,驳回吴某乙其他诉讼请求。

吴某乙不服一审判决提起上诉,请求撤销一审判决。二审法院认定事实及裁判理由与一审一致,判决驳回上诉,维持原判。吴某乙申请再审被驳回,向检察机关申请监督。检察机关经调查核实,吴迪真实姓名为吴保甲。二审法院庭审记录记载,万某公司认可未与吴某乙签订合同原因是双方对是否收取了200元款项存在争议,并且万某公司同意在核实完200元款项去向后再通知吴某乙。

【争议问题】

(1)吴保甲是创某中介公司的职员,由其实际签订合同并收取款项,那么代理吴某乙签订合同的究竟是吴保甲个人还是创某中介公司,即吴保甲的行为是否属于职务行为。

(2)万某公司虽不认可存在授权代理销售房屋的行为,但是对吴保甲与吴某乙签订的合同,以及吴保甲收取吴某乙的10,000元定金均予以认可,那么对吴保甲收取200元款项的行为能否认定为代理万某公司收取。同时,吴保甲的行为是否涉及双方代理行为,是否有效。

(3)吴某给付的10,000元明确认定是定金,但是200元未明确约定,该200元是否构成定金。

【评析意见】

一、正确区分职务行为、代理行为与个人行为

法人是一个抽象的组织,关于其性质,学说上虽一直有法人实在说和法人组织说的争议,但均认可,法人不同于自然人,必须借助于他人进行民事法律行为,包括借助法定代表人、职员的行为。而关于雇员以法人的名义签订合同等法律行为,究竟是代理行为还是职务行为,实践中立场总体可归纳为三种:第一种认定为职务行为,不构成表见代理。其认为既然是雇员以雇主的名义为法律行为,则可直接将效果归入雇主,不需要考虑是不是表见代理。最高人民法院(2015)民申字第1848号民事裁定认为雇员的行为虽然不构成表见代理,但是属于职务代理,效果直接拘束雇主。第二种同时根据职务行为和表见代理判断。最高人民法院(2015)民申字第595号民事裁定认为,特定的雇员的行为既构成表见代理,又构成职务行为。[①] 第三种直接依据表见代理判断,没有涉及职务行为。

总体而言,认定职务行为的逻辑基础在于,一定的行为基础隐含着相应

---

① 相似的观点,参见最高人民法院民事裁定书,(2015)民申字第418号。

的授权,不需要再考察是否存在额外授权。[①] 该案中,吴保甲不是以创某中介公司名义与吴某乙磋商、收取定金、签订合同,而是签署自己的名字,且吴某乙也陈述其在签订合同时认为吴保甲是万某公司的员工,因此,应当认定吴保甲个人与吴某乙形成代理关系,其行为不能认定为职务行为。

二、正确区分有权代理和无权代理

该案的第二个核心问题是吴保甲收取 200 元款项的行为是否能认定为代理行为,将法律效果归属于万某公司。万某公司在诉讼中否认代理行为,因此,必须区分其行为构成有权代理还是无权代理。

1. 代理权授予的认定。关于代理的效果归属制度,主要依据是《民法通则》第 63 条第 2 款后句规定:"被代理人对代理人的代理行为,承担民事责任。"通说将此处的"民事责任"解释为"法律效果"。[②]《民法典》第 162 条也对代理效果归属制度作出规定,该条将代理效果归属于被代理人。[③] 被代理人承受代理行为的法律后果的正当性基础在于代理权的授予,如果不存在代理权的授予,那么应当由代理人承担代理行为后果。因此,区分有权代理和无权代理的关键点,也就在于代理权授予的确定。而在代理权授予时,通常会记载于代理权证书,相对人的信赖也可基于此产生。

该案中,与吴某乙实际磋商、签订合同、收取款项的人是创某中介公司的职员吴保甲。吴某乙主张创某中介公司代理销售的证据主要为:创某中介公司在其网页上曾经明确表示代理销售万某公司万通国际项目。那么该证据能否直接认定万某公司将代理权授予创某中介公司?应当认为,该证据不能认定存在代理权授予行为。理由在于,代理权授予是一项需受领的单方法律行为,[④]网页上并无万某公司明确的意思表示,不属于授予代理权的证书。同时,创某中介公司并非该案当事人,未参加诉讼。因此该案并不能直接认定存在代理权授予行为,也不能据此认定吴保甲的行为是有权代理。

---

① 参见杨芳:《〈合同法〉第 49 条(表见代理规则)评注》,载《法学家》2017 年第 6 期。

② 参见朱庆育:《民法总论》(第 2 版),北京大学出版社 2016 年版,第 338 页。

③ 《民法典》第 162 条规定:代理人在代理权限内,以被代理人名义实施的民事法律行为,对被代理人发生效力。

④ 参见朱庆育:《民法总论》(第 2 版),北京大学出版社 2016 年版,第 338 页。

2. 构成容忍代理还是表见代理。既然不能直接认定存在授权行为,那么就需要考察是否存在可推知的授权行为,也即是否构成默示授权,或者称为容忍代理。

无权代理一般区分为狭义无权代理和表见代理。[①] 不存在本人明确的代理权授予行为情形下,将行为人的代理行为效果归入本人,我国实证法上主要有三处规定。一是《民法通则》第 66 条第 1 款中规定:“本人知道他人以本人名义实施民事行为而不作否认表示的,视为同意。”二是《合同法》第 48 条第 1 款规定:“行为人没有代理权、超越代理权或者代理权终止后以被代理人名义订立的合同,未经被代理人追认,对被代理人不发生效力,由行为人承担责任。”同时,关于追认,《合同法解释二》第 12 条规定:“无权代理人以被代理人的名义订立合同,被代理人已经开始履行合同义务的,视为对合同的追认。”三是《合同法》第 49 条明确规定的表见代理。[②] 对于《民法通则》第 66 条第 1 款、《合同法》第 48 条第 1 款两个规定的性质,学说上存在争议,主要分为两种观点。一种观点认为两处规定都构成狭义无权代理下的容忍代理,被代理人知道无权代理后作出追认或者默示追认,应当由被代理人承担法律后果。[③] 另一种观点认为,《民法通则》第 66 条第 1 款不仅能解释为对无权代理的默示授权,也可以解释为容忍代理,二者同时具备“最低成立要件”——知情的被代理人对无权代理人的行为都没有表示反对。由于该条仅有部分构成要件,因此存在隐藏的法律漏洞,需要进行漏洞填补。[④] 而朱庆育教授认为,《民法通则》第 66 条第 1 款即便是称为容忍代理也无妨,但是这种容忍代理是由于默示授权所致,而不是表见代理。理由主要是:《民法通则》第 66 条第 1 款将法律效果落足于“视为同意”,代理行为有效性建立在“同意”的基础上,但是《合同法》第 49 条规定的表见代理是直接规定“该代理行为有效”,不考虑被代理人是否同意。同时,《合同法解释二》第 12 条中“履行合同义务”行为被赋予追认的效果,显然也是对推知的

---

① 参见史尚宽:《民法总论》,中国政法大学出版社 2000 年版,第 545 页。

② 《合同法》第 49 条规定:“行为人没有代理权、超越代理权或者代理权终止后以被代理人名义订立合同,相对人有理由相信行为人有代理权的,该代理行为有效。”

③ 参见李永军:《民法总论》,法律出版社 2006 年版,第 706 ~ 707 页。

④ 参见杨代雄:《民法总论专题》,清华大学出版社 2012 年版,第 254 ~ 257 页。

意思表示默示授权的逻辑。[①] 笔者认为，这种解释使得《民法通则》与《合同法解释二》的逻辑体系比较畅通，也实际上与表见代理作了区分，应当采纳此种解释。

该案中，房产公司虽不认可存在授权代理销售房屋的行为，但是其已收取了吴某乙交付的10,000元定金，也认可签署的合同。房产公司后续履行合同的行为可推知其存在授权，可以直接依据《民法通则》第66条第1款、《合同法》第48条第1款及《合同法解释二》第12条认定代理人的代理行为对其有效。在此情况下，不需要借助表见代理制度来认定代理行为效果归属。因此，该案提出抗诉意见时认为吴保甲的代理行为实际上构成了容忍代理。

在此前提下，吴保甲既代理吴某乙签订合同、交付定金，又代理万某公司与吴某乙签订合同、收取定金，应当认定该情形属于双方代理行为。但是该行为是否应当认定无效？一般而言，双方代理因不符合被代理人利益最大化的要求，往往损害一方利益，因而无效。但根据该案证据，万某和万某公司实际上均对吴保甲签订合同的行为是认可的，可以认定为是双方同意吴保甲的双方代理行为，因此，该代理行为有效。

三、立约定金的认定及定金罚则的适用

该案中，购房人吴某乙并未提供200元款项由双方明确约定为定金，那么该200元能否认定为定金，成为能否适用定金罚则的关键。

1. 立约定金的认定。立约定金由《担保法解释》第115条所确认："当事人约定以交付定金作为订立主合同担保的，给付定金的一方拒绝订立主合同的，无权要求返还定金；收受定金的一方拒绝订立合同的，应当双倍返还定金。"最高人民法院《关于审理商品房买卖合同纠纷案件适用法律若干问题的解释》第4条也对立约定金作了规定。关于立约定金是否需要具备书面形式这一问题，《担保法》第80条规定了违约定金，在第90条规定定金应当以书面形式约定。法律要求违约定金合同采用书面形式，有利于解决因为口头形式产生的纠纷，而立约定金是在《担保法解释》第115条所确认的，该条并未对书面形式作出明确规定。王利明教授认为，除了违约定金外，其

---

① 参见朱庆育：《民法总论》（第2版），北京大学出版社2016年版，第366页。

他定金的设定不必采用书面形式。[①] 这一观点比较符合定金制度的实践情况。

该案中,双方签订的合同是预约合同,在签订合同的同时还给付了定金,应当认定定金是立约定金。关于定金数额,有争议的是200元是否构成定金。根据吴某乙举证,其在磋商过程中按照吴保甲要求交付了200元作为定金,并且其在签署预约合同前又交了10,000元作为定金。检察机关向吴保甲调查核实,吴保甲认可收取的200元是小额定金,向另一位后续负责与吴某乙签订合同的万某公司销售人员调查核实,其也表示房屋买卖中存在收取小额定金的情况,这也与实践中购房者为了"排号"等目的向开发商交付小额定金的情况相符。[②] 综合上述证据,吴某乙对该200元款项主张是定金,已经尽到了举证责任,应当认定该200元为定金。

2. 立约定金罚则的适用。该案中,双方在磋商过程中对200元款项的去向产生争议,万某公司同意在查明去向后给吴某答复,后该公司也未通知,直接将房屋售予第三人,万某公司行为导致双方未能签订正式商品房买卖合同的,应当适用定金罚则,向吴某乙双倍返还定金。

【处理结果】

检察机关经审查认为,吴保甲的行为构成代理,终审判决认定200元款项不属于定金,万某公司不承担违约责任,原审法院判决属认定的基本事实缺乏证据证明,适用法律确有错误,向法院提出抗诉。案件经撤销一、二审判决后重审改判,判决万某公司双倍返还定金20,400元。

(撰稿人:李百主)

---

① 参见王利明:《合同法研究(第二卷)》(第3版),中国人民大学出版社2015年版,第727页。

② 参见赵一平:《论立约定金罚则在商品房买卖合同纠纷中的适用——兼谈最高人民法院〈关于审理商品房买卖合同纠纷案件适用法律若干问题的解释〉第4条》,载《法律适用》2004年第4期。

41.“一事不再理”原则的理解与适用

——博某公司与润某公司建设工程施工合同纠纷抗诉案

【要旨】

作为民事诉讼的重要原则,“一事不再理”能够有效避免矛盾判决的产生,维护司法的权威,保障民法的安定性。“一事不再理”原则的适用标准是当事人是否同一,诉讼对象是否同一,适用的例外是“裁判发生法律效力后,发生了新的事实”。“新的事实”是裁判生效后发生的事实,而非原生效裁判未查明或涉及的事实。检察机关审查此类案件,既要考虑“一事不再理”适用的条件,也要考虑其例外的情况,要在维护司法权威、保障民法安定性和保护当事人诉讼权利三者间寻求平衡。

【基本案情】

2004 年 4 月 20 日天津某皮业服饰有限公司(2010 年变更为天津市博某生物药业有限公司)与河北省某县某建筑有限公司(2016 年变更为润某建设工程有限公司,以下简称某建筑公司)签订《天津市建设工程建设合同》,该工程已经竣工并投入使用。2013 年,某建筑公司向静海区人民法院起诉,请求判令天津市博某生物药业有限公司(以下简称博某公司)给付涉案工程合同内和合同外增项工程款。天津市静海区人民法院作出(2013)静民初字730 号民事判决,支持了某建筑公司合同内工程款的请求,对合同外增项部分工程认为证据不足,驳回了某建筑公司的该项诉讼请求。该案经二审、再审,最终天津市第一中级人民法院作出(2015)一中民再终字第 0004 号民事判决,判决如下:(1)博某公司给付某建筑公司工程款 80,000 元及利息;(2)维持天津市静海区人民法院(2013)静民初字 730 号民事判决第 2 项(驳回某建筑公司其他诉讼请求)。

2016 年 10 月 12 日某建筑公司向天津市静海区人民法院起诉,请求:判令博某公司给付涉案工程合同外增项部分工程款。2017 年 6 月 27 日天津市静海区人民法院作出(2016)津 0118 民初 6932 号判决,该判决认为该项诉讼请求与(2015)一中民再终字第 0004 号民事判决中的诉讼请求不同,故不构成重复起诉,且一审法院委托鉴定内容为某建筑公司与博某公司建设工程合同外增项部分工程款,该鉴定属于新证据且能够作为定案依据,遂判决支持了某建筑公司的该项诉讼请求。博某公司向天津市第一中级人民法院提起上诉。天津市第一中级人民法院作出(2017)津 01 民终 6010 号裁定,该裁定认为某建筑公司涉案工程合同外增项部分工程款的诉讼请求已经被另案审理,并为另案生效判决所驳回,该项诉讼请求违反了一事不再理原则,构成重复起诉,遂裁定撤销了天津市静海区人民法院(2016)津 0118 民初 6932 号判决,驳回某建筑公司的起诉。

某建筑公司不服二审裁定,向天津市高级人民法院申请再审,2018 年 8 月 15 日天津市高级人民法院作出(2018)津民申 434 号民事裁定,指令天津市第一中级人民法院再审该案。

2019 年 4 月 4 日天津市第一中级人民法院作出(2018)津 01 民再 73 号民事判决,该判决另查明,2016 年 10 月 12 日某建筑公司变更名称为润某建设工程有限公司(以下简称润某公司)。该判决认为根据一审法院委托鉴定可以认定发生了新的事实,润某公司再次提起诉讼,符合法律规定,不构成重复起诉,遂判决:(1)撤销天津市第一中级人民法院(2017)津 01 民终 6010 号裁定;(2)维持天津市静海区人民法院(2016)津 0118 民初 6932 号判决。

博某公司不服再审判决,向天津市人民检察院第二分院申请监督。天津市人民检察院第二分院审查后,提请天津市人民检察院抗诉。天津市人民检察院依法对该案进行审查,调取了相关案卷、询问了双方当事人。

2020 年 1 月 3 日,天津市人民检察院以津检民监(2019)12000000135 号民事抗诉书向天津市高级人民法院提出抗诉。理由如下:

1. 再审判决根据最高人民法院《关于适用〈中华人民共和国民事诉讼法〉的解释》第 248 条的规定认为“本案中,根据一审法院委托天津市滨海房地产工程造价咨询有限公司对诉争的增项部分工程造价进行的鉴定,可以认定为发生了新的事实”,属于认定的基本事实缺乏证据证明,适用法律确有错误。

最高人民法院《关于适用〈中华人民共和国民事诉讼法〉的解释》第248条规定:“裁判发生法律效力后,发生新的事实,当事人再次提起诉讼的,人民法院应当依法受理。”该条中“新的事实”指的是生效裁判发生法律效力后发生的事实,而不是原生效判决未查明或涉及的事实。该案中,一审法院委托鉴定内容为润某公司与博某公司建设工程合同外增项部分工程款,该鉴定发生在一审诉讼期间属于新证据,但其鉴定的内容是润某公司在2013年另案中已经提出过诉讼主张的事实,该事实已经生效的天津市第一中级人民法院(2015)一中民再终字第0004号民事判决认定。所以,该鉴定证明的事实不属于新的事实,再审判决以新事实为由认为润某公司可以再次起诉,属于认定的基本事实缺乏证据证明,适用法律确有错误。

2. 再审判决认定润某公司起诉要求涉案工程增项部分工程款不属于重复起诉,属于认定的基本事实缺乏证据证明,适用法律确有错误。

该案中,润某公司的诉讼请求是判令博某公司给付涉案工程合同外增项部分工程款并支付利息。在润某公司起诉该案之前的2013年,润某公司的前身某建筑公司曾向天津市静海区人民法院起诉要求博某公司给付涉案工程合同内和合同外增项工程款。对此,天津市静海区人民法院(2013)静民初字730号民事判决认为,某建筑公司提供的涉案工程合同外增项部分证据仅能证明增项单价金额,缺乏工程量确认依据,该请求证据不足,判决驳回了该项诉讼请求。该案经过二审、再审,天津市第一中级人民法院最终作出(2015)一中民再终字第0004号民事判决,该判决维持了(2013)静民初字第730号民事判决第2项“驳回原告的其他诉讼请求”。因此,润某公司提出涉案工程合同外增项部分工程款的诉讼请求,已经被生效判决所驳回,润某公司的起诉实质上是要否定该判决的裁判结果。

最高人民法院《关于适用〈中华人民共和国民事诉讼法〉的解释》第247条规定:“当事人就已经提起诉讼的事项在诉讼过程中或者裁判生效后再次起诉,同时符合下列条件的,构成重复起诉:(一)后诉与前诉的当事人相同;(二)后诉与前诉的诉讼标的相同;(三)后诉与前诉的诉讼请求相同,或者后诉的诉讼请求实质上否定前诉裁判结果。当事人重复起诉的,裁定不予受理;已经受理的,裁定驳回起诉,但法律、司法解释另有规定的除外。”根据以上规定,润某公司在该案中提起的诉讼,其诉讼当事人、诉讼标的,与天津市第一中级人民法院(2015)一中民再终字第0004号民事判决相同,其诉讼请求为该判决所涵盖,并且实质上是否定该判决的结果。所以,润某公司在该案的诉讼请求符合重复起诉的条件,构成重复起诉。再审判决未驳回润某公司的起诉,违反了一事不再理的原则,属于适用法律确有错误。

综上所述,天津市第一中级人民法院(2018)津01民再73号民事判决认定的基本事实缺乏证据证明,适用法律确有错误。根据《民事诉讼法》第200条第2项、第6项,第208条第1款的规定,特提出抗诉,请依法再审。

【评析意见】

(1)民法典实施背景下,该案的指导意义在于要充分认识一事不再理原则是维护民法关系安定性的重要原则。民法典是民事领域基础性、综合性的法律,称之为“法典”,一方面是强调其体例内容的科学性、典范性;另一方面也是强调其对保障护社会和经济发展安定性,也就是民事法律关系安定的重要意义。就安定性而言,一事不再理原则正是为保护其而与之呼应的重要民事诉讼法原则,它避免了矛盾裁判的产生,维护了司法的权威,最终保障了民事法律关系的安定。当然,在考虑安定性的同时,也要考虑对当事人诉讼权利的保护,在维护司法权威、保障民法安定性和当事人诉讼权利间保持均衡,为此规定了一事不再理原则的例外。

(2)按照司法解释对于一事不再理规定的判断标准,本案是典型的违反一事不再理原则的案件,也就是重复受理的案件。一事不再理原则是一项古老的诉讼原则,《民事诉讼法》第124条第5项“对判决、裁定、调解书已经发生法律效力的案件,当事人又起诉的,告知原告申请再审”的规定是一事不再理原则现行的法律渊源。虽然《民事诉讼法》规定了一事不再理原则,但是对于一事不再理原则的内涵和判断标准缺乏清晰解释。为此,最高人民法院《关于适用〈中华人民共和国民事诉讼法〉的解释》第247条细化了一事不再理的内涵,明确了违反一事不再理原则的判断标准,违反一事不再理原则也就是重复起诉的标准为要同时满足以下三要件:“(一)后诉与前诉的当事人相同;(二)后诉与前诉的诉讼标的相同;(三)后诉与前诉的诉讼请求相同,或者后诉的诉讼请求实质上否定前诉裁判结果。”对照以上要件,对于要件一当事人同一性,本案的原告与被告,与前诉的原告与被告相同,均是润某公司与博某公司;对于要件二诉讼标的同一性,诉讼标的“是指当事人之间争议并且由法院审判的对象”[①],具体而言就是当事人争议并由法院审判的民事法律关系,该案当事人争议且由法院审判的建筑工程施工合同关系与前诉同一,诉讼标的同一;对于要件三,前诉中润某公司提出的请求是给付合同内和合同外增项工程款,该案中润某公司提出的请求是给付合同外增项工程款,该案的请求包含在前诉中,特别是由于本诉中合同增项工程款的请求已经前诉法院审理并驳回,润某公司在该案中再次提出该请求实质上是要否定前诉的裁判结果。通过以上分析,在该案中润某公司起诉要求博某公司给付建设工程施工合同外增项工程款,该诉讼的事项违反了一事不再理原则,构成重复起诉。

(3)一事不再理原则也有例外情形,该案不属于该例外情形。“理论和经验表明,任何法律制度设计的原则通常都存在例外,一事不再理原则也应如此。”[②]最高人民法院《关于适用〈中华人民共和国民事诉讼法〉的解释》第248条规定了一事不再理原则的例外,也就是“裁判发生法律效力后,发生新的事实,当事人再次提起诉讼的,人民法院应当依法受理”。应当明确的是,此处“新的事实为生效裁判发生法律效力后发生的事实,而不是原生效裁判未查明或涉及的事实,亦不是当事人在原审中未提出的事实”[③]。该案中,一审法院委托鉴定机构对诉争工程合同外增项部分造价进行鉴定,该鉴定虽然属于前诉判决生效后新产生的证据,但该鉴定证明的事实属于前诉判决已经涉及的事实,并不是在前诉判决生效后发生的新事实,法院再审判决认定该鉴定为一事不再理原则例外的新事实,错误地适用了

---

① 《民事诉讼法》编写组:《民事诉讼法》(第2版),高等教育出版社2018年版,第36页。

② 沈德咏主编:《最高人民法院民事诉讼法司法解释理解与适用》,人民法院出版社2015年版,第636页。

③ 沈德咏主编:《最高人民法院民事诉讼法司法解释理解与适用》,人民法院出版社2015年版,第637页。

法律。

(4)检察机关应发挥对于违反民事诉讼法原则重大案件的抗诉监督职责,突出对诉讼程序精准监督的引领效应。由于三级法院[①]对一事不再理原则的多次错误适用,这种重大程序违法在经过两次再审,历经4年,虽然得以纠正,但耗费了大量的资源。这既给当事人造成了不必要的诉讼负担,也严重损害了法院的司法权威。考虑此类程序违法案件的危害性,检察机关应从监督类似违反一事不再理原则的重大民事诉讼程序违法案件为切入点,加强对于违反民事诉讼法原则而导致重大错误案件的监督,突出对于民事诉讼程序监督的精准性,提高监督的时效性,以此维护民法的安定性,提升司法的公信力及检察监督的权威性。

【处理结果】

2020年12月15日,天津市高级人民法院作出民事裁定,认为润某公司就该案诉争的合同增项工程款曾经于2013年与合同内工程款一并起诉,该案经过一审、二审及再审,其关于合同增项工程款的诉讼请求因证据不足被驳回。润某公司在该案中主张给付增项工程款的诉讼请求,包含在另案的诉讼请求中,在另案中经审理并被生效判决所驳回。最高人民法院《关于适用〈中华人民共和国民事诉讼法〉的解释》第248条规定中的“新的事实”,在时间上应发生于生效裁判发生法律效力后,当事人再次起诉前,在内容上不应是原审生效裁判未查明或涉及的事实。该案中,一审法院委托鉴定机构对诉争增项工程造价进行鉴定,该鉴定不属于“新的事实”,天津市第一中级人民法院(2018)津01民再73号民事判决认为一审法院委托鉴定为“新的事实”,并据此认定润某公司可以再次起诉,确属不当。天津市第一中级人民法院(2017)津01民终6010号民事裁定关于润某公司增项工程款的诉讼请求,已经被另案审理,并为另案生效判决所驳回,现其就增项工程款提起诉讼,违反了一事不再理,构成重复起诉,应予驳回的认定及处理,事实及法律依据充分,应予维持。遂判决:(1)撤销天津市第一中级人民法院(2018)

① 参见天津市静海区人民法院民事判决书,(2016)津0118民初6932号;天津市高级人民法院民事裁定书,(2018)民申434号;天津市第一中级人民法院民事判决书,(2018)津01民再73号。

津01民再73号民事判决以及天津市静海区人民法院(2016)津0118民初6932号民事判决;(2)维持天津市第一中级人民法院(2017)津01民终6010号民事裁定。

(撰稿人:王德良)

42. 借照经营期间买卖合同主体的认定

——国某公司与真某医院、中某公司买卖合同纠纷民事抗诉案

【要旨】

1. 实际经营人在借照经营期间实施买受行为的,若该行为以出借执照人的名义实施,买卖合同标的与借照经营内容的关联性较大,且出卖人与出借执照人存在继续性买卖合同关系的,应以出借执照人作为买卖合同的当事人。

2. 买卖合同双方当事人对账形成的欠款单证明力大于单方的送货单、出库记录,在两者不一致的情形下,应以欠款单作为确定双方权利义务的依据。

3. 实际经营人在借照经营期间以出借执照人名义实施买受行为的,出借执照人与实际经营人不构成间接代理关系,不得适用《合同法》第 402 条①的规定。

【基本案情】

国某公司自 2004 年向真某医院供应药品,双方一直未签订书面合同。2010 年 5 月 20 日,真某医院(甲方)与中某公司(乙方)签订《共同管理合同书》,约定甲方与乙方共同经营管理真某医院,由乙方根据医疗经营许可证的经营范围开展相关业务,甲方不参与医院任何的具体经营管理活动;甲方提供医院原有医疗器械、设备、基础设施及现装修后的实际医疗用房;甲方的财务章、执业许可证、发票、医疗处方等相关物品交给乙方使用,甲方公章

① 现《民法典》第 925 条。

由甲方执有,医院业务使用时给予积极、无偿、配合使用;乙方负责在合法正规渠道药品采购,保证三证、发票齐全,无假劣药;合同履行之前的医院债权债务由甲方承担,与乙方无关,合同履行之后的债权债务均由乙方承担,与甲方无关;合同期限自2010年6月1日起至2025年5月31日止,乙方经营合同期内所发生的债权债务全部由乙方承担。

上述合同签订后,真某医院即将真某医院交由中某公司进行实际经营管理。2012年2月26日,真某医院(甲方)与中某公司(乙方)协商解除合同,约定医院财产及管理事宜自签订协议之日起全部交由甲方负责,在乙方经营管理期间,医院产生的债权债务、人员工资、合作科室收入分配等一切与经营相关的法律责任均由乙方承担。

中某公司经营期间仍从国某公司处采购药品。涉及货款构成一节,国某公司出示欠款单载有如下内容:国某公司欠款单,2011年10月31日。欠款单位:天津开发区真某医院。欠款金额:898,197.42元(人民币捌拾玖万捌仟壹佰玖拾柒元肆角贰分。还款日期空白)。该欠款单加盖"天津开发区真某医院"公章。真某医院对欠款单上公章的真实性不持异议,但不认可欠款单所记载内容的真实性。国某公司内部所记载的真某医院欠款额为898,197.42元。中某公司曾于2012年7月20日出具说明,证实真某医院尚欠国某公司药款898,197.42元未给付。

国某公司药品出库记录载明,2010年6月26日至9月29日,该公司未向真某医院供应药品;2010年9月30日至2011年11月21日,该公司向真某医院供应药品总值仅为127,117元。另国某公司提交的记载"销往单位天津开发区真某医院"送货单(540张)中,没有一张单据编号与国某公司药品出库记录存留的单据编号相符。

2012年4月18日,国某公司起诉至天津市滨海新区人民法院,请求判令真某医院支付国某公司2010年6月26日至2011年10月31日欠付的货款898,197.42元。经过一审,二审撤销原判,发回重审。

天津市滨海新区人民法院于2014年9月19日作出(2014)滨功民初字第88号民事判决。该院一审认为,该案应就如下问题予以分析论证:

1. 买受人身份界定。国某公司主张2010年6月26日至2011年10月31日,真某医院累计欠付货款898,197.42元。中某公司认可国某公司系其经营期间的供药商,仅以合同相对性及其与真某医院的约定为由,强调由真某医院承担对外付款责任。真某医院与中某公司的《共同管理合同书》约定由中某公司对真某医院进行经营管理。国某公司对于 2010 年 6 月至 2011 年 10 月,真某医院由中某公司实际经营,药品采购系基于中某公司指令一节,当属明知,相应买卖合同的相对方应界定为中某公司,而非真某医院。

2. 债权数额及欠款单效力分析。涉及合同履行环节,国某公司的原始出库记录仅显示 2010 年 9 月 30 日至 2011 年 11 月 21 日,向真某医院供应药品总值 127,117 元。国某公司提供的药品购销原始记录应为该案认定药品供应的核心证据。至于加盖真某医院公章的欠款单,该单据上记载的欠款数额为898,197.42元。按照《共同管理合同书》约定,合作期间的经营管理及药品购进均由中某公司决定,经营合同期内所发生的债权债务全部由中某公司承担,加盖公章理解为确定中某公司承担的债务范围。不能仅凭公章加盖即在履行终止时反推并确认涉案买卖合同的主体身份,并以此认定由真某医院承担付款责任。

3. 就药品采购而言,《共同管理合同书》明确约定中某公司以真某医院的名义对外经营,故,中某公司使用真某医院名义经营药房,系得到真某医院之允准与授权。《合同法》第 402 条规定:“受托人以自己的名义,在委托人的授权范围内与第三人订立的合同,第三人在订立合同时知道受托人与委托人之间的代理关系的,该合同直接约束委托人和第三人,但有确切证据证明该合同只约束受托人和第三人的除外。”国某公司与真某医院,往来经年,国某公司对于“2010 年 6 月 26 日至 2011 年 10 月 31 日,中某公司经营真某医院药房并独立承担债务”的模式,当属明知,故应由中某公司直接承担买卖合同项下的付款责任。

综上,判决:驳回国某公司的全部诉讼请求。

国某公司对一审判决不服,向天津市第二中级人民法院提起上诉。天津市第二中级人民法院于 2014 年 12 月 30 日作出(2014)二中保民终字第 0238 号民事判决。

该院二审认为,我国法律规定,当事人对自己提出的诉讼请求所依据的事实有责任提供证据加以证明,没有证据或者证据不足以证明当事人的事实主张的,由负有举证责任的当事人承担不利后果。国某公司的诉请为,要求真某医院支付2010年6月26日至2011年10月31日欠付的货款898,197.42元(以欠款单为证)。然而,国某公司的出库记录显示在2010年6月26日至9月29日,国某公司未向真某医院供应药品,在2010年9月30日至2011年11月21日,国某公司向真某医院供应药品总值为127,117元。国某公司提交的记载"销往单位真某医院"送货单(540张)中,没有一张单据编号与国某公司药品出库记录留存的单据编号相符。中某公司在诉讼中一直未提交真某医院在2010年6月26日至2011年10月31日的相关账目,故无法核实欠款单数额的真实性。因此根据在案证据,不能证明涉案欠款单数额的真实性,故对国某公司的诉请不应予以支持。判决:驳回上诉,维持原判。

国某公司不服二审判决,向天津市高级人民法院申请再审。天津高级人民法院驳回国某公司的再审申请。

【争议问题】

该案主要存在三个争议问题:

(1)中某公司借用真某医院的医疗机构执业许可证,对外以真某医院名义在其原有场所开展医疗活动,其与国某公司的药品买卖,应以真某医院,还是中某公司作为合同主体。

(2)国某公司与真某医院的欠款单数额,和国某公司的送货单和出库记录不一致,应以哪个证据作为认定案件事实的依据,哪个证据的证明力更大。

(3)中某公司系以真某医院名义与国某公司签订药品买卖合同,是否属于《合同法》第402条所规范的间接委托的情形。

【评析意见】

一、准确认定借照经营期间买卖合同的主体

在买卖合同履行期间,一方当事人可能由于各种因素发生名实不符的情形,如该案所涉的借照经营情形在实践中就颇为参见。该案中,真某医院和中某公司名为共同管理,实为借照经营。即中某公司借用真某医院的医疗机构执业许可证,对外以真某医院名义在其原有场所开展医疗活动,真某

医院则对中某公司收取固定费用。就此种借照经营的行为而言,本身被相关法律法规所禁止,但实际经营人在借照经营期间所签订的买卖合同,并不因此而当然无效。在当事人间因合同履行发生纠纷时,由于存在出借执照人和实际经营人的不同,便会产生应以何者作为合同主体的问题。如果双方当事人签订有书面的买卖合同,合同主体较易确定,可以直接依据书面合同确定合同主体。如果并不存在书面的买卖合同,以出借执照人还是以实际经营人作为合同主体,则成为一个问题,司法实践中也存在不同认识,对此需要根据案件的具体情形予以确定。

首先,要看买卖合同以何者的名义实施,在涉及第三者利益的情形,为了保护交易安全和善意第三人的信赖利益,应以外观主义作为确定合同主体的基本原则,即为具有相应外观表征的当事人作为合同主体。该案中,真某医院与中某公司的《共同管理合同书》约定,对外经营包括药品采购以真某医院名义在原有住所进行,即真某医院是双方合作期间对外法律关系的主体。同时盖有真某医院的公章的欠款单,国某公司的出库记录和供货单,都证明国某公司系向真某医院供药。因此虽然实际经营真某医院的是中某公司,但由于对外药品买卖法律关系系以真某医院名义进行,体现出真某医院的外观表征,故应以真某医院作为购药的合同主体。

其次,要看买卖合同标的与借照经营内容的关联性大小,如买卖合同标的与借照经营内容的关联性较大,则更宜让出借执照人作为合同主体承担相应的风险,因为此种情形下,出借执照人作为执照权利人能更好地防控此种合同主体名实不符的风险,若其规范经营,不出借执照便不会产生此种风险。该案中买卖合同标的是药品,是医疗机构对外经营的必备物质,与借用医疗机构执业许可证对外经营存在较大的关联性,通常也只能以具有资质的医疗机构名义购买,故应当以真某医院为合同主体。如果购买的是桌椅等办公用品,因为与借用医疗机构执业许可证对外经营的关联性较小,真某医院也不能更好地防控此种合同主体名实不符的风险,即使是由中某公司购买、真某医院使用,也更宜以实际经营人中某公司作为合同主体。

最后,要看买卖合同关系的存续时间。根据时间因素在合同履行中的地位不同,可以分为一时性合同和继续性合同。一时性合同是指合同的内容因一次给付便可实现。继续性合同是指合同的内容,一次的给付不能完结,而是继续地实现,时间因素在合同履行上具有重要的地位,总给付之内容取决于应给付时间的长度。[1] 买卖合同也可以对应地分为一时性买卖合同和继续性买卖合同。继续性买卖合同,是指当事人约定一方于一定或不定的期限内,向他方继续供给定量或不定量的一定种类品质之物,而由他方按一定的标准支付价格的合同。[2] 继续性合同基于其继续性的结合关系,特别重视信赖基础,要求当事人各尽其力,实现合同目的,除给付义务之外,还发生各种附随义务,以维护当事人的利益,信赖基础一旦丧失,或因其他特殊事由难以期望当事人继续维持此种结合关系,法律则应当允许一方当事人终止合同。[3] 该案中,国某公司与真某医院是继续性的供货买卖关系,两者从 2004 年开始就一直存在事实上的药品买卖关系,但没有签订任何的书面合同。国某公司基于其与真某医院的继续性供货买卖关系,完全有理由相信其继续与真某医院交易。真某医院与中某公司虽约定合作期间的债权债务全部由中某公司承担,但真某医院在诉讼中未提供证据证明其通过公告、通知等方式告知国某公司债权债务由中某公司承担,购药人员、购销模式的变化并不足以推定国某公司明知该约定,故该约定对国某公司不具有约束力。因此基于国某公司与真某医院继续性供货买卖产生的信任关系,应以真某医院作为药品买卖合同的主体,以保护国某公司的信赖利益。

二、准确把握证据的证明力

证明力也称证据力,是指由法官对证据的可信性和关联性加以判断而形成的对案件事实的证明效力。[4] 在当事人没有签订书面买卖合同的场合,法官需要综合考虑当事人提供的各种证据的证明力,确定当事人之间是否存在买卖合同关系。根据最高人民法院《关于审理买卖合同纠纷案件适用法律问题的解释》第 1 条"当事人之间没有书面合同,一方以送货单、收货单、结算单、发票等主张存在买卖合同关系的,人民法院应当结合当事人之间的交易方式、交易习惯以及其他相关证据,对买卖合同是否成立作出认定。对账确认函、债权确认书等函件、凭证没有记载债权人名称,买卖合同

---

① 参见王泽鉴:《债法原理》(第 2 版),北京大学出版社 2013 年版,第 155、156 页。

② 参见曾隆兴:《现代非典型契约论》,台北,三民书局 1998 年版,第 203 页。

③ 参见王泽鉴:《债法原理》(第 2 版),北京大学出版社 2013 年版,第 158 页。

④ 参见毕玉谦:《民事证据法判例实务研究》,法律出版社 2002 年版,第 531 页。

当事人一方以此证明存在买卖合同关系的,人民法院应予支持,但有相反证据足以推翻的除外”之规定,对账确认单、债权确认书等函件、凭证对买卖合同成立的证明力要大于送货单、收货单、结算单、发票等交货凭证和结算凭证。① 对账确认单、债权确认书等函件、凭证从性质上看,是债务人向债权人出具的认可双方之间存在买卖合同关系并承诺给付货款的债权凭证,因此债权人持此债权凭证便可以直接证明买卖合同关系成立并要求债权人给付相应的货款。债务人若否认其与债权人之间存在买卖合同关系,则需提供证据对此予以证明,举证证明责任也相应地转而由债务人承担。

该案中,国某公司提供了加盖有真某医院公章的欠款单,该欠款单系由国某公司与真某医院对账形成,属于对账确认单,足以证明双方之间存在买卖合同关系,故国某公司已完成了其举证证明责任。真某医院主张欠款单上所记载的内容不真实,否认双方在案涉期间存在买卖合同关系,应当对此承担举证证明责任,但真某医院在诉讼中提供的证据不能证明其主张,应承担举证不能的不利后果,对国某公司承担付款责任。法院判决系以送货单、出库记录数额与欠款单数额不一致为由,否定欠款单数额的真实性。由于欠款单系由国某公司与真某医院对账形成,经过双方确认,其证明力大于单方的送货单和出库记录。故送货单和出库记录不能否认欠款事实的存在,也不足以推翻欠款单上所载明的内容,应以欠款单作为确定国某公司与真某医院权利义务关系的依据。

三、准确适用《合同法》第402条关于间接代理中委托的规定

根据受托人是否以委托人的名义对外从事活动,委托可以分为直接代理中的委托和间接代理中的委托。直接代理中的委托,是指受托人以委托人名义从事一定行为;间接代理中的委托,是指受托人以自己名义从事一定行为。② 在直接代理中,代理人所为的法律行为,直接对本人发生效力。而在间接代理中,则由表意人自行取得法律行为上的权利或负担义务。③ 但在特定情形下,间接代理中受托代理人所签订的合同可直接对委托人本人发

① 参见最高人民法院民事审判第二庭编著:《最高人民法院关于买卖合同司法解释理解与适用》,人民法院出版社2012年版,第49页。

② 参见王利明:《合同法研究(第三卷)》(第2版),中国人民大学出版社2015年版,第705页。

③ 参见王泽鉴:《债法原理》(第2版),北京大学出版社2013年版,第268页。

生效力。如《合同法》第 402 条中关于间接代理中委托人自动介入的规定,受托人以自己名义签订的合同可直接对委托人本人发生效力。根据《合同法》第 402 条的规定,此种情形的适用需要具备三个条件:一是受托人以自己的名义与第三人签订合同,即属于间接代理中的委托;二是受托人需在委托人授权范围内与第三人订立合同,否则属于无权代理,未经委托人追认对其不发生法律效力;三是第三人在订立合同时需知道受托人是委托人的代理人,如果第三人在订立合同时不知道,在订立合同后才知道受托人与委托人之间代理关系的,则不能适用该规定。

在该案中,如果将中某公司以真某医院名义对外经营视为真某医院的委托授权,由于真某医院是向国某公司购药的主体,那么受托人中某公司系以委托人真某医院名义购药,而非以受托人自己名义向国某公司购药,不符合《合同法》第 402 条中关于间接代理中委托人自动介入的规定。从委托代理的角度出发,委托人真某医院作为药品买卖合同的当事人,合同对其直接具有约束力,其负有给付货款的义务,而不是由中某公司承担付款责任。该案一审法院根据《合同法》第 402 条认定由中某公司直接承担买卖合同项下的付款责任,适用法律确有错误。

【处理结果】

检察机关经审查认为,终审判决认为国某公司不能证明涉案欠款单数额的真实性,认定由中某公司直接承担买卖合同项下的付款责任,属于认定案件的基本事实缺乏证据证明,适用法律确有错误,向法院提出抗诉。法院再审判决认为 2010 年 6 月 26 日至 2011 年 10 月 31 日购买药品的合同主体是真某医院。国某公司与真某医院是长期供销,基于事实上的药品买卖关系,应当以涉案欠款单作为确定具体供货数额的依据。另外,该案中某公司不是以自己的名义向国某公司买药,不符合《合同法》第 402 条规定的情形。检察机关抗诉认为上述适用法律确有错误的意见是正确的。综上,判决:(1)撤销一、二审判决;(2)真某医院给付国某公司货款 898,197.42 元。

(撰稿人:匡俊)

43. 夫妻婚后购买一方婚前承租的公有住房的所有权认定

——胡某某与高某甲等四人继承纠纷民事抗诉案

【要旨】

公有住房承租权究竟属于物权还是债权虽有争议,但均承认公有住房承租权具有一定市场价值。在婚后购买、婚前由一方承租的公有住房情形下,应当考虑国家房改政策的调整,如工龄长短、职务高低、家庭人口等因素,区分以共同财产购买和以个人财产购买两种情况,分别认定所有权归属。一方婚前承租、婚后用共同财产购买公有住房,应当认定为夫妻共同财产;一方婚前承租、婚后用其个人财产购买公有住房,但是折算了另一方工龄等的,应当认定为夫妻共同财产。

【基本案情】

被继承人高某与焦某系夫妻关系,二人共生育四个子女,焦某于1988年死亡。胡某某与被继承人高某于2001年登记结婚,二人均系再婚。高某承租的房屋原系公有住房,2003年,高某签订公有住房买卖协议书,取得该房屋产权证。2010年被继承人高某死亡。2011年7月,高某次子高某甲诉至该院要求确认讼争房屋归其所有,二审判决驳回其诉讼请求。审理中高某乙提供由高某与胡某某共同签字的内容为:"高某,男,1930年×月×日出生,现住在天津市河东区××路××里××号房屋。自2003年10月30日前是国家公有住房,2003年10月30日后变更为福利住房。我们二位老人,高某、胡某某现将居住的房产去世后赠予给次子高某甲,任何人争议无效。在这之前所签房产协议全部作废,仅以此份为最终遗嘱"的字据。2011年,胡某某起诉至天津市河东区人民法院,请求判决:确认胡某某享有诉争房屋二分之一份额的产权,并对高某名下享有的另二分之一份额的房屋享有法定份额五分之一的继承权,并请法院判准房屋归其所有,胡某某愿按市场价给付高某某等四人补偿。

该案经天津市河东区人民法院重审。该院委托评估公司对诉争房屋2001年8月9日的市场价值进行评估,价值数额为130,000元;2003年10月30日诉争房屋为公产的市场价值为145,000元,为私产的市场价值为170,000元。该院重审认为,双方当事人的争议焦点为诉争房屋是否作为被继承人高某与胡某某的共同财产进行析产继承。胡某某主张房屋作为高某和胡某某的共同财产,高某四个子女均认为房屋是被继承人与焦某共同取得的承租权,购买产权后不能认定为被继承人与胡某某的共同财产。该院认为,房屋是在被继承人与焦某共同生活期间取得的承租权,根据评估结论,诉争房屋在被继承人与胡某某结婚之前存在市场价值,被继承人与胡某某在婚姻存续期间购房取得房屋产权,使房屋得到增值,增值部分可以确定为被继承人与胡某某共同所有,所以增值部分170,000元(因购买产权形成的私产房屋价值)-145,000元(取得产权时公有住房屋市场价值)=25,000元。被继承人与胡某某的共同份额为25,000元/170,000元≈14.71%。胡某某份额为14.71%/2≈7.36%。所以诉争房屋胡某某所占的份额为7.36%。其余的份额为被继承人与焦某的份额部分。现由于高某四个子女称依据高某的遗嘱,房屋归高某甲,但胡某某仍在世,遗嘱并未发生效力。涉及关于有被继承人和胡某某共同签字涉及房屋的处分意见中有“最终遗嘱”的表述,所以该院认定为遗嘱,但遗嘱的效力对高某个人部分有效,而诉讼中胡某某要求享有房屋的50%的份额,显然是对财产的重新处分。关于诉争房屋中的焦某份额,与胡某某无关,只与高某四个子女和焦某相关。现高某四个子女同意全部归高某甲,该院准许。为此,考虑高某甲占有份额相对较多,所以该房屋由高某甲所有为妥并继续居住,但应当给付房屋补偿金。考虑双方已有矛盾,胡某某已不在诉争房屋内居住,而根据我国法律规定,胡某某对诉争房屋有居住权,所以该院从保护老年人的居住权利的角度,在补偿中适度予以照顾,在胡某某所占份额7.36%的基础上按照双方对房屋的认值的12%予以考虑,结合双方对房屋的认值,补偿考虑为126,000元,房屋由高某甲居住使用。一审判决:诉争房屋由高某甲继承;高某甲给付胡某某房屋补偿款126,000元。胡某某向天津市第二中级人民法院提起上诉,该院判决:驳回上诉,维持原判。胡某某申请再审被驳回后向检察机关申请监督。

【争议问题】

本案争议问题为两点:

(1)公有住房承租权属于何种性质权利,所谓的承租权的市场价值能否直接折算;

(2)如何理解适用最高人民法院《关于适用〈中华人民共和国婚姻法〉若干问题的解释(二)》[以下简称《婚姻法司法解释(二)》]第19条[①]所规定的一方婚前承租、婚后用共同财产购买的房屋,应当认定为夫妻共同财产,以妥善处理公有住房购买后的所有权认定问题。

【评析意见】

一、公有住房承租权具有市场价值,但该权利本身并非物权,不能违背物权法定原则,将公有住房承租权按照物权进行直接折算

第一,关于共有住房承租权性质,理论及实务界均有不同观点。公有住房即公产住房,是指国家以及国有企业、事业单位投资兴建的住宅,在住宅未出售之前,住宅的产权归国家所有。按其形成历史可分为三种:一是直管公有住房,由政府房地产管理部门直接管理出租;二是企业产,即全民所有制和集体所有制等单位所有的住房;三是行政事业单位作为产权人,分配或出租给单位员工居住使用的房屋。对其性质,理论界主要有两种观点,一种观点认为可以认定为物权,确切说是物权中的用益物权,享有处分权,可继承、可获得拆迁安置补偿。另一种观点认为是债权,也就是租赁关系。实务界主要有三种观点:一是认为属于合同债权。二是认为属于用益物权且有限制的处分权能,具有永续性和经济价值。三是认为属于一种高度物权化的债权,在实质上具有用益物权的性质,但受物权法定原则的制约,现阶段

① 现为最高人民法院《关于适用〈中华人民共和国民法典〉婚姻家庭编的解释(一)》第27条。

只能认为公有住房使用权。[1] 应当说，实务处理中第三种观点较为可取，公有住房使用权虽然是签订公房租赁合同后取得，但其与一般的因房屋租赁合同而取得的房屋使用权有明显区别，因此要在承认二者区别之上，对权利性质和归属作出妥善认定。其一，公有房屋使用权具有永续性。该使用权租期届满后自然续期，非因特定事由，房管部门不得终止公房租赁合同。如果承租人死亡的，继承人可以申请继续承租公房，实际上承租人对公有住房就取得了永久的占有和使用权。其二，从房屋取得来源看，公有住房租金由政府统一规定，一般只相当于同地段同档次私有住房租金的5% ~10%，房屋使用和租金不构成对价关系，区别于一般房屋租赁。根本原因是公房一般是在计划经济背景下作为工资的一部分分配给承租人，故权利应由承租人行使。其三，承租人还可以通过置换的方式以市场价格将公房使用权转让，具有实质上的可处分性。综上，公有住房使用权在性质上更接近于物权而非债权，但鉴于物权法定原则，目前在理论上难以界定为物权。[2]

第二，应当承认公有住房承租权具有的市场价值，但该权利本身并非物权，不能将公有住房承租权按照物权进行直接折算。如前所述，公有房屋承租权本身不是物权，承租人虽享有部分类似物权属性的权能，但并不包括收益和处分权能，本身并不能直接处分而获得相应对价。只有符合相应条件，并且经过公有住房所有者，包括国家或者国有企业等批准后，才能购买为私产房屋，进而享有处分权。因此，就财产性而言，公有住房承租权实际上是一种期待性财产权利，需要一定条件成就才能实际享有完整的权利。同时，公有住房承租权本身就是基于国家住房政策给予的职工的福利，并非一项物权性质的权利。重审法院将公有住房承租权直接核算为市场价格，实际上就是将其等同于所有权，承认承租人其具有所有权权能，这与现行物权法的规定相悖。

---

① 参见天津市高级人民法院课题组：《关于公有住房使用权纠纷案件的调查与分析》，载《人民司法》2012 年第 13 期。

② 《物权法》第 5 条规定："物权的种类和内容，由法律规定。"此条未出现在《民法典》中。

二、一方婚前承租、婚后用其个人财产购买公有住房,但是折算了另一方工龄等的,应当认定为夫妻共同财产

在婚后购买、婚前由一方承租的公有住房情形下,应当考虑国家房改政策的调整,如工龄长短、职务高低、家庭人口等因素,区分以共同财产购买和以个人财产购买两种情况,分别认定所有权归属。不能违背司法解释规定,将以共同财产购买的公有住房认定为一方个人财产,或者忽略一方的工龄等因素,简单地将以一方个人财产购买的公有住房认定为个人财产。

第一,一方婚前承租、婚后用共同财产购买公有住房,应当认定为夫妻共同财产。

《婚姻法司法解释(二)》第19条规定:一方婚前承租、婚后用共同财产购买的房屋,应当认定为夫妻共同财产。该司法解释是基于我国婚姻法规定的夫妻共同财产制制定的,[①]这也是由婚姻关系的特点决定的。夫妻关系是一种比其他任何社会关系都更为紧密的关系,在婚后朝夕相处的岁月里,财产很难分得一清二楚。夫妻双方取得的财产,常常是夫妻彼此支持的结果,夫妻共同财产制最能体现婚姻的伦理性,满足中国百姓传统婚姻心理的需求。同时,这也是由我国生产力发展水平决定的,大多数公民积累的个人财富并不多,共同财产制更能统筹形成单一财团,使夫妻同甘苦共患难。[②]在公有住房承租案件中,夫妻双方的居住就是依赖于承租房屋,本身应当对双方给予同等保护;在双方用共同财产购买公有住房时,体现了双方对生活的共同投入,因此应当贯彻夫妻共同财产制,认为该房屋为夫妻双方共有。

第二,一方婚前承租、婚后用其个人财产购买公有住房,但是折算了另一方工龄等的,应当认定为夫妻共同财产。

对《婚姻法司法解释(二)》第19条一方婚前承租、婚后用共同财产购买的房屋,应当认定为夫妻共同财产之规定进行反面解释,会得出如果是一方个人财产购买婚前承租的公有房屋,就可认定为一方个人财产的推论。但是该解释并不能涵盖购买公有住房的所有情形。如前所述,我国婚姻法规

---

① 《婚姻法》第17条规定:"夫妻在婚姻关系存续期间所得的下列财产,归夫妻双方共同所有……"现为《民法典》第1062条。

② 参见余延满:《亲属法原论》,法律出版社2007年版,第265页。

定了夫妻共同财产制，对双方的婚后所得一般应当认定为夫妻共同财产。在购买公有住房时，该房屋的出售和价格的计算，都受国家房改政策的调整，如工龄长短、职务高低、家庭人口等因素。因此，按照房改政策出售的房屋实际是上述福利政策的延续，不是单纯的房屋价格，公有住房的出售价格中包含了夫妻双方的工龄折扣等福利待遇，应当将财产认定为夫妻共有。[1]该案当中，检察机关正是把握住了这个关键点，经过调查核实后，确定了房屋价格实际是折算了夫妻双方的工龄，因此应当认定为夫妻共同财产。故法院将夫妻双方婚后的出资以及折算的工龄最终折算为财产增值部分，实际上既忽略了公有住房本身的特殊性，也忽略了夫妻一方所享有的工龄等福利，仅将所谓增值部分认定为夫妻共同财产并无依据。

该案标的虽然不大，但是涉及的是如何适用相关法律规定以准确处理一方婚前承租、婚后用其个人财产购买公有住房，但是折算了另一方工龄的房屋的所有权的认定问题。该案的精准监督，有助于实现对此类问题的纠偏和引领，进一步统一司法标准，充分发挥检察机关的类案监督职能作用。[2]

【处理结果】

天津市检察机关认为，高某在2003年购买诉争房屋产权时，使用了其与胡某某的共同财产支付购房款，并且享受了双方工龄带来的购房折扣福利，诉争房屋应认定为夫妻共同财产，终审判决认定的基本事实缺乏证据证明，适用法律确有错误，向天津市高级人民法院提出抗诉。该院再审认为，原审判决认定事实不清，裁定撤销重审判决，发回天津市河东区人民法院再审。

（撰稿人：李百主）

---

① 参见沈志先主编：《婚姻家庭案件审判精要》，法律出版社2013年版，第171页。

② 参见滕艳军：《民事诉讼精准监督的实现与保障》，载《人民检察》2019年第13期。

44. 出资期限届满前转让股权的出资义务由谁承担

——小甲与小乙、津A公司、小丙、京B公司建设工程施工合同纠纷民事抗诉案

【要旨】

依据《公司法》及相关司法解释规定,未履行或者未全面履行出资义务的发起人,无论其是公司现股东,还是其已将股权予以转让,发起人均应在未出资本息范围内对公司债务不能清偿的部分承担补充赔偿责任;而对于股东,仅限于现任股东。对于在出资期限届满前已经将股权与出资义务予以转让的原股东,受认缴资本制的法律保护,其出资义务应由受让其股权的现任股东承担,而不能任意加速原股东认缴的出资期限到期由原股东承担出资义务。该案中,申请人小甲作为公司原股东而非发起人,在其出资义务履行期限届满前,已将其对津A公司的股权和出资义务概况转让给京B公司,在未满足"加速出资义务到期"的法定情形下,不能认定小甲属于"未履行或者未全面履行出资义务"的股东。原审法院判决小甲在未履行出资义务的范围内与京B公司连带承担补充赔偿责任,缺乏事实和法律依据。

【基本案情】

2010年5月,津A公司注册成立,注册资本100万元,由小丁实缴。

2014年7月,法定代表人和投资人变更为小丙。2015年公司注册资本由实缴资本100万元变更为认缴资本1000万元,认缴期限至2020年12月31日。小丙认缴资本300万元,出资时间为2020年12月,小甲认缴700万元,出资时间为2030年5月。

2014年7月,津A公司开始建设厂区,小乙从总包人处分包了该厂区土建工程。

2016年，小甲将认缴资本700万元的股权转让给京B公司，出资时间为2030年1月。小丙和京B公司为公司现任股东。

2016年12月，津A公司与小乙签订《工程款给付协议》，约定工程款给付事宜。

2017年6月，因津A公司未给付部分工程款，小乙起诉至原审法院，请求法院依法判令：(1)津A公司给付工程施工费、违约金；(2)依法确认其施工费在津A公司建设工程变卖、拍卖过程中具有优先受偿权；(3)判令小丙、京B公司、小甲在未出资范围内对津A公司欠付的施工费承担补充赔偿责任。

2018年5月，原审法院作出一审判决。该院查明，津A公司于2010年5月注册成立，注册资本1000万元，小丙认缴资本300万元，实缴100万元，小甲认缴资本700万元，未实际缴纳，2016年12月小甲将认缴资本700万元转让给京B公司，京B公司未实际缴纳，小丙和京B公司为公司现任股东。该院认为，小乙分包涉案工程时虽未取得建筑工程施工资质，分包合同应属无效，但该工程经竣工验收合格，承包人请求参照合同约定支付工程价款的，应予支持。小乙诉请对津A公司涉案工程变卖、拍卖价款享有优先受偿权，亦符合法律规定，应予支持。该案中，小甲认缴资本700万元，未实际缴纳，并将认缴资本700万元的股权转让给京B公司，故应与京B公司连带对津A公司欠付小乙的款项承担补充赔偿责任。综上，判决：(1)津A公司于判决生效后10日内给付小乙工程款、违约金；(2)小乙在津A公司欠付工程款内对津A公司厂区建设工程拍卖、变卖后的价款享有优先受偿权；(3)小丙在未出资额2,000,000元内对津A公司欠付款项承担补充赔偿责任；(4)京B公司在未出资额7,000,000元内对津A公司欠付款项承担补充赔偿责任，小甲负连带责任。

小甲不服原审判决，申请再审，请求撤销原判，予以改判或发回重审。

2019年1月，再审法院驳回小甲的再审申请。

小甲不服，向检察机关申请监督。

【争议问题】

对于小甲应否在未出资范围内对津A公司欠付款项连带承担补充赔偿

责任,形成了两种分歧意见:

(1)小甲未实际缴纳出资即转让股权给了京 B 公司,应在未出资范围内与京 B 公司一起对津 A 公司欠付款项连带承担补充赔偿责任。按照《公司法》规定,出资义务是公司股东的法定义务。未履行出资义务的股东,转让其股权前,即使出资期限尚未届满,其亦应当履行出资义务,避免股东通过转让股权的方式规避出资义务的履行。在股东未履行出资义务就将股权予以转让的情况下,当受让人亦不履行出资义务时,原股东应当与受让人一起承担出资义务。故该案中,小甲应当连带承担补充赔偿责任。

(2)小甲虽未实际缴纳出资,但其转让股权时其出资期限尚未届满,其转让股权后,出资义务应认定为已转移至京 B 公司。根据我国《公司法》规定,股东转让股权后还应否承担原出资义务,应根据该股东身份是否系公司发起人区别对待。对于发起人股东,《公司法》仅要求无论其股权是否转让,其均应负担出资义务;对于非发起人股东,其转让股权后一般不需要再承担出资义务。该案中,小甲并非公司发起人,其股权转让后不需要再与京 B 公司连带承担未出资的补充赔偿责任。而且,小甲是在出资期限届满前转让的股权,《公司法》中规定的认缴资本制对于出资期限有明确的保护,小甲在出资期限届满前转让股权符合法律规定,不应再与受让人一起连带承担未履行出资义务的补充赔偿责任。

【评析意见】

上述两种分歧意见的争议问题在于:原股东小甲在出资期限届满前转让股权至京 B 公司后,是否还应在未履行出资义务的范围内,与受让其股权的现任股东京 B 公司连带承担补充赔偿责任。对此,经过分析,检察机关认为第二种意见属于正确意见。理由在于该问题涉及三个知识点。

一、股权转让后,发起人股东的出资义务和非发起人股东的出资义务不同

依据最高人民法院《关于适用〈中华人民共和国公司法〉若干问题的规定(三)》第 13 条第 2 款、第 3 款“公司债权人请求未履行或者未全面履行出资义务的股东在未出资本息范围内对公司债务不能清偿的部分承担补充赔偿责任的,人民法院应予支持……股东在公司设立时未履行或者未全面履行出资义务,依照本条第一款或者第二款提起诉讼的原告,请求公司的发起人与被告股东承担连带责任的，人民法院应予支持；公司的发起人承担责任后，可以向被告股东追偿”之规定，未履行或者未全面履行出资义务的发起人，无论其是公司现股东，还是其已将其股权予以转让，发起人均应在未出资本息范围内对公司债务不能清偿的部分承担补充赔偿责任。而对于股东，仅限于现任股东。对于在出资期限届满前已经将股权予以转让的原股东，依据《合同法》[①]第88条、第89条“当事人一方经对方同意，可以将自己在合同中的权利和义务一并转让给第三人”“权利义务一并转让的，适用本法第七十九条、第八十一条至第八十三条、第八十五条至第八十七条的规定”之规定，出资义务应由现任股东承担，而非原股东承担。

该案中，根据检察机关调查核实，第一，津A公司设立时注册资本100万元，由小丁实缴，并进行公司章程备案。后通过修改公司章程，注册资本变更为1000万元，投资人变更为小丙。2015年，小丙将其对津A公司70%的股权转让给小甲，故小甲并非津A公司的发起人。第二，通过查询公司章程，小甲从小丙处受让认缴资本为700万元的股权后，其实缴出资期限为2030年5月27日。第三，小甲在出资履行期限届满前，将700万元的股权以及出资义务概括转让给了京B公司。公司章程登记的京B公司实缴出资时间为2030年1月1日。津A公司的现任股东为京B公司和小丙，小甲已非津A公司的股东。综上，依据最高人民法院《关于适用〈中华人民共和国公司法〉若干问题的规定(三)》第13条第2款、第3款，《合同法》第88条、第89条之规定，小甲对津A公司不再具有出资义务，其对津A公司欠付小乙的现有工程款债务不应连带承担补充赔偿责任。原审法院判决其在未履行出资义务的范围内，与京B公司连带承担补充赔偿责任，属于认定的基本事实缺乏证据证明，适用法律确有错误。

二、除非公司资产不足以清偿公司债务，否则不能加速认缴资本制股东的出资期限到期

依据我国《公司法》规定，公司设立时，股东出资实行认缴资本制，股东依法分期缴纳出资的出资期限利益受法律保护。认缴资本制是公司设立的基本制度，是指在公司登记成立时不需要投资者实际缴纳注册资本、不需要

---

① 《民法典》自2021年1月1日起施行，同时《合同法》废止。

占用企业的资金,即可以设立公司。该制度有力降低了公司注册成本,有效提高了资本运营效率和企业创业创新能力。但同时,认缴资本制有其自身缺陷和运营风险。为了防范认缴资本制带来的运营风险,保护公司和债权人的合法权益,法律同时明确规定,股东认缴的投资金额、投资方式、实缴期限等应予以公开公示,记录在公司章程中,可通过"国家企业信用信息公示系统"查询。故公司债权人在交易过程中可以通过查询公示信息,预见运营风险。

在认缴资本制情形下,能否加速未届出资期限的股东的出资义务到期,最高人民法院《关于民事执行中变更、追加当事人若干问题的规定》第 17 条规定:作为被执行人的企业法人,财产不足以清偿生效法律文书确定的债务,申请执行人申请变更、追加未缴纳或未足额缴纳出资的股东、出资人或依公司法规定对该出资承担连带责任的发起人为被执行人,在尚未缴纳出资的范围内依法承担责任的,人民法院应予支持。《企业破产法》第 35 条规定:人民法院受理破产申请后,债务人的出资人尚未完全履行出资义务的,管理人应当要求该出资人缴纳所认缴的出资,而不受出资期限的限制。故,只有在公司资产不足以清偿公司债务时,才能加速认缴制股东的出资期限到期,使得未届出资期限的股东提前履行出资义务。否则,不得要求出资期限未届满的股东提前履行出资义务。

该案中,依据检察机关查明的事实,小甲将其对津 A 公司的股权转让给京 B 公司时,其履行出资义务的期限尚未届满,且在案证据未显示津 A 公司处于不能清偿公司债务面临破产的状态。故不能在不满足法定条件的情况下,任意加速小甲的出资义务到期,认定小甲属于"未履行或者未全面履行出资义务"的股东。原审法院判决小甲属于"未履行或者未全面履行出资义务"的股东,属于适用法律确有错误。

三、"刺破公司面纱"要求未履行或者未全面履行出资义务的股东承担补充赔偿责任,仅发生在公司资产不足以清偿对外债务时

依据最高人民法院《关于适用〈中华人民共和国公司法〉若干问题的规定(三)》第 13 条第 2 款之规定,未履行或者未全面履行出资义务的股东仅在公司不能清偿对外债务时,就公司不能清偿部分向公司债权人承担补充赔偿责任。司法实践中,在无法确定公司本身是否具备赔偿能力时,不能随意“刺破公司的面纱”,要求未履行出资义务的股东对公司债务承担补充赔偿责任。

该案中,原审法院在尚未查明津A公司是否能够赔偿小乙的损失以及如若不能,不能赔偿的部分有多少的情形下,即判决小甲对津A公司的债务连带承担补充赔偿责任,属于适用法律确有错误。

【处理结果】

检察机关经审查认为,原审法院判决小甲对京B公司在未履行出资义务的范围内,连带承担补充赔偿责任,属于认定的基本事实缺乏证据证明,适用法律确有错误,符合《民事诉讼法》第200条规定的应当再审的情形。遂依法提出抗诉。

该案抗诉后,再审法院撤销原判,并发回原审法院重审。原审法院经该院审判委员会讨论决定,全面采纳检察机关的抗诉意见,撤销原审判决中“小甲承担连带责任”部分,予以改判。

该案的成功抗诉和改判,直接救济和减少了申请人小甲被原审法院错判承担连带责任的150万余元损失,使得人民法院不再将申请人小甲纳入人民法院失信被执行人名单,且对于小甲为被告的其他两件案件具有既判力。

（撰稿人:李亚红）

相关规定

检察案例库建设和使用管理办法(试行)

(2021年11月17日)

第一条 为了更好发挥案例的指导作用,加强检察案例库的建设和使用管理,推动检察工作高质量发展,根据《中华人民共和国人民检察院组织法》《最高人民检察院关于案例指导工作的规定》,结合工作实际,制定本办法。

第二条 案例库是供检察人员查询、使用、学习、研究案例的智能辅助办案资源库。

第三条 各级人民检察院应当强化案例意识,注重在办案中发现、培育、选编、报送案例。

检察官应当积极运用案例库检索案例,参照或者参考相关案例办理类似案件,提升办案质量效果。

第四条 最高人民检察院法律政策研究室负责统筹案例库建设和使用管理等工作;各业务部门负责本业务条线案例的审核、推荐入库和应用指导等工作;案件管理办公室负责案例库与全国检察业务应用系统的互联互通等工作;检察理论研究所(司法案例研究院)协助各检察厅、法律政策研究室做好推荐案例入库以及拟入库案例审核等工作,并对案例库建设和使用管理提供理论支持;检察技术信息研究中心负责对案例库的运行维护等提供技术支持。

第五条 案例库主要收录:

(一)最高人民检察院发布的指导性案例;

(二)最高人民检察院及其业务部门发布的典型案例;

(三)最高人民检察院各业务部门遴选、推荐的案例;

(四)其他对检察机关办案具有参考意义的案例。

第六条 最高人民检察院发布的指导性案例和典型案例,承办部门应当在案例发布后5个工作日以内录入案例库。

第七条 最高人民检察院业务部门应当积极拓展渠道,收集编研案例,审核推荐入库。推荐入库案例既可以是直接办理的案件,也可以是下级人民检察院层报最高人民检察院的案例。

各省级人民检察院应当鼓励下级人民检察院积极研究、编写、报送案例,并及时推荐本地区入库备选案例,按业务条线报送最高人民检察院。

各省级人民检察院发布的典型案例和参考案例,应当及时报送最高人民检察院相关业务部门备案,作为入库备选案例。

第八条 最高人民检察院各业务部门推荐入库的案例,案件处理结果一般应当发生法律效力,同时应当符合以下条件:

(一)体现检察机关职能作用,案件办理取得良好政治效果、法律效果和社会效果;

(二)在事实认定、证据运用、法律适用、政策把握、办案程序等方面具有参考意义。

第九条 入库案例一般包括标题、关键词、要旨、基本案情、检察机关履职过程、指导意义或者典型意义、相关规定等组成部分,同时应当提炼、标注检索标签,明确案例所属检察业务类别、案例主题、案由及其他反映案例特征的重点信息。

入库案例应当注明承办案件检察院、办案人、推荐单位、编写人、审核人等。

第十条 最高人民检察院各业务部门推荐入库的案例,应当报分管副检察长审核同意并由推荐部门录入案例库,经法律政策研究室审核后予以发布。

第十一条 各级人民检察院应当鼓励、引导、督促检察官在办案中应用案例库检索案例。检察官办理案件,具有下列情形之一的,应当在案例库中检索案例:

(一)当事人及其辩护人、诉讼代理人以相关指导性案例、典型案例为依据提出辩护意见、诉讼主张的;

(二)拟提交检察官联席会议讨论的;

（三）拟报请检察长（分管副检察长）决定的；

（四）拟提请检察委员会会议讨论决定的；

（五）其他需要进行检索的。

第十二条 检察官在案例库中检索到与在办案件基本案情和法律适用方面相类似的案例，应当区分不同情形适用：

（一）指导性案例应当参照适用；

（二）最高人民检察院发布的典型案例应当参考适用；

（三）其他案例可以参考适用。

检察官应当在案件审查报告中对案例检索和参照、参考适用情况予以说明。

第十三条 已经入库的指导性案例与新的法律或者司法解释相冲突，或者具有其他应当宣告失效情形的，由最高人民检察院相关业务部门商法律政策研究室提出意见，报检察长提请检察委员会讨论决定后宣告失效。

已经入库的典型案例或者其他案例需要清理出库的，由最高人民检察院相关业务部门提出不再具有参考意义的意见，报分管副检察长审核同意后，书面通知法律政策研究室，由法律政策研究室清理出库。

下级人民检察院认为入库案例应当失效或者清理出库的，层报省级人民检察院提出意见，报最高人民检察院相应业务部门审核。

第十四条 各级人民检察院应当将案例推荐、编写、审核、入选、使用等情况纳入检察人员工作业绩考核。相关工作成绩突出的，依据《中华人民共和国检察官法》《公务员奖励规定》等予以奖励。

第十五条 各级人民检察院应当加强对入库案例的学习、应用和研究。上级人民检察院应当对本地区使用案例库情况定期分析，加强案例库使用培训工作，积极运用案例库提高办案质量。

第十六条 本办法由最高人民检察院负责解释，自公布之日起施行。

最高人民检察院关于案例指导工作的规定

(2010年7月29日最高人民检察院第十一届检察委员会第四十次会议通过
2015年12月9日最高人民检察院第十二届检察委员会第四十四次会议
第一次修订　2019年3月20日最高人民检察院第十三届检察
委员会第十六次会议第二次修订)

第一条　为了加强和规范检察机关案例指导工作,发挥指导性案例对检察办案工作的示范引领作用,促进检察机关严格公正司法,保障法律统一正确实施,根据《中华人民共和国人民检察院组织法》等法律规定,结合检察工作实际,制定本规定。

第二条　检察机关指导性案例由最高人民检察院发布。指导性案例应当符合以下条件:

(一)案件处理结果已经发生法律效力;

(二)办案程序符合法律规定;

(三)在事实认定、证据运用、法律适用、政策把握、办案方法等方面对办理类似案件具有指导意义;

(四)体现检察机关职能作用,取得良好政治效果、法律效果和社会效果。

第三条　指导性案例的体例,一般包括标题、关键词、要旨、基本案情、检察机关履职过程、指导意义和相关规定等部分。

第四条　发布指导性案例,应当注意保守国家秘密和商业秘密,保护涉案人员隐私。

第五条　省级人民检察院负责本地区备选指导性案例的收集、整理、审查和向最高人民检察院推荐工作。办理案件的人民检察院或者检察官可以向省级人民检察院推荐备选指导性案例。

省级人民检察院各检察部和法律政策研究室向最高人民检察院对口部门推荐备选指导性案例,应当提交以下材料:

(一)指导性案例推荐表;

(二)按照规定体例撰写的案例文本;

(三)有关法律文书和工作文书。

最高人民检察院经初步审查认为可以作为备选指导性案例的,应当通知推荐案例的省级人民检察院报送案件卷宗。

第六条 人大代表、政协委员、人民监督员、专家咨询委员以及社会各界人士,可以向办理案件的人民检察院或者其上级人民检察院推荐备选指导性案例。

接受推荐的人民检察院应当及时告知推荐人备选指导性案例的后续情况。

第七条 最高人民检察院法律政策研究室统筹协调指导性案例的立项、审核、发布、清理工作。

最高人民检察院各检察厅和法律政策研究室分工负责指导性案例的研究编制工作。各检察厅研究编制职责范围内的指导性案例,法律政策研究室研究编制涉及多个检察厅业务或者院领导指定专题的指导性案例。

第八条 最高人民检察院各检察厅和法律政策研究室研究编制指导性案例,可以征求本业务条线、相关内设机构、有关机关对口业务部门和人大代表、专家学者等的意见。

第九条 最高人民检察院设立案例指导工作委员会。案例指导工作委员会由最高人民检察院分管法律政策研究室的副检察长、检察委员会专职委员、部分检察厅负责人或者全国检察业务专家以及法学界专家组成。

提请检察委员会审议的备选指导性案例,应当经案例指导工作委员会讨论同意。

案例指导工作委员会应当定期研究案例指导工作,每年度专题向检察委员会作出报告。

案例指导工作委员会的日常工作由法律政策研究室承担。

第十条 最高人民检察院各检察厅和法律政策研究室认为征集的案例

符合备选指导性案例条件的,应当按照指导性案例体例进行编写,报分管副检察长同意后,提交案例指导工作委员会讨论。

第十一条 案例指导工作委员会同意作为备选指导性案例提请检察委员会审议的,承办部门应当按照案例指导工作委员会讨论意见对备选指导性案例进行修改,送法律政策研究室审核,并根据审核意见进一步修改后,报检察长决定提交检察委员会审议。

第十二条 检察委员会审议备选指导性案例时,由承办部门汇报案例研究编制情况,并就案例发布后的宣传培训提出建议。

第十三条 检察委员会审议通过的指导性案例,承办部门应当根据审议意见进行修改完善,送法律政策研究室进行法律核稿、统一编号后,报分管副检察长审核,由检察长签发。

第十四条 最高人民检察院发布的指导性案例,应当在《最高人民检察院公报》和最高人民检察院官方网站公布。

第十五条 各级人民检察院应当参照指导性案例办理类似案件,可以引述相关指导性案例进行释法说理,但不得代替法律或者司法解释作为案件处理决定的直接依据。

各级人民检察院检察委员会审议案件时,承办检察官应当报告有无类似指导性案例,并说明参照适用情况。

第十六条 最高人民检察院建立指导性案例数据库,为各级人民检察院和社会公众检索、查询、参照适用指导性案例提供便利。

第十七条 各级人民检察院应当将指导性案例纳入业务培训,加强对指导性案例的学习应用。

第十八条 最高人民检察院在开展案例指导工作中,应当加强与有关机关的沟通。必要时,可以商有关机关就互涉法律适用问题共同发布指导性案例。

第十九条 指导性案例具有下列情形之一的,最高人民检察院应当及时宣告失效,并在《最高人民检察院公报》和最高人民检察院官方网站公布:

(一)案例援引的法律或者司法解释废止;

(二)与新颁布的法律或者司法解释冲突;

(三)被新发布的指导性案例取代;

(四)其他应当宣告失效的情形。

宣告指导性案例失效,由最高人民检察院检察委员会决定。

第二十条 本规定自印发之日起施行。

天津市人民检察院案例研究中心
案例研讨工作暂行规定

(2020 年 5 月 27 日　津检研〔2020〕2 号)

为进一步规范案例研究中心和各分中心开展案例研讨工作,构建以“案例研究中心”为核心,以各分中心为依托的案例研讨工作格局,完善以“选题确定——案例征集——组织研讨——成果运用”为主要内容的案例研究工作模式,结合工作实际,制定本规定。

一、选 题 确 定

第一条　【选题拟定】案例研究各分中心应围绕检察工作大局和宏观形势,紧贴检察官办案需求,结合本地区检察工作实际,充分征求办案检察官意见,组织专业小组对办案中遇到业务实际问题进行研讨论证,拟定分中心年度研究选题。年度研究选题拟定后,应针对该选题结合理论难点与实务重点,列出需要深入研究的重点问题清单,一并提交市院案例研究中心。

第二条　【选题确定】市院案例研究中心对各分中心拟定的备选议题从选题典型性、指导性和研究价值等方面予以审核,根据高检院指导性案例征集年度计划,并会同市院相关业务部门深入研讨,结合各业务条线工作实际进行二次筛选调配,确定分中心年度选题。

第三条　【选题来源】案例研究中心和各分中心研讨选题的来源主要有:

(一)兼职研究员在办案中发现的疑难案件,可以及时向案例研究中心提出;

(二)各案例研究分中心结合本地区本单位一段时期集中出现的司法难

点问题,可以向案例研究中心提供备选议题;

(三)案例研究中心结合高检院案例研究工作安排,业务数据动态分析,各业务部门在开展业务指导工作中发现的重点问题、重点案件,以及日常疑难案例征集与研究工作中发现的对本地区具有普遍指导性意义的案件,可以直接确定案例研讨选题;

(四)全市检察机关检察人员、基层单位或者部门在办案或工作中发现的疑难复杂案例或者典型类案,确有研究价值或必要的,可以向案例研究中心或分中心提出案例研讨的请求,经审定后作为研讨案例选题。

二、案例征集

第四条 【选题发布】研讨选题确定后,由市院研究室以市院案例研究中心的名义将选题及具体重点讨论问题在全市检察机关范围和有关司法实务部门公布,面向全市检察机关一线办案检察官(也可适情扩大向法官、律师或学者)征集司法实践中的相关典型案例。案例研究分中心以及兼职研究员应带头开展案例收集与撰写工作,并报送案例研究中心。

第五条 【案例筛选】各单位各部门应围绕案例选题,以案件代表性典型性为根本,积极推荐、筛选本单位本部门办结的目标案例。

鼓励运用大数据思维,在统一业务应用系统内进行检索,广泛深入地挖掘目标案例。

第六条 【案例撰写】各分中心、有关单位应根据工作实际明确具体案例撰写人。撰写人撰写案例应突出类案研究价值与研究特色,注重实证分析,提炼办案的规则、总结相关经验、体现检察机关工作,观点明确,确保研究过程与观点结论反映司法实践情况,体现典型示范价值。

第七条 【汇编整理】案例收集完毕后,案例研究中心或者各分中心可以组织专业小组从典型性、代表性等方面进行筛选,并就案例撰写的主题集中度、论证严谨度、形式规范度等提出修改意见,待修改完善后,再提交案例研究中心审定,汇编成册,以备研讨。

三、组织研讨

第八条 【研讨难点确定】案例征集完成后,案例研究中心或者各分中心应根据上报案例情况,分析办案中的实际重点难点焦点问题,确定拟研讨3~5个论点,并根据论点确定上会讨论案例素材(其余收录案例可做书面交流)。同时通知撰写案例作者制作PPT,以备案例研讨时进行案例演示汇报。

第九条 【专家邀请】各分中心应当在确定案例研讨会议召开前至少一周,根据案例研讨主题邀请相关专家学者、公安、法官、律师等司法实务界人士参加。邀请专家的主要任务是结合研讨主题,就案件办理的重点难点问题以及检察机关的处理意见、理由依据、办案思路等发表意见,为司法办案提供参考。

第十条 【组织研讨程序】案例研讨一般按以下程序进行。

(一)研究成果汇报。汇报人从检察机关法律监督视角,就类案办理中遇到的相关疑难问题予以阐释,提出办理观点与解决思路,并重点就法律依据、理论依据、实践依据予以阐述;

(二)"检审侦律"多家谈。邀请与案件办理有关的其他单位特别是审判、公安、律师等参与研讨,多维度多角度展开对话交流,努力形成司法共识;

(三)专家发表意见。重点对案例要旨与指导意义提炼、决定理由分析,并针对实践中不同机关、控辩双方之间的争议焦点予以评析解答,确保案例在法律适用与政策把握上符合立法精神、权威正确,案件处理意见经得起推敲、站得住脚、获得普遍认可。

四、成果运用

第十一条 【研讨成果整理】案例研讨结束后,研讨会承办方应确定专人根据研讨的重点、主要观点、各方意见等,整理形成案件研讨会议综述。必要时,应市院案例研究中心的要求起草制定办理该类案的参考性意见,送发相关司法机关征求意见建议后,提交市院检察委员会审议。

第十二条 【研讨综述运用】经市院检察委员会审议通过的案例研讨会议综述或者类案办理指导意见,对全市检察机关办案具有重要参照效力。无特殊情况,全市检察官办理类似案件应当参照适用。

第十三条 【研究案例运用】经过研讨的案例研究成果可以作以下

使用。

（一）作为典型案例发布。根据检察机关服务大局工作需要，适时召开案例发布会发布。特别是，对涉民营企业司法保护典型案例、涉黑典型案例、非法集资类典型案例等，应一定范围内公开发布，更好地为大局、中心工作服务。

（二）作为普法案例宣传。案例研究成果可以作为检察普法产品，由市院微信公众号予以发布，发挥“一个案例胜过一打文件”的价值，讲述检察故事，传播检察好声音。

（三）报上级机关使用。类案研究成果、办案规则与典型案例应当及时整理上报上级机关，供制定司法解释、指导性案例参考选用，为高检院案例指导工作提供优质案源。

（四）其他符合案例研究中心功能地位的合理使用。

五、附　　则

第十四条　本规定供市院案例研究中心和各分中心开展案例研讨时适用，其他形式的案例研讨工作参照执行。

第十五条　本规定由市院研究室负责解释。

第十六条　本规定自下发之日起实行。

天津市人民检察院案例研究中心工作规则(试行)

(2018年9月19日　津检发研字〔2018〕8号)

第一章　总　　则

第一条　为进一步推动新时代检察工作创新发展,加强和规范典型案例工作,促进案例研究和检察办案相融合,为人民群众提供更多法治产品和检察产品,结合工作需要,成立天津市人民检察院案例研究中心。

第二条　案例研究中心作为检察理论与实践问题的综合研究机制,在市院检察长的领导下,统筹负责案例研究、法律适用、整理汇编、评选表彰等相关工作。

第三条　案例研究中心应当紧紧围绕党和国家工作大局和检察工作重心,通过开展案例研究等相关工作,发挥典型案例在指导办案、释法说理、普法宣传等方面的作用,提升案件质量,强化办案效果,促进公正司法。

第四条　案例研究中心的主要职能为:

(一)根据党和国家工作大局以及全市工作重心,适时发布全市检察机关典型案例;

(二)配合做好最高人民检察院指导性案例的整理、报送和发布工作;

(三)开展典型案例研究、指导,评选、表彰优秀案例;

(四)组织疑难案件研讨,检察类案分析,普遍适用法律问题研究;

(五)整理、总结、编撰典型案例;

(六)市院检察长交办的其他工作。

第二章　工作机构与职责

第五条　案例研究中心设领导小组、专家组和办公室。

第六条 案例研究中心领导小组是案例研究中心的领导机构,由市院检察长任组长、分管业务工作的副检察长任副组长,相关业务部门主要负责人为成员。

领导小组负责审定全市检察机关发布的典型案例,审定拟报送高检院的指导性案例,统筹全市检察机关案例征集、整理、研究、表彰、优秀案例编撰等有关事项。

第七条 案例研究中心专家组是对案例审核把关的专业性机构,从法学专业领域的市院专家咨询委员会委员中选任。

专家组负责对全市检察机关发布的典型案例、拟报送高检院指导性案例的法律适用把关,对优秀检察案例评选,典型案例汇编审核,以及其他疑难复杂案件的办理提供专业支持和指导。

第八条 案例研究中心办公室设在市院研究室,办公室主任由市院分管研究室工作领导兼任。

案例研究中心办公室负责拟发布的典型案例以及拟报送高检院的指导性案例的征集、筛选与组织编撰工作,组织案例研讨,开展全市检察机关案例指导、全市检察机关优秀案例评选表彰、典型案例汇编工作,对研究员进行选任、管理、考核,联络专家组成员,完成领导小组交办的工作以及其他日常工作。

第三章 研究员制度

第九条 案例研究中心实行研究员制度,并建立案例研究中心人才库。

研究员是案例研究中心开展案例研究的中坚力量,主要从全市检察业务专家、拔尖人才等一线办案的员额检察官或检察官助理中产生。

第十条 担任案例研究中心研究员,一般需具备以下条件:

(一)法律身份为员额检察官或从事检察办案五年以上的检察官助理;

(二)具备较强的理论调研和案例研究能力;

(三)愿意从事案例研究工作,具有较强的工作热情。

第十一条 案例研究中心研究员享有下列权利:

(一)获得和使用从事案例研究的图书;

(二)便于案件研究的案件查阅权限;

(三)对提请研究的案件发表意见建议;

(四)参加与案例有关的学术研究、交流和培训活动。

第十二条 研究员应履行下列义务:

(一)遵守本中心规则,执行本中心决定,参加本中心活动;

(二)在亲自办案和案件指导过程中,注意发现、收集、筛选在证据分析与运用、法律适用或者办案方式上具有典型性、代表性,或者新类型的案件,及时整理、编撰,形成典型案例材料;

(三)每年至少向案例研究中心提交一个整理、编撰的典型案例;

(四)保守参与案例研究工作的有关秘密;

(五)按时完成案例研究中心交付的其他工作任务。

第十三条 研究员整理、编撰典型案例纳入员额检察官绩效考核。

第十四条 研究员接受案例研究中心工作指派和工作任务时,全市各级检察机关应当为其开展工作提供时间或其他必要的保障。

第四章 工 作 程 序

第十五条 案例研究中心办公室根据工作需要,提出发布主题,报领导小组审定后,交由相关业务部门组织案例征集、撰写,汇总到中心办公室筛选、编撰,必要时征询专家组意见后,报中心领导小组审定,交检察新闻宣传部门发布。

第十六条 根据高检院部署,由研究中心办公室组织征集典型案例,对案例进行整理、编撰、筛选后,报中心领导小组审定后报送。

第十七条 检察类案的分析、研究与总结。由研究中心办公室组织研究员和相关业务部门人员撰写,必要时可由中心办公室或市院相关业务部门提请市院检委会审议。

第十八条 对于检察实务办案中涉及的普遍适用法律问题进行研究。由办案部门提出需求,研究中心办公室负责汇集梳理,并组织有关专家、研究员进行研讨,提出具体法律适用标准。

第十九条 对疑难案件的定罪量刑等争议焦点问题进行研讨,由各单位各部门提出申请,研究中心办公室组织有关专家、研究员和办案检察官进行研讨,供办案参考。

第二十条 案例研究中心每年开展一次典型案例评选活动,对优秀案例进行表彰,并给予适当的奖励。

参加评选表彰的案例由各单位各部门收集、整理,提交到中心办公室初筛后,经专家组评审,由中心领导小组审定。案例研究员可直接将本人办理或编撰的典型案例报中心办公室参加评选。

第二十一条 编辑全市检察机关典型案例汇编,由研究中心办公室组织征集,案例研究员编辑整理,专家组审核把关,中心领导小组审定后编印。

第二十二条 依托《天津检察》创办《天津检察案例研究》内部刊物,不定期出版,主要刊载典型个案研究、类案研究成果,发布案例研究文件等。

第五章 附 则

第二十三条 本规则自公布之日起生效。

第二十四条 本规则由天津市人民检察院负责解释。

天津市人民检察院关于进一步推进案例运用加强类案检索的规定(试行)

(2020 年 10 月 30 日)

第一条 为进一步发挥案例对检察办案工作的指导、参照、示范作用,推动案例指导制度落实,促进全市检察机关严格公正规范司法,根据《最高人民检察院关于案例指导工作的规定》《天津市人民检察院案例研究中心工作规则(试行)》等相关规定,结合全市检察工作实际,制定本规定。

第二条 本规定所称类案,是指与检察机关待处理案件在基本事实、争议焦点、法律适用等方面相同或者相似的案例。

第三条 最高人民检察院、最高人民法院发布的指导性案例,应当作为检察机关办理案件的重要参照。检察官可以在公诉意见书、不批准逮捕理由说明书等说理性检察文书以及法庭辩论、公开听证等场合,作为释法说理的依据进行引述。

第四条 最高人民检察院、最高人民法院发布的典型案例,是检察机关办理案件的重要参考。检察官可以在案件审查报告、检察委员会议题报告等检察内部工作文书以及检察官联席会议讨论、案件汇报等场合进行引述,对有关意见进行评述或说明。

第五条 市检察院发布的典型案例,可以作为全市检察机关理解有关法律、政策,统一法律适用尺度,正确把握司法政策的参考。检察官可以在内部工作文书和内部研究案件时作为案件处理的参考。

第六条 检察机关办理案件,在严格依法办案的同时,应当充分考虑本院已经办理的类案在证据标准、法律适用、量刑建议等方面的一致性和均衡性,避免出现类案处理上的重大偏差。

第七条 除本规定第三、第四、第五、第六条规定的案例以外，与所办案件相关或者相似的其他案例，可以作为检察官理解有关法律规定，把握案件定性，完善证明标准，提出量刑建议等的参考，但是不得作为办案的依据。

第八条 检察官在办案过程中，应当对本规定第三条规定的类案进行检索。

第九条 所办案件具有下列情形之一的，除应当对本规定第三条规定的类案进行检索外，还应当对本规定第四、第五、第六条规定的类案进行检索：

（一）法律、司法解释规定不明确的疑难或者新类型案件；

（二）拟提请检察委员会审议或者提交检察官联席会议讨论的案件；

（三）检察长（分管副检察长）或者业务部门负责人依办案管理权限要求检索的案件；

（四）其他需要进行检索的案件。

除指导性案例外，优先检索近三年的类案；已经检索到较高效力级别类案的，可以不再进行其他类别案例的检索。

第十条 检察官可以利用检答网、"智慧检察官"平台、裁判文书网以及其他互联网网站等途径进行类案检索，并对检索的真实性、准确性负责。

第十一条 承办检察官应当将承办案件与检索到的案例进行相似性识别和比对，确定是否属于类案。对检索情况要在案件审查报告等文书中写明，并在检察官联席会议讨论、向检察长汇报、提交检察委员会审议时予以说明。必要时，制作类案检索报告，并随案归档备查。

第十二条 案例检索说明或者报告应当客观、全面、准确，包括检索人、时间、方法、结果等内容，重点写明承办案件的争议焦点、检索类案对争议焦点的应对处理或者参考价值等内容，并对是否应当参照或者参考该类案等结果运用情况作出分析说明。

第十三条 对于检索到的类案，检察官在办案中应当根据本规定第三至第七条确定的规则予以使用。

检察官认为有正当理由不参照指导性案例的，应当制作不参照指导性案例报告，报检察长（分管副检察长）同意后提请检察委员会审议，并及时向市检察院报告。

检察官认为有正当理由不按本规定第四、第五、第六条确定的类案使用规则处理案件,并可能导致类似案件不同处理的,应当说明理由,并向检察长(分管副检察长)报告。

第十四条 检索到的类案存在法律适用不一致情形的,优先参照高级别的类案处理。

同一级别类案在法律适用上不一致的,检察官应当按照对法律规定的正确理解,结合案件相似度、案件处理的时间、做出决定的检察机关层级、是否经过检察委员会讨论等因素进行综合判断。必要时,提请检察委员会讨论或者向上一级人民检察院报告。

第十五条 当事人及其辩护人、诉讼代理人等提交最高人民检察院、最高人民法院指导性案例作为辩护或者诉讼代理意见的理由的,检察机关应当对该理由作出回应并加以说明;提交其他案例作为理由的,检察机关可以依据法律规定和法理进行回应并加以说明。

第十六条 对于检察官开展类案检索的情况,应当纳入案件质量考评体系。对于积极开展类案检索和案例运用,办案效果突出的,应当给予奖励;对于不适用指导案例或高检院典型案例导致案件质量出现问题或者造成其他负面影响的,按照有关规定承担司法责任。

第十七条 技术保障部门应当加强技术研发和应用培训,提升类案推送的智能化、精准化水平,为案例检索提供充分保障。

第十八条 本规定由市人民检察院解释,自印发之日起试行。